THÉÂTRE DE BEAUMARCHAIS

LE BARBIER DE SÉVILLE
LE MARIAGE DE FIGARO
LA MÈRE COUPABLE

Le théâtre du XVIIIe siècle
dans la même collection

BEAUMARCHAIS — *Le Barbier de Séville* (édition avec dossier).
Le Barbier de Séville. La Mariage de Figaro. La Mère coupable.
Le Mariage de Figaro (édition avec dossier).

CHENIER — *Théâtre.*

DA PONTE — *Trois Livrets pour Mozart* (édition bilingue) : *Les Noces de Figaro. Don Juan. Cosi fan tutte.*

DIDEROT — *Le Fils naturel. Le Père de famille. Est-il bon? Est-il méchant?*

GOLDONI — *Arlequin serviteur de deux maîtres* (édition bilingue).
Le Café. Les Amoureux (édition bilingue).
La Locandiera. Les Rustres.
La Plaisante Aventure. La Manie de la villégiature.
Baroufe à Chioggia. L'Éventail. Le Bourru bienfaisant.

LESAGE — *Turcaret* (édition avec dossier).

LESSING — *Nathan le sage* (édition bilingue).

MARIVAUX — *La Dispute. Les Acteurs de bonne foi. L'Épreuve.*
La Double Inconstance (édition avec dossier).
La Fausse Suivante. L'École des mères. La Mère confidente.
Les Fausses Confidences (édition avec dossier).
L'Île des esclaves (édition avec dossier).
Le Jeu de l'amour et du hasard (édition avec dossier).
Le Prince travesti. L'Île des esclaves. Le Triomphe de l'amour.

BEAUMARCHAIS

THÉÂTRE

LE BARBIER DE SÉVILLE
LE MARIAGE DE FIGARO
LA MÈRE COUPABLE

Chronologie et préface
par
René Pomeau

GF Flammarion

ISBN : 978-2-0807-0076-6

CHRONOLOGIE

24 janvier 1732 : Beaumarchais, de son nom de famille Pierre-Augustin Caron, naît à Paris.

1753 : Apprenti horloger dans l'atelier de son père, il invente un procédé d'« échappement » (réglant la détente du ressort), encore en usage dans les montres.

1754 : Un rival ayant tenté de lui dérober son invention, l'Académie des sciences lui donne gain de cause. Sa réputation le fait admettre à la Cour.

1760 : Maître de musique et factotum de Mesdames, filles de Louis XV, il obtient que le roi reconnaisse l'École militaire fondée par le financier Pâris-Duverney. En récompense, celui-ci l'associe à ses affaires et fait sa fortune.

1761 : Représentation du *Père de famille*, drame bourgeois de Diderot.

1763 : Mort de Marivaux.

1764-1765 : A Madrid, mandataire de Pâris-Duverney, Beaumarchais négocie des marchés auprès du gouvernement espagnol. Il s'occupe des projets de mariage d'une de ses sœurs avec Clavijo.

1765 : *Le Philosophe sans le savoir*, drame bourgeois de Sedaine.

1767 : Beaumarchais fait jouer *Eugénie*.

1770 : Échec de son drame *Les Deux Amis ou le Négociant de Lyon*. Mort de Pâris-Duverney : le comte de La Blache, légataire de celui-ci, intente un procès où Beaumarchais risque de perdre sa fortune et son honneur.

11 février 1773 : Altercation et pugilat avec le duc de

Chaulnes, au sujet d'une actrice, Mlle Mesnard. Beaumarchais incarcéré au For-l'Évêque.

6 avril : Goëzman, conseiller au nouveau parlement établi par Maupeou, se hâte de juger le procès en faveur de La Blache, malgré les sommes versées par Beaumarchais à Mme Goëzman.

septembre : Beaumarchais attaque Goëzman : les *Mémoires à consulter* retournent l'opinion en sa faveur.

26 février 1774 : Les parlementaires, discrédités, l'ayant condamné au « blâme », il est porté en triomphe.

juin : Beaumarchais agent secret. A Londres, il détruit un pamphlet contre Mme du Barry. Il pourchasse jusqu'à Vienne l'auteur problématique d'un pamphlet sur la stérilité du mariage de Louis XVI avec Marie-Antoinette. Incarcéré, il est libéré sur l'intervention du ministère français.

février 1775 : Chute, puis succès du *Barbier de Séville*.

mai : Beaumarchais négocie à Londres avec le chevalier d'Éon, agent secret qui se fait passer pour une femme.

1776 : Il plaide auprès de Louis XVI et de Vergennes pour une intervention française aux côtés des Insurgents, colons américains révoltés contre l'Angleterre. Le gouvernement français le charge secrètement d'organiser les secours.

1777 : Une flotte équipée par Beaumarchais transporte en Amérique du ravitaillement, des armes, des renforts.

Il prend la tête des auteurs en conflit avec la Comédie-Française. Il fonde la *Société des auteurs dramatiques*.

Naissance de sa fille Eugénie, dont il épousera la mère en 1786.

1778 : Conflit avec les autorités américaines au sujet des sommes qui lui sont dues. Le litige ne sera réglé qu'en 1835 dans des conditions désavantageuses pour ses héritiers.

1780 : Il entreprend de publier les *Œuvres complètes* de Voltaire.

1783 : Interdiction du *Mariage de Figaro*.

27 avril 1784 : Première triomphale du *Mariage*.

1785 : Il fonde la Compagnie des Eaux, pour installer l'eau courante dans Paris. Il répond faiblement aux attaques de Mirabeau, porte-parole d'une compagnie rivale.

1787 : Il fait jouer *Tarare*, opéra, avec un succès honorable. — Il se compromet dans l'affaire Kornman. A la veille de la Révolution il est devenu très impopulaire. La maison, au luxe tapageur, qu'il fait construire dans le quartier populeux de la Bastille aggrave son discrédit.

1789 : « Patriote » modéré, il préside le district des Blancs-Manteaux. Mais ses ennemis, influents auprès des nouvelles autorités, le poursuivent de leur haine.

1792 : Échec de *la Mère coupable*. Le ministère de la Guerre le charge d'acheter et d'amener en France 60 000 fusils entreposés en Hollande.

août : Des fournisseurs aux armées, jaloux de cette concurrence, le font arrêter. Il est libéré, sur l'intervention d'une de ses maîtresses, peu avant que ne commencent les massacres dans les prisons.

1793 : Commissaire de la République et proscrit tout à la fois, menacé d'assassinat, il échappe de peu à la guillotine.

1794 : Réfugié à Hambourg. A Paris, sa femme, sa fille, sa sœur sont emprisonnées jusqu'au 9 Thermidor.

1796 : De retour en France. Ruiné, couvert de dettes, il demande à l'État les sommes dues pour l'affaire des fusils. Le litige ne sera jamais réglé.

5 mai 1797 : Succès de *la Mère coupable*.

17 mai 1799 : Il meurt subitement. Il est enterré dans son jardin en présence de ses amis. Ses restes seront en 1822 transférés au Père-Lachaise.

PRÉFACE

En chaque époque l'historien reconnaît la présence d'une littérature inavouée, dont le succès donne à penser. Les statisticiens de l'avenir s'étonneront que les gros tirages aient été, de notre temps, obtenus par des « policiers », qu'on jugera illisibles. Faut-il rappeler que le siècle de Balzac et de Flaubert dévorait d'enfantins feuilletons, « à suivre au prochain numéro »? Qu'alors le théâtre de Musset n'était pas joué, ou l'était peu, mais qu'à des mélos renouvelés de Pixérécourt Margot versait toutes ses larmes? Infra-littérature, que n'ignore pas la littérature. On osera avancer que celle-ci parfois emprunte à l'autre. Tel de nos « nouveaux romans » visiblement imite l'allure du « policier ». Un Zola qui fit des *Mystères de Marseille* ne connaissait que trop les procédés d'Eugène Sue. Balzac même, déguisé en lord R'Hoone, en bachelier de Saint-Aubin, en abbé Savonati, apprit son métier par la pratique du roman populaire. Dans les discussions sur le baroque, il convient de tenir compte de ce courant d'un baroquisme souterrain. Des œuvres aussi vite oubliées que lues débordent d'une vie élémentaire, laquelle vient à faire défaut à la littérature digne, anémiée par le souci de sa dignité.

Le théâtre officiel du 18e siècle, celui de la Comédie-Française, dépérissait avec distinction. D'excellents acteurs s'évertuaient à servir d'inertes tragédies. Les auteurs comiques craignaient de faire rire. Destouches édifiait par la représentation d'un « glorieux » corrigé de son vilain défaut. Nivelle de la Chaussée prêchait contre « le préjugé à la mode », qui veut que le mari aime toute femme à l'exception de la sienne. En un siècle réputé plaisant, paradoxe que cette comédie s'appliquant à être « sérieuse » ou « larmoyante ».

Pour rire, le bon public allait donc ailleurs qu'au Théâtre-Français. On se divertissait à la Comédie-Italienne, rappelée en 1716 par le Régent. On s'esclaffait aux spectacles de la Foire : sur des tréteaux agrémentés de féeriques décors, Arlequin donnait son festival de cabrioles, coups de batte, grasses plaisanteries, avec accompagnement de chansons. Là se perpétuait la tradition de la farce populaire. Pour allécher le badaud, l'entrepreneur n'hésitait pas à offrir un avant-spectacle gratuit : devant le théâtre, sur une estrade en plein air, les vedettes échangeaient claques, coups de pied, coq-à-l'âne de la qualité la plus robuste. C'était la parade, qui donna naissance à un genre infra-littéraire. La bonne société s'appropria ces gros divertissements. Au salon, on joua des parades à la manière de la Foire. Peu importait la banalité de l'intrigue. On cultivait les pataquès d'un langage artificiellement populacier. On recherchait les sous-entendus scabreux. Les dames écoutaient, quitte à rougir sous l'éventail. On n'était point trop fier de ces petites débauches de théâtre amateur ; mais on les aimait. Qui eût prévu que de celles-ci procéderait une renaissance de la comédie comique?

Pierre-Augustin Caron, qui se dira Beaumarchais, fréquentait les spectacles de Paris, sa ville natale. Il nourrissait l'ambition louable de rénover la scène française. Après Diderot, après Sedaine, il commence par tâter du drame bourgeois. Son *Eugénie*, histoire en cinq actes d'une demoiselle anglaise engrossée, abandonnée, épousée enfin par son séducteur, tombe à la première, puis se relève. Mais *les Deux Amis*, imbroglio commercial, expirent à la dixième représentation. L'aimable Beaumarchais s'égarait-il hors de sa voie? Homme de famille, sensible quoique libertin, il conservera une fâcheuse prédilection pour le pathétique bourgeois. Mais il n'aime pas l'échec. Il va donc essayer sur la scène du Français un genre de gaîté qui lui avait réussi à huis clos.

Son entregent l'avait mis en relations avec le financier Lenormant d'Étioles, mari honoraire de Mme de Pompadour. Pour les divertissements que celui-ci donne en son château, Beaumarchais broche des parades, dont les textes nous sont parvenus. La filiation avec les deux comédies espagnoles apparaît évidente. *Les Bottes de sept lieues*, c'est déjà, sous forme de parade, la « précaution inutile » : tandis que le barbon Cassandre s'attarde au-dehors, Léandre enlève Isabelle avec l'aide du maître fripon Arlequin. Débarbouillés, policés, ces personnages se retrouveront sous d'autres noms dans le *Barbier*. Par la parade Beaumarchais apprend le mouvement scénique, s'exerce au comique de mots. Passant à un théâtre de bon ton, il préservera ces vertus d'un théâtre « libre » : le relief caricatural, la vie du dialogue, la fantaisie de l'action.

Il avait la chance de n'être qu'un amateur. Affairiste, homme de cour, agent secret, il n'a pas appris le théâtre dans les livres (encore qu'il connaisse bien ses classiques), ni sur les planches ; il n'en subit pas les routines. Il crée pour son plaisir. S'inspirant de lui-même en même temps que d'une tradition en marge de la littérature, il invente un comique original.

Un comique *prestissimo*. Beaumarchais accélère l'échange des répliques : l'interlocuteur comprend à demi-mot, coupe, va de l'avant. Pour peu que la repartie se prolonge, il faut qu'elle tourne au morceau à effet : tirades des « maringouins », de la calomnie dans le *Barbier*, de *Goddam*, de la politique, et celles du grand monologue dans le *Mariage*. Les mots heureux jaillissent. Exception faite des balourds disposés en repoussoirs, les personnages de Beaumarchais sont tenus de jeter feu et flammes, sans défaillance. Autour de Figaro, « soleil tournant », ils gravitent lançant leurs étincelles.

Dans ce jeu, une chaleur de tempérament se fait sentir. Beaumarchais, homme de plaisir, a semé ses deux comédies d'allusions risquées. Les convenances, qu'oubliait la parade, l'obligent ici à quelque retenue. La volupté, voilée, tend vers l'expression musicale que dégageront Mozart, Rossini. Les accents d'Éros ne se laissent pas moins percevoir. *La Mère coupable* fournit au reste la contre-épreuve : avec les appétits de la jeunesse le feu du génie s'est éteint. Qu'ils sont mornes, ces personnages vieillis comme Beaumarchais, occupés à remâcher ce qu'ils appellent maintenant leurs fautes passées. Les jeunes gens eux-mêmes, Léon et Florestine, sont gagnés par la langueur. Comme on regrette les êtres de désir du *Barbier*, du *Mariage*, transposant leur sensualité vive en élégance du geste et de la parole.

La gaîté de Figaro exige de s'ébattre à l'aise. Ce

« fils de je ne sais qui » ne s'embarrasse pas de respect. Ses premières paroles sont pour persifler les pouvoirs. On s'est donc interrogé : un valet qui parle ainsi dans une période pré-révolutionnaire, prépare-t-il la Révolution ? La question vaut aussi pour Beaumarchais. L'audace de Figaro invectivant les « puissants de quatre jours » se trouva en son temps amplifiée par la maladroite résistance de Louis XVI. Depuis lors, périodiquement les circonstances restituent de l'actualité à ces propos. Ce qui prouve qu'ils ne sont pas dénués de portée politique. On ne contestera pas que Figaro, comme Beaumarchais, revendique la liberté : essentiellement une liberté de parler, et conséquemment d'imprimer « tout vif » ce qu'on a à dire. Mais aussi la liberté d'aller et venir, qui implique celle d'entreprendre. L'autorité politique n'en impose pas à Figaro. Il sait ce que sont ces pouvoirs, sous des dehors prestigieux : mesquins, égoïstes, sottement tyranniques. Le plus sûr est de s'en faire oublier, pour agir à sa guise : cela est dit dès l'acte premier du *Barbier*.

Figaro médite-t-il pour autant de subvertir l'ordre social ? Nullement. En bon serviteur, il perce à jour les faiblesses de ses maîtres. Mais il accepte comme toute naturelle la distinction entre supérieurs et inférieurs. Il a la vocation de la domesticité : à sa condition indépendante de barbier il préfère le service de son ancien maître. Dans *la Mère coupable*, dont l'action est datée de 1790, on s'aperçoit que la Révolution de l'année précédente a changé les structures de l'inégalité sans abolir celle-ci. Installé à Paris, le comte, naguère grand d'Espagne, a adopté le style de la vie bourgeoise. Il se fait appeler M. Almaviva. Il a « dénaturé » ses biens : ses terres, vendues, ont été transformées en capitaux dont une partie fut investie dans l'exploitation coloniale. Il ressort que, passant de l'aristocratie de la naissance à celle de l'argent, il n'a pas cessé d'appartenir à la classe dirigeante. La signification sociale de ce théâtre achève de s'éclairer dans la dernière pièce de la trilogie.

Trilogie ? Ou triade artificiellement assemblée ? Un critique a récemment souligné l'autonomie de chaque œuvre[1]. Trois pièces, trois styles différents.

1. Enzo Giudici, dans *Beaumarchais nel suo e nel nostro tempo*.

Le Barbier de Séville se limite à une action simple, conduite selon le schéma trop connu de la « précaution inutile ». Comme les pochades dont elle conserve le caractère, cette comédie vaut par le brio de l'exécution.

Suivant une tout autre allure, foisonnant en personnages, en épisodes, le *Mariage* développe une intrigue si complexe que son unité même est mise en question. Est-ce Figaro qui mène le jeu? Bien vite dépassé, il se laisse porter au gré des événements. Il parle plus qu'il n'agit. *La Folle Journée* communique l'impression d'un monde livré au hasard — à un hasard bienveillant. Qu'on laisse faire en courant de droite et de gauche, et les choses se termineront au mieux : par des chansons. La gaîté un peu grêle de la première pièce prend ici une résonance plus ample, soutenue de quelques accents mélancoliques.

Le ton change dans *la Mère coupable*. Les fleurs « obscures », bouquet noir et rouge serré d'un crêpe que Suzanne dispose au lever du rideau, annoncent la couleur de l'œuvre : funèbre avec mauvais goût. L'invention des personnages, la conduite de l'action, le style, trahissent ce que Sainte-Beuve appelle « le rhumatisme littéraire ». Pourtant, si l'on songe que cette production connut son heure de gloire, on s'y intéressera comme exprimant un moment de la sensibilité française. On ne pourra d'autre part s'empêcher d'être touché par la prière du vieil auteur, sollicitant l'indulgence pour un ouvrage dont tout le premier il sent la faiblesse.

C'est dans cette *Préface* de sa dernière pièce qu'il affirme l'unité de sa trilogie. Il va jusqu'à écrire que les deux comédies espagnoles ne furent faites qu'en vue de *la Mère coupable*. On n'en croira rien. Mais il n'a pas tort d'indiquer un principe de continuité entre les trois œuvres : « le roman de la famille Almaviva ». Sans conteste, d'une pièce à la suivante on retrouve Rosine et Almaviva ayant atteint, par le progrès naturel de l'âge, une nouvelle étape de leur vie.

Faut-il en conclure que l'unité de la trilogie « figaresque » ne serait point assurée par Figaro? De fait, celui-ci à la différence de ses maîtres ne manifeste pas à travers les trois pièces la continuité chronologique d'un même rôle. Son cas donne à réfléchir sur le retour des personnages au théâtre. Les conditions du spectacle se prêtent mal à la construction par œuvres successives, si fréquente dans le roman. Un film à épisodes, une pièce représentée par « journées » parient sur la fidélité du public — non sans risques. Les suites, au théâtre, sont donc l'exception : elles se contentent le plus souvent d'exploiter un succès, telle la *Suite du Menteur*, de Corneille. En revanche, la scène s'accommode bien des retours d'un personnage plastique, capable d'endosser des rôles divers. Ainsi l'Arlequin de la Foire et de la Comédie-Italienne, le Sganarelle de Molière. Le propre de ces personnages est qu'ils ne disposent pas d'une biographie, s'étendant de l'enfance à la vieillesse. Ils portent un âge invariable, lié à leur caractère. Leurs aventures pourraient se multiplier à l'infini, sans s'échelonner le long d'une durée.

Figaro fait difficulté parce qu'il tient à la fois du personnage des « suites » et du personnage plastique. Le Figaro de *la Mère coupable* accuse vingt années de plus que celui du *Mariage :* ses rides sont assez visibles... Mais entre le *Barbier* et le *Mariage*, c'est au personnage intemporel qu'on a affaire. Nul doute que la « petite Figaro », cette enfant dont il ne sera plus fait mention dans les deux autres pièces ne soit la fille du barbier, installé et marié à Séville. Ensuite le même homme se retrouve célibataire, impatient de convoler. Mais Sganarelle apparaissait de même, tantôt affligé d'une épouse *(Le Cocu imaginaire)*, tantôt ruminant de téméraires projets d'hymen *(Le Mariage forcé)*. L'invraisemblance, dans la seconde pièce de Beaumarchais naît du fait que les autres personnages se situent dans la perspective chronologique d'une suite.

Il reste que les avatars de Figaro démontrent les ressources d'un tel caractère, plus riche assurément que ses prédécesseurs les valets de comédie. Aventurier devenu casanier, il manifestait déjà dans les deux comédies espagnoles du goût pour la vie bourgeoise : heureux de vivre des revenus de sa place, et dans son chez soi. Pour regrettable qu'il soit, le changement de son humeur dans *la Mère coupable* ne rompt pas avec ses antécédents.

Dans l'intervalle il n'a rien perdu de son aptitude aux combinaisons. Son évolution confirme qu'entre le valet aux mille ruses, factotum de la farce, et le redresseur de torts, pilier du drame, la distance n'est pas si grande. Il ne s'agit toujours que d'ajuster adroitement ses machines. Ce qui confère à ce théâtre, en dehors même de la trilogie, une certaine unité. Figaro monte ses intrigues comme Beaumarchais les siennes : avec le même tour d'intelligence combinatrice, recourant aux mêmes petits moyens, lettres interceptées, artifices innocents de la pharmacopée... A cet égard, la troisième pièce ne vaut ni plus ni moins que la première. Où Beaumarchais se trompe, c'est quand il prétend, comme il dit, « fondre dans le pathétique d'un drame » les agencements de ses comédies. On le voit par les vaudevilles de Labiche et Feydeau : « l'imbroille » complexe ne réussit à la scène qu'entraînée par l'allégresse. Alors la tristesse des calculs se dissipe. La combinaison devient surabondance d'invention, et l'œuvre répand autour d'elle cette vertu, de toutes la plus précieuse, qui s'appelle la joie de vivre.

Entre les grands comiques, Beaumarchais pèserait peu si la valeur d'une œuvre se mesurait à son volume : en regard des théâtres considérables de Molière, Marivaux, Musset, il n'a, lui, à offrir que deux pièces réussies sur un total de cinq. L'amateur encore se dénonce par la modestie de ces chiffres. Pourtant il est bien l'égal des plus grands. Il a mis au monde des êtres qui depuis n'ont point péri. Rosine, Suzanne, Bartholo, Bazile, Almaviva et bien sûr Figaro, sont de notre familiarité au même titre qu'Agnès, Alceste, Scapin, Silvia ou Perdican. Ces créatures de Beaumarchais ne se détachent pas de l'air qui les enveloppe. Car dessiner des personnages n'est peut-être point le dernier mot de l'art dramatique, et loin que ceux de Beaumarchais éclatent d'originalité, on leur reconnaît vite un air de ressemblance avec les emplois traditionnels. Mais Beaumarchais a ce don exceptionnel de nous introduire dans un univers comique qui n'appartient qu'à lui. On respire chez lui les effluves légèrement capiteux, où les chansons, les mots vifs portent une rumeur sensuelle. Ambiance d'époque, sans doute, mais moins sèchement spirituelle qu'elle n'est chez Crébillon fils, et tout à fait exempte de cette rigueur implacable qui condamne les libertins de Laclos aux dénouements de tragédie. Matériel sans grossièreté, sensible sans sérieux, Beaumarchais donne appétit de vivre dans son monde d'esprit, de plaisir, qu'adoucit le sentiment.

Que ce composé apparemment fragile soit capable de tenir à l'épreuve des siècles, c'est ce que portent à croire les mises en scène de notre époque. On a depuis deux décennies rendu à ces pièces, notamment au *Mariage*, le signalé service de les extraire des conventions de « l'esprit bien français », dans le style 1900. Figaro et ses comparses ont récemment rajeuni. On aurait pu craindre l'issue de certaines cures : ils ont fait en en réchappant la démonstration d'une robustesse singulière de constitution. Vivre hors de son temps, survivre à tous les traitements, équivaut pour les êtres de théâtre à une promesse d'immortalité. Les créatures heureuses de Beaumarchais peuvent se flatter que l'avenir ne se privera pas de leur présence.

RENÉ POMEAU.

NOTICE
SUR
LE BARBIER DE SÉVILLE

Chaque pièce de Beaumarchais eut son histoire mouvementée : comédie avant la comédie, dont le dénouement se joue le jour de la première.

Le Barbier de Séville fut-il, sous sa forme initiale, une parade ? La question reste controversée. Il ne fait nul doute en revanche que Beaumarchais, chansonnier, musicien amateur, soumit d'abord à l'Opéra-Comique une version assez différente de celle que nous connaissons. D'après les fragments qui en subsistent, Almaviva déguisé en moine allait de nuit faire du vacarme chez Bartholo. Le bonhomme croyait avoir affaire au diable ; il s'enfuyait, laissant Rosine entre les mains de son amoureux. Mais le théâtre de l'Opéra-Comique refusa la pièce. Beaumarchais transforma donc son ouvrage en une comédie avec chansons, que le Théâtre-Français mit en répétition. Le *Barbier* allait être joué, quand éclata l'affaire du duc de Chaulnes. Le matin du 11 février 1773, le noble protecteur de Mlle Mesnard fait irruption dans la salle d'audience du Louvre : il vient tuer Beaumarchais, qui en ce lieu rend la justice dans les procès de chasse. Le duc et pair consent cependant à suivre son adversaire chez lui. Là les deux hommes s'empoignent, jusqu'à ce que le commissaire du quartier vienne les séparer. Quelques jours après, le ministre de la police fait incarcérer l'un et l'autre — dans des prisons séparées. On sait comment La Blache, héritier de Pâris-Duverney, mit à profit la détention de Beaumarchais pour le faire condamner par la sentence du conseiller Goëzman ; comment Beaumarchais, ruiné et déshonoré, intenta contre Goëzman et sa légère épouse une action où lui-même ne risquait rien de moins que la peine capitale ; comment après avoir conquis l'opinion par ses *Mémoires*, chefs-d'œuvre de la polémique judiciaire, il sortit de l'épreuve « blâmé » mais triomphant ; comment ensuite pour obtenir l'annulation de son blâme (qui entraînait la dégradation civique), il mena des campagnes d'agent secret, sous le nom de M. de Ronac, au service de Louis XV, puis de Louis XVI.

Pendant ces démêlés, combien plus mouvementés que ceux d'Almaviva aux prises avec Bartholo, *le Barbier de Séville* demeurait en attente. Une représentation, prévue au moment où prenait fin l'affaire Goëzman, fut interdite (février 1774). La première n'eut lieu qu'un an plus tard, aprés la suppression, par Louis XVI, du Parlement Maupeou qui avait « blâmé » l'auteur. Dans l'intervalle la pièce était passée de quatre actes à cinq. Ce fut ce *Barbier* en cinq actes que donnèrent les Comédiens-Français le 23 février 1775. Las! la pièce, célèbre avant d'être jouée, tomba à plat. Les partisans de Beaumarchais sortirent consternés. Ses adversaires triomphaient : on a arraché « les plumes du paon », il ne reste plus qu'un « hideux corbeau », écrivait le journaliste Métra.

En cette heure critique, Beaumarchais eut le courage de se rendre justice. Il avait alourdi sa trame de développements oiseux, truffé de plates plaisanteries le dialogue. Il prit sur-le-champ son parti : il se mit « en quatre » et une fois amputée de l'acte surnuméraire la pièce, tombée le jeudi, triomphait le dimanche.

En sa nouveauté la pièce n'approcha pas du succès que devait connaître le *Mariage*. La cinquantième représentation, que le *Mariage* atteignit sans effort en quatre mois, ne fut obtenue par le *Barbier* qu'au bout de quatre années. La revue de presse, rassemblée par Enzo Giudici, prouve que la critique résistait à ce genre de comique, accusé de ressembler par trop à celui de la Foire. Il fallut que le *Barbier* fît la conquête du public, qu'il préparait ainsi à accueillir le *Mariage*.

R. P.

LE
BARBIER DE SÉVILLE
OU
LA PRÉCAUTION INUTILE

COMÉDIE EN QUATRE ACTES
PAR M. DE BEAUMARCHAIS
REPRÉSENTÉE ET TOMBÉE
SUR LE THÉATRE DE LA COMÉDIE-FRANÇAISE
AUX TUILERIES LE 23 FÉVRIER 1775.

Et j'étais père et je ne pus mourir !
ZAÏRE, acte. II.

LETTRE MODÉRÉE
SUR
LA CHUTE ET LA CRITIQUE
DU
BARBIER DE SÉVILLE.

L'AUTEUR, VÊTU MODESTEMENT ET COURBÉ, PRÉSENTANT SA PIÈCE AU LECTEUR

Monsieur,

J'ai l'honneur de vous offrir un nouvel opuscule de ma façon. Je souhaite vous rencontrer dans un de ces moments heureux où, dégagé de soins, content de votre santé, de vos affaires, de votre maîtresse, de votre dîner, de votre estomac, vous puissiez vous plaire un moment à la lecture de mon *Barbier de Séville*, car il faut tout cela pour être homme amusable et lecteur indulgent.

Mais si quelque accident a dérangé votre santé, si votre état est compromis, si votre belle a forfait à ses serments, si votre dîner fut mauvais ou votre digestion laborieuse, ah! laissez mon *Barbier* ; ce n'est pas là l'instant ; examinez l'état de vos dépenses, étudiez le *Factum* de votre adversaire, relisez ce traître billet surpris à Rose, ou parcourez les chefs-d'œuvre de Tissot sur la tempérance, et faites des réflexions politiques, économiques, diététiques, philosophiques ou morales.

Ou si votre état est tel qu'il vous faille absolument l'oublier, enfoncez-vous dans une bergère, ouvrez le journal établi dans Bouillon avec encyclopédie, approbation et privilège, et dormez vite une heure ou deux.

Quel charme aurait une production légère au milieu des plus noires vapeurs, et que vous importe, en effet, si Figaro le barbier s'est bien moqué de Bartholo le médecin en aidant un rival à lui souffler sa maîtresse? On rit peu de la gaieté d'autrui, quand on a de l'humeur pour son propre compte.

Que vous fait encore si ce barbier espagnol, en arrivant dans Paris, essuya quelques traverses, et si la prohibition de ses exercices a donné trop d'importance aux rêveries de mon bonnet? On ne s'intéresse guère aux affaires des autres que lorsqu'on est sans inquiétude sur les siennes.

Mais enfin tout va-t-il bien pour vous? Avez-vous à souhait double estomac, bon cuisinier, maîtresse honnête et repos imperturbable? Ah! parlons, parlons; donnez audience à mon *Barbier*.

Je sens trop, Monsieur, que ce n'est plus le temps où, tenant mon manuscrit en réserve, et semblable à la coquette qui refuse souvent ce qu'elle brûle toujours d'accorder, j'en faisais quelque avare lecture à des gens préférés, qui croyaient devoir payer ma complaisance par un éloge pompeux de mon ouvrage.

O jours heureux! Le lieu, le temps, l'auditoire à ma dévotion et la magie d'une lecture adroite assurant mon succès, je glissais sur le morceau faible en appuyant les bons endroits; puis, recueillant les suffrages du coin de l'œil avec une orgueilleuse modestie, je jouissais d'un triomphe d'autant plus doux que le jeu d'un fripon d'acteur ne m'en dérobait pas les trois quarts pour son compte.

Que reste-t-il, hélas! de toute cette gibecière? A l'instant qu'il faudrait des miracles pour vous subjuguer, quand la verge de Moïse y suffirait à peine, je n'ai même plus la ressource du bâton de Jacob; plus d'escamotage, de tricherie, de coquetterie, d'inflexions de voix, d'illusion théâtrale, rien. C'est ma vertu toute nue que vous allez juger.

Ne trouvez donc pas étrange, Monsieur, si, mesurant mon style à ma situation, je ne fais pas comme ces écrivains qui se donnent le ton de vous appeler négligemment *lecteur*, *ami lecteur*, *cher lecteur*, *bénin* ou *benoît lecteur*, ou de telle autre dénomination cavalière, je dirais même indécente, par laquelle ces imprudents essayent de se mettre au pair avec leur juge, et qui ne fait bien souvent que leur en attirer l'animadversion. J'ai toujours vu que les airs ne séduisaient personne, et que le ton modeste d'un auteur pouvait seul inspirer un peu d'indulgence à son fier lecteur.

Eh! quel écrivain en eut jamais plus besoin que moi? Je voudrais le cacher en vain. J'eus la faiblesse autrefois, Monsieur, de vous présenter, en différents temps, deux tristes Drames, productions monstrueuses, comme on sait, car entre la Tragédie et la Comédie, on n'ignore plus qu'il n'existe rien ; c'est un point décidé, le maître l'a dit, l'École en retentit, et pour moi, j'en suis tellement convaincu, que si je voulais aujourd'hui mettre au théâtre une mère éplorée, une épouse trahie, une sœur éperdue, un fils déshérité, pour les présenter décemment au public, je commencerais par leur supposer un beau royaume où ils auraient régné de leur mieux, vers l'un des archipels ou dans tel autre coin du monde ; certain, après cela, que l'invraisemblance du roman, l'énormité des faits, l'enflure des caractères, le gigantesque des idées et la bouffissure du langage, loin de m'être imputés à reproche, assureraient encore mon succès.

Présenter des hommes d'une condition moyenne accablés et dans le malheur, fi donc! On ne doit jamais les montrer que bafoués. Les citoyens ridicules et les rois malheureux, voilà tout le théâtre existant et possible, et je me le tiens pour dit ; c'est fait, je ne veux plus quereller avec personne.

J'ai donc eu la faiblesse autrefois, Monsieur, de faire des Drames qui n'étaient pas *du bon genre*, et je m'en repens beaucoup.

Pressé depuis par les événements, j'ai hasardé de malheureux Mémoires, que mes ennemis n'ont pas trouvés *du bon style*, et j'en ai le remords cruel.

Aujourd'hui, je fais glisser sous vos yeux une Comédie fort gaie, que certains maîtres de goût n'estiment pas *du bon ton*, et je ne m'en console point.

Peut-être un jour oserai-je affliger votre oreille d'un Opéra dont les jeunes gens d'autrefois diront que la musique n'est pas *du bon français*, et j'en suis tout honteux d'avance.

Ainsi, de fautes en pardons et d'erreurs en excuses, je passerai ma vie à mériter votre indulgence, par la bonne foi naïve avec laquelle je reconnaîtrai les unes en vous présentant les autres.

Quant au *Barbier de Séville*, ce n'est pas pour corrompre votre jugement que je prends ici le ton respectueux : mais on m'a fort assuré que, lorsqu'un auteur était sorti, quoique échiné, vainqueur au théâtre, il ne lui manquait plus que d'être agréé par vous, Monsieur, et lacéré dans quelques journaux, pour avoir obtenu tous les lauriers littéraires. Ma gloire est donc certaine si vous daignez m'accorder le laurier de votre agrément, persuadé que plusieurs de Messieurs les journalistes ne me refuseront pas celui de leur dénigrement.

Déjà l'un d'eux, établi dans Bouillon avec approbation et privilège, m'a fait l'honneur encyclopédique d'assurer à ses abonnés que ma pièce était sans plan, sans unité, sans caractères, vide d'intrigue et dénuée de comique.

Un autre plus naïf encore, à la vérité sans approbation, sans privilège et même sans encyclopédie, après un candide exposé de mon drame, ajoute au laurier de sa critique cet éloge flatteur de ma personne : « La réputation du sieur de Beaumarchais est bien tombée, et les honnêtes gens sont enfin convaincus que, lorsqu'on lui aura arraché les plumes du paon, il ne restera plus qu'un vilain corbeau noir, avec son effronterie et sa voracité. »

Puisqu'en effet j'ai eu l'effronterie de faire la Comédie du *Barbier de Séville*, pour remplir l'horoscope entier, je pousserai la voracité jusqu'à vous prier humblement, Monsieur, de me juger vous-même, et sans égard aux critiques passés, présents et futurs ; car vous savez que, par état, les gens de feuilles sont souvent ennemis des gens de lettres ; j'aurai même la voracité de vous prévenir qu'étant saisi de mon affaire, il faut que vous soyez mon juge absolument, soit que vous le vouliez ou non, car vous êtes mon lecteur.

Et vous sentez bien, Monsieur, que, si pour éviter ce tracas ou me prouver que je raisonne mal, vous refusiez constamment de me lire, vous feriez vous-même une pétition de principe au-dessous de vos lumières : n'étant pas mon lecteur, vous ne seriez pas celui à qui s'adresse ma requête.

Que si, par dépit de la dépendance où je parais vous mettre, vous vous avisiez de jeter le livre en cet instant de votre lecture, c'est, Monsieur, comme si, au milieu de tout autre jugement, vous étiez enlevé du tribunal par la mort, ou tel accident qui vous rayât du nombre des magistrats. Vous ne pouvez éviter de me juger qu'en devenant nul, négatif, anéanti, qu'en cessant d'exister en qualité de mon lecteur.

Eh ! quel tort vous fais-je en vous élevant au-dessus de moi ? Après le bonheur de commander aux hommes, le plus grand honneur, Monsieur, n'est-il pas de les juger ?

Voilà donc qui est arrangé. Je ne reconnais plus

d'autre juge que vous, sans excepter Messieurs les spectateurs, qui, ne jugeant qu'en premier ressort, voient souvent leur sentence infirmée à votre tribunal.

L'affaire avait d'abord été plaidée devant eux au théâtre, et, ces Messieurs ayant beaucoup ri, j'ai pu penser que j'avais gagné ma cause à l'audience. Point du tout ; le journaliste établi dans Bouillon prétend que c'est de moi qu'on a ri. Mais ce n'est là, Monsieur, comme on dit en style de Palais, qu'une mauvaise chicane de procureur : mon but ayant été d'amuser les spectateurs, qu'ils aient ri de ma pièce ou de moi, s'ils ont ri de bon cœur, le but est également rempli, ce que j'appelle avoir gagné ma cause à l'audience.

Le même journaliste assure encore, ou du moins laisse entendre, que j'ai voulu gagner quelques-uns de ces Messieurs en leur faisant des lectures particulières, en achetant d'avance leur suffrage par cette prédilection. Mais ce n'est encore là, Monsieur, qu'une difficulté de publiciste allemand. Il est manifeste que mon intention n'a jamais été que de les instruire ; c'étaient des espèces de consultations que je faisais sur le fond de l'affaire. Que si les consultants, après avoir donné leur avis, se sont mêlés parmi les juges, vous voyez bien, Monsieur, que je n'y pouvais rien de ma part, et que c'était à eux de se récuser par délicatesse, s'ils se sentaient de la partialité pour mon barbier andalou.

Eh! plût au Ciel qu'ils en eussent un peu conservé pour ce jeune étranger, nous aurions eu moins de peine à soutenir notre malheur éphémère. Tels sont les hommes : avez-vous du succès, ils vous accueillent, vous portent, vous caressent, ils s'honorent de vous ; mais gardez de broncher : au moindre échec, ô mes amis, souvenez-vous qu'il n'est plus d'amis.

Et c'est précisément ce qui nous arriva le lendemain de la plus triste soirée. Vous eussiez vu les faibles amis du barbier se disperser, se cacher le visage ou s'enfuir ; les femmes, toujours si braves quand elles protègent, enfoncées dans les coqueluchons jusqu'aux panaches et baissant des yeux confus ; les hommes courant se visiter, se faire amende honorable du bien qu'ils avaient dit de ma pièce, et rejetant sur ma maudite façon de lire les choses tout le faux plaisir qu'ils y avaient goûté. C'était une désertion totale, une vraie désolation.

Les uns lorgnaient à gauche en me sentant passer à droite, et ne faisaient plus semblant de me voir : ah, dieux! D'autres, plus courageux, mais s'assurant bien si personne ne les regardait, m'attiraient dans un coin pour me dire : « Eh! comment avez-vous produit en nous cette illusion? car il faut en convenir, mon ami, votre pièce est la plus grande platitude du monde.

— Hélas! Messieurs, j'ai lu ma platitude en vérité, tout platement comme je l'avais faite ; mais, au nom de la bonté que vous avez de me parler encore après ma chute, et pour l'honneur de votre second jugement, ne souffrez pas qu'on redonne la pièce au théâtre ; si, par malheur, on venait à la jouer comme je l'ai lue, on vous ferait peut-être une nouvelle tromperie, et vous vous en prendriez à moi de ne plus savoir quel jour vous eûtes raison ou tort ; ce qu'à Dieu ne plaise! »

On ne m'en crut point, on laissa rejouer la pièce, et pour le coup je fus prophète en mon pays. Ce pauvre Figaro, *fessé* par la cabale *en faux-bourdon* et presque enterré le vendredi, ne fit point comme Candide, il prit courage et mon héros se releva le dimanche avec une vigueur que l'austérité d'un carême entier et la fatigue de dix-sept séances publiques n'ont pas encore altérée. Mais qui sait combien cela durera? Je ne voudrais pas jurer qu'il en fût seulement question dans cinq ou six siècles, tant notre nation est inconstante et légère!

Les ouvrages de théâtre, Monsieur, sont comme les enfants des femmes. Conçus avec volupté, menés à terme avec fatigue, enfantés avec douleur et vivant rarement assez pour payer les parents de leurs soins, ils coûtent plus de chagrins qu'ils ne donnent de plaisirs. Suivez-les dans leur carrière, à peine ils voient le jour que, sous prétexte d'enflure, on leur applique les censeurs ; plusieurs en sont restés en chartre. Au lieu de jouer doucement avec eux, le cruel parterre les rudoie et les fait tomber. Souvent en les berçant le comédien les estropie. Les perdez-vous un instant de vue, on les retrouve, hélas! traînant partout, mais dépenaillés, défigurés, rongés d'extraits et couverts de critiques. Échappés à tant de maux, s'ils brillent un moment dans le monde, le plus grand de tous les atteint, le mortel oubli les tue ; ils meurent, et, replongés au néant, les voilà perdus à jamais dans l'immensité des livres.

Je demandais à quelqu'un pourquoi ces combats, cette guerre animée entre le parterre et l'auteur, à la première représentation des ouvrages, même de ceux qui devaient plaire un autre jour. « Ignorez-vous, me dit-il, que Sophocle et le vieux Denys sont morts de joie d'avoir remporté le prix des vers au théâtre ? Nous aimons trop nos auteurs pour souffrir qu'un excès de joie nous prive d'eux en les étouffant ; aussi, pour les conserver, avons-nous grand soin que leur triomphe ne soit jamais si pur qu'ils puissent en expirer de plaisir. »

Quoi qu'il en soit des motifs de cette rigueur, l'enfant de mes loisirs, ce jeune, cet innocent *Barbier* tant dédaigné le premier jour, loin d'abuser le surlendemain de son triomphe ou de montrer de l'humeur à ses critiques, ne s'en est que plus empressé de les désarmer par l'enjouement de son caractère.

Exemple rare et frappant, Monsieur, dans un siècle d'ergotisme où l'on calcule tout jusqu'au rire, où la plus légère diversité d'opinions fait germer des haines éternelles, où tous les jeux tournent en guerre, où l'injure qui repousse l'injure est à son tour payée par l'injure, jusqu'à ce qu'une autre effaçant cette dernière en enfante une nouvelle, auteur de plusieurs autres, et propage ainsi l'aigreur à l'infini, depuis le rire jusqu'à la satiété, jusqu'au dégoût, à l'indignation même du lecteur le plus caustique.

Quant à moi, Monsieur, s'il est vrai, comme on l'a dit, que tous les hommes soient frères, et c'est une belle idée, je voudrais qu'on pût engager nos frères les gens de lettres à laisser, en discutant, le ton rogue et tranchant à nos frères les libellistes, qui s'en acquittent si bien ; ainsi que les injures à nos frères les plaideurs... qui ne s'en acquittent pas mal non plus. Je voudrais surtout qu'on pût engager nos frères les journalistes à renoncer à ce ton pédagogue et magistral avec lequel ils gourmandent les fils d'Apollon et font rire la sottise aux dépens de l'esprit.

Ouvrez un journal, ne semble-t-il pas voir un dur répétiteur, la férule ou la verge levée sur des écoliers négligents, les traiter en esclaves au plus léger défaut dans le devoir ? Eh! mes frères, il s'agit bien de devoir ici! la littérature en est le délassement et la douce récréation.

A mon égard au moins, n'espérez pas asservir dans

ses jeux mon esprit à la règle ; il est incorrigible, et, la classe du devoir une fois fermée, il devient si léger et badin que je ne puis que jouer avec lui. Comme un liège emplumé qui bondit sur la raquette, il s'élève, il retombe, égaye mes yeux, repart en l'air, y fait la roue et revient encore. Si quelque joueur adroit veut entrer en partie et ballotter à nous deux le léger volant de mes pensées, de tout mon cœur ; s'il riposte avec grâce et légèreté, le jeu m'amuse et la partie s'engage. Alors on pourrait voir les coups portés, parés, reçus, rendus, accélérés, pressés, relevés même avec une prestesse, une agilité propre à réjouir autant les spectateurs qu'elle animerait les acteurs.

Telle, au moins, Monsieur, devrait être la critique, et c'est ainsi que j'ai toujours conçu la dispute entre les gens polis qui cultivent les lettres.

Voyons, je vous prie, si le journaliste de Bouillon a conservé dans sa critique ce caractère aimable et surtout de candeur pour lequel on vient de faire des vœux.

La pièce est une Farce, dit-il.

Passons sur les qualités. Le méchant nom qu'un cuisinier étranger donne aux ragoûts français ne change rien à leur saveur. C'est en passant par ses mains qu'ils se dénaturent. Analysons la Farce de Bouillon.

La pièce, a-t-il dit, n'a pas de plan.

Est-ce parce qu'il est trop simple qu'il échappe à la sagacité de ce critique adolescent ?

Un vieillard amoureux prétend épouser demain sa pupille ; un jeune amant plus adroit le prévient, et ce jour même en fait sa femme, à la barbe et dans la maison du tuteur. Voilà le fond, dont on eût pu faire, avec un égal succès, une Tragédie, une Comédie, un Drame, un Opéra, *et cætera*. L'*Avare* de Molière est-il autre chose ? Le grand *Mithridate* est-il autre chose ? Le genre d'une pièce, comme celui de toute autre action, dépend moins du fond des choses que des caractères qui les mettent en œuvre.

Quant à moi, ne voulant faire, sur ce plan, qu'une pièce amusante et sans fatigue, une espèce d'*imbroille*, il m'a suffi que le machiniste, au lieu d'être un scélérat, fût un drôle de garçon, un homme insouciant, qui rit également du succès et de la chute de ses entreprises, pour que l'ouvrage, loin de tourner en Drame sérieux, devînt une Comédie fort gaie ; et, de cela seul que le tuteur est un peu moins sot que tous ceux qu'on trompe au théâtre, il a résulté beaucoup de mouvement dans la pièce, et surtout la nécessité d'y donner plus de ressort aux intrigants.

Au lieu de rester dans ma simplicité comique, si j'avais voulu compliquer, étendre et tourmenter mon plan à la manière tragique ou *dramique*, imagine-t-on que j'aurais manqué de moyens dans une aventure dont je n'ai mis en scènes que la partie la moins merveilleuse ?

En effet personne aujourd'hui n'ignore qu'à l'époque historique où la pièce finit gaiement dans mes mains, la querelle commença sérieusement à s'échauffer, comme qui dirait derrière la toile, entre le Docteur et Figaro, sur les cent écus. Des injures on en vint aux coups. Le Docteur, étrillé par Figaro, fit tomber en se débattant le *rescille* ou filet qui coiffait le barbier, et l'on vit, non sans surprise, une forme de spatule imprimée à chaud sur sa tête rasée. Suivez-moi, Monsieur, je vous prie.

A cet aspect, moulu de coups qu'il est, le médecin s'écrie avec transport : « Mon fils ! ô Ciel, mon fils ! mon cher fils !... » Mais avant que Figaro l'entende, il a redoublé de horions sur son cher père. En effet, ce l'était.

Ce Figaro, qui pour toute famille avait jadis connu sa mère, est fils naturel de Bartholo. Le médecin, dans sa jeunesse, eut cet enfant d'une personne en condition, que les suites de son imprudence firent passer du service au plus affreux abandon.

Mais avant de les quitter, le désolé Bartholo, frater alors, a fait rougir sa spatule, il en a timbré son fils à l'occiput, pour le reconnaître un jour, si jamais le sort les rassemble. La mère et l'enfant avaient passé six années dans une honorable mendicité, lorsqu'un chef de bohémiens, descendu de Luc Gauric, traversant l'Andalousie avec sa troupe, et consulté par la mère sur le destin de son fils, déroba l'enfant furtivement, et laissa par écrit cet horoscope à sa place :

Après avoir versé le sang dont il est né,
Ton fils assommera son père infortuné :
Puis, tournant sur lui-même et le fer et le crime,
Il se frappe, et devient heureux et légitime.

En changeant d'état sans le savoir, l'infortuné jeune homme a changé de nom sans le vouloir ; il s'est élevé sous celui de Figaro ; il a vécu. Sa mère est cette Marceline, devenue vieille et gouvernante chez le docteur, que l'affreux horoscope de son fils a consolé de sa perte. Mais aujourd'hui tout s'accomplit.

En saignant Marceline au pied, comme on le voit dans ma pièce, ou plutôt comme on ne l'y voit pas, Figaro remplit le premier vers :

Après avoir versé le sang dont il est né,

Quand il étrille innocemment le Docteur, après la toile tombée, il accomplit le second vers :

Ton fils assommera son père infortuné :

A l'instant, la plus touchante reconnaissance a lieu entre le médecin, la vieille et Figaro : *C'est vous, c'est lui, c'est toi, c'est moi.* Quel coup de théâtre! Mais le fils, au désespoir de son innocente vivacité, fond en larmes et se donne un coup de rasoir, selon le sens du troisième vers :

Puis, tournant sur lui-même et le fer et le crime,
Il se frappe, et...

Quel tableau! En n'expliquant point si du rasoir il se coupe la gorge ou seulement le poil du visage, on voit que j'avais le choix de finir ma pièce au plus grand pathétique. Enfin, le Docteur épouse la vieille, et Figaro, suivant la dernière leçon,

... devient heureux et légitime.

Quel dénoûment! Il ne m'en eût coûté qu'un sixième acte. Et quel sixième acte! Jamais tragédie au Théâtre-Français... Il suffit. Reprenons ma pièce en l'état où elle a été jouée et critiquée. Lorsqu'on me reproche avec aigreur ce que j'ai fait, ce n'est pas l'instant de louer ce que j'aurais pu faire.

La pièce est invraisemblable dans sa conduite, a dit encore le journaliste établi dans Bouillon avec approbation et privilège.

— Invraisemblable! Examinons cela par plaisir.

Son Excellence M. le Comte Almaviva, dont j'ai depuis longtemps l'honneur d'être ami particulier, est un jeune seigneur, ou pour mieux dire était, car l'âge et les grands emplois en ont fait depuis un homme fort grave, ainsi que je le suis devenu moi-même. Son

Excellence était donc un jeune seigneur espagnol, vif, ardent, comme tous les amants de sa nation, que l'on croit froide et qui n'est que paresseuse.

Il s'était mis secrètement à la poursuite d'une belle personne qu'il avait entrevue à Madrid et que son tuteur a bientôt ramenée au lieu de sa naissance. Un matin qu'il se promenait sous ses fenêtres à Séville, où depuis huit jours il cherchait à s'en faire remarquer, le hasard conduisit au même endroit Figaro le barbier. — Ah! le hasard! dira mon critique, et si le hasard n'eût pas conduit ce jour-là le barbier dans cet endroit, que devenait la pièce? — Elle eût commencé, mon frère, à quelque autre époque. — Impossible, puisque le tuteur, selon vous-même, épousait le lendemain. — Alors il n'y aurait pas eu de pièce, ou, s'il y en avait eu, mon frère, elle aurait été différente. Une chose est-elle invraisemblable, parce qu'elle était possible autrement?

Réellement vous avez un peu d'humeur. Quand le Cardinal de Retz nous dit froidement : « Un jour j'avais besoin d'un homme : à la vérité, je ne voulais qu'un fantôme ; j'aurais désiré qu'il fût petit-fils de Henri le Grand ; qu'il eût de longs cheveux blonds ; qu'il fût beau, bien fait, bien séditieux ; qu'il eût le langage et l'amour des Halles : et voilà que le hasard me fait rencontrer à Paris M. de Beaufort, échappé de la prison du Roi ; c'était justement l'homme qu'il me fallait », va-t-on dire au Coadjuteur : « Ah! le hasard! Mais si vous n'eussiez pas rencontré M. de Beaufort? Mais ceci, mais cela... »

Le hasard donc conduisit en ce même endroit Figaro le barbier, beau diseur, mauvais poète, hardi musicien, grand fringueneur de guitare et jadis valet de chambre du Comte ; établi dans Séville, y faisant avec succès des barbes, des romances et des mariages, y maniant également le fer du phlébotome et le piston du pharmacien ; la terreur des maris, la coqueluche des femmes. et justement l'homme qu'il nous fallait. Et comme, en toute recherche, ce qu'on nomme passion n'est autre chose qu'un désir irrité par la contradiction, le jeune amant, qui n'eût peut-être eu qu'un goût de fantaisie pour cette beauté, s'il l'eût rencontrée dans le monde, en devient amoureux, parce qu'elle est enfermée, au point de faire l'impossible pour l'épouser.

Mais vous donner ici l'extrait entier de la pièce,

Monsieur, serait douter de la sagacité, de l'adresse avec laquelle vous saisirez le dessein de l'auteur, et suivrez le fil de l'intrigue, en la lisant. Moins prévenu que le Journal de Bouillon, qui se trompe avec approbation et privilège sur toute la conduite de cette pièce, vous verrez que *tous les soins de l'amant* ne *sont* pas *destinés à remettre simplement une lettre*, qui n'est là qu'un léger accessoire à l'intrigue, mais bien à s'établir dans un fort défendu par la vigilance et le soupçon, surtout à tromper un homme qui, sans cesse éventant la manœuvre, oblige l'ennemi de se retourner assez lestement pour n'être pas désarçonné d'emblée.

Et lorsque vous verrez que tout le mérite du dénoûment consiste en ce que le tueur a fermé sa porte en donnant son passe-partout à Bazile, pour que lui seul et le notaire pussent entrer et conclure son mariage, vous ne laisserez pas d'être étonné qu'un critique aussi équitable se joue de la confiance de son lecteur, ou se trompe au point d'écrire, et dans Bouillon encore : *Le Comte s'est donné la peine de monter au balcon par une échelle avec Figaro, quoique la porte ne soit pas fermée.*

Enfin, lorsque vous verrez le malheureux tuteur, abusé par toutes les précautions qu'il prend pour ne le point être, à la fin forcé de signer au contrat du Comte et d'approuver ce qu'il n'a pu prévenir, vous laisserez au critique à décider si ce tuteur était un *imbécile* de ne pas deviner une intrigue dont on lui cachait tout, lorsque lui, critique, à qui l'on ne cachait rien, ne l'a pas devinée plus que le tuteur.

En effet, s'il l'eût bien conçue, aurait-il manqué de louer tous les beaux endroits de l'ouvrage ?

Qu'il n'ait point remarqué la manière dont le premier acte annonce et déploie avec gaieté tous les caractères de la pièce, on peut lui pardonner.

Qu'il n'ait pas aperçu quelque peu de comédie dans la grande scène du second acte, où, malgré la défiance et la fureur du jaloux, la pupille parvient à lui donner le change sur une lettre remise en sa présence, et à lui faire demander pardon à genoux du soupçon qu'il a montré, je le conçois encore aisément.

Qu'il n'ait pas dit un seul mot de la scène de stupéfaction de Bazile, au troisième acte, qui a paru si neuve au théâtre, et a tant réjoui les spectateurs, je n'en suis point surpris du tout.

Passe encore qu'il n'ait pas entrevu l'embarras où l'auteur s'est jeté volontairement au dernier acte, en faisant avouer par la pupille à son tuteur que le Comte avait dérobé la clef de la jalousie ; et comment l'auteur s'en démêle en deux mots, et sort en se jouant de la nouvelle inquiétude qu'il a imprimée aux spectateurs, c'est peu de chose en vérité.

Je veux bien qu'il ne lui soit pas venu à l'esprit que la pièce, une des plus gaies qui soient au théâtre, est écrite sans la moindre équivoque, sans une pensée, un seul mot dont la pudeur, même des petites loges, ait à s'alarmer, ce qui pourtant est bien quelque chose, Monsieur, dans un siècle où l'hypocrisie de la décence est poussée presque aussi loin que le relâchement des mœurs. Très volontiers. Tout cela sans doute pouvait n'être pas digne de l'attention d'un critique aussi majeur.

Mais comment n'a-t-il pas admiré ce que tous les honnêtes gens n'ont pu voir sans répandre des larmes de tendresse et de plaisir? je veux dire, la piété filiale de ce bon Figaro, qui ne saurait oublier sa mère!

Tu connais donc ce tuteur ? lui dit le Comte au premier acte. *Comme ma mère*, répond Figaro. Un avare aurait dit : *Comme mes poches*. Un petit-maître eût répondu : *Comme moi-même*. Un ambitieux : *Comme le chemin de Versailles* ; et le journaliste de Bouillon : *Comme mon libraire*, les comparaisons de chacun se tirant toujours de l'objet intéressant. *Comme ma mère*, a dit le fils tendre et respectueux.

Dans un autre endroit encore : *Ah! vous êtes charmant !* lui dit le tuteur. Et ce bon, cet honnête garçon, qui pouvait gaiement assimiler cet éloge à tous ceux qu'il a reçus de ses maîtresses, en revient toujours à sa bonne mère, et répond à ce mot : *Vous êtes charmant ! — Il est vrai Monsieur, que ma mère me l'a dit autrefois.* Et le Journal de Bouillon ne relève point de pareils traits! Il faut avoir le cerveau bien desséché pour ne les pas voir, ou le cœur bien dur pour ne pas les sentir!

Sans compter mille autres finesses de l'art répandues à pleines mains dans cet ouvrage. Par exemple, on sait que les comédiens ont multiplié chez eux les emplois à l'infini : emplois de grande, moyenne et petite Amoureuse ; emplois de grands, moyens et petits Valets ; emplois de Niais, d'Important, de Croquant, de Paysan, de Tabellion, de Bailli ; mais on sait qu'ils n'ont pas encore appointé celui de Bâillant. Qu'a fait l'auteur pour former un comédien peu exercé au talent d'ouvrir largement la bouche au théâtre? Il s'est donné le soin de lui rassembler dans une seule phrase toutes les syllabes bâillantes du français : *Rien... qu'en... l'en... ten... dant... parler*, syllabes en effet qui feraient bâiller un mort, et parviendraient à desserrer les dents mêmes de l'envie!

En cet endroit admirable où, pressé par les reproches du tuteur qui lui crie : *Que direz-vous à ce malheureux qui bâille et dort tout éveillé ? Et l'autre qui, depuis trois heures, éternue à se faire sauter le crâne et jaillir la cervelle ! que leur direz-vous ?*, le naïf barbier répond : *Eh, parbleu ! je dirai à celui qui éternue : « Dieu vous bénisse ! », et : « Va te coucher » à celui qui bâille.* Réponse en effet si juste, si chrétienne et si admirable, qu'un de ces fiers critiques qui ont leurs entrées au Paradis, n'a pu s'empêcher de s'écrier : « Diable! l'auteur a dû rester au moins huit jours à trouver cette réplique! »

Et le Journal de Bouillon, au lieu de louer ces beautés sans nombre, use encre et papier, approbation et privilège, à mettre un pareil ouvrage au-dessous même de la critique! On me couperait le cou, Monsieur, que je ne saurais m'en taire.

N'a-t-il pas été jusqu'à dire, le cruel! que, *pour ne pas voir expirer ce Barbier sur ce théâtre, il a fallu le mutiler, le changer, le refondre, l'élaguer, le réduire en quatre actes et le purger d'un grand nombre de pasquinades, de calembours, de jeux de mots, en un mot, de bas comique.*

A le voir ainsi frapper comme un sourd, on juge assez qu'il n'a pas entendu le premier mot de l'ouvrage qu'il décompose. Mais j'ai l'honneur d'assurer ce journaliste, ainsi que le jeune homme qui lui taille ses plumes et ses morceaux, que, loin d'avoir purgé la pièce d'aucun des *calembours*, *jeux de mots*, etc., qui lui eussent nui le premier jour, l'auteur a fait rentrer dans les actes restés au théâtre tout ce qu'il en a pu reprendre à l'acte au portefeuille : tel un charpentier économe cherche dans ses copeaux épars sur le chantier tout ce qui peut servir à cheviller et boucher les moindres trous de son ouvrage.

Passerons-nous sous silence le reproche aigu qu'il fait à la jeune personne d'avoir *tous les défauts d'une fille mal élevée*? Il est vrai que, pour échapper aux conséquences d'une telle imputation, il tente à la rejeter sur autrui, comme s'il n'en était pas l'auteur, en employant cette expression banale : *On trouve à la jeune personne*, etc. On trouve!...

Que voudrait-il donc qu'elle fît? Quoi! Qu'au lieu de se prêter aux vues d'un jeune amant très aimable et qui se trouve un homme de qualité, notre charmante enfant épousât le vieux podagre médecin? Le noble établissement qu'il lui destinait là! Et parce qu'on n'est pas de l'avis de Monsieur, on a *tous les défauts d'une fille mal élevée*!

En vérité, si le Journal de Bouillon se fait des amis en France par la justesse et la candeur de ses critiques, il faut avouer qu'il en aura beaucoup moins au delà des Pyrénées, et qu'il est surtout un peu bien dur pour les dames espagnoles.

Eh! qui sait si Son Excellence Madame la Comtesse Almaviva, l'exemple des femmes de son état et vivant comme un ange avec son mari, quoiqu'elle ne l'aime plus, ne se ressentira pas un jour des libertés qu'on se donne à Bouillon, sur elle, avec approbation et privilège?

L'imprudent journaliste a-t-il au moins réfléchi que Son Excellence ayant, par le rang de son mari, le plus grand crédit dans les Bureaux, eût pu lui faire obtenir quelque pension sur la Gazette d'Espagne ou la Gazette elle-même, et que dans la carrière qu'il embrasse il faut garder plus de ménagements pour les femmes de qualité? Qu'est-ce que cela me fait à moi? L'on sent bien que c'est pour lui seul que j'en parle!

Il est temps de laisser cet adversaire, quoiqu'il soit à la tête des gens qui prétendent que, *n'ayant pu me soutenir en cinq actes, je me suis mis en quatre pour ramener le public*. Eh! quand cela serait! Dans un moment d'oppression, ne vaut-il pas mieux sacrifier un cinquième de son bien que de le voir aller tout entier au pillage?

Mais ne tombez pas, cher lecteur... (Monsieur, veux-je dire), ne tombez pas, je vous prie, dans une erreur populaire qui ferait grand tort à votre jugement.

Ma pièce, qui paraît n'être aujourd'hui qu'en quatre actes, est réellement et de fait en cinq, qui sont le 1er, le 2e, le 3e, le 4e et le 5e, à l'ordinaire.

Il est vrai que, le jour du combat, voyant les ennemis acharnés, le parterre ondulant, agité, grondant au loin comme les flots de la mer, et trop certain que ces mugissements sourds, précurseurs des tempêtes, ont amené plus d'un naufrage, je vins à réfléchir que beaucoup de pièces en cinq actes (comme la mienne), toutes très bien faites d'ailleurs (comme la mienne), n'auraient pas été au diable en entier (comme la mienne), si l'auteur eût pris un parti vigoureux (comme le mien).

« Le dieu des cabales est irrité », dis-je aux comédiens avec force :

Enfants ! un sacrifice est ici nécessaire.

Alors, faisant la part au diable et déchirant mon manuscrit : « Dieu des siffleurs, moucheurs, cracheurs, tousseurs et perturbateurs, m'écriai-je, il te faut du sang ? Bois mon quatrième acte et que ta fureur s'apaise. »

A l'instant vous eussiez vu ce bruit infernal, qui faisait pâlir et broncher les acteurs, s'affaiblir, s'éloigner, s'anéantir, l'applaudissement lui succéder, et des bas-fonds du parterre un *bravo* général s'élever, en circulant, jusqu'aux hauts bancs du paradis.

De cet exposé, Monsieur, il suit que ma pièce est restée en cinq actes, qui sont le premier, le deuxième, le troisième au théâtre, le quatrième au diable et le cinquième avec les trois premiers. Tel auteur même vous soutiendra que ce quatrième acte, qu'on n'y voit point, n'en est pas moins celui qui fait le plus de bien à la pièce, en ce qu'on ne l'y voit point.

Laissons jaser le monde ; il me suffit d'avoir prouvé mon dire ; il me suffit, en faisant mes cinq actes, d'avoir montré mon respect pour Aristote, Horace, Aubignac et les modernes, et d'avoir mis ainsi l'honneur de la règle à couvert.

Par le second arrangement, le diable a son affaire ; mon char n'en roule pas moins bien sans la cinquième roue, le public est content, je le suis aussi. Pourquoi le Journal de Bouillon ne l'est-il pas ? — Ah ! pourquoi ? C'est qu'il est bien difficile de plaire à des gens qui, par métier, doivent ne jamais trouver les choses gaies assez sérieuses, ni les graves assez enjouées.

Je me flatte, Monsieur, que cela s'appelle raisonner principes et que vous n'êtes pas mécontent de mon petit syllogisme.

Reste à répondre aux observations dont quelques personnes ont honoré le moins important des drames hasardés depuis un siècle au théâtre.

Je mets à part les lettres écrites aux comédiens, à moi-même, sans signature et vulgairement appelées anonymes ; on juge à l'âpreté du style que leurs auteurs, peu versés dans la critique, n'ont pas assez senti qu'une mauvaise pièce n'est point une mauvaise action, et que telle injure, convenable à un méchant homme, est toujours déplacée à un méchant écrivain. Passons aux autres.

Des connaisseurs ont remarqué que j'étais tombé dans l'inconvénient de faire critiquer des usages français par un plaisant de Séville à Séville, tandis que la vraisemblance exigeait qu'il s'étayât sur les mœurs espagnoles. Ils ont raison ; j'y avais même tellement pensé, que pour rendre la vraisemblance encore plus parfaite, j'avais d'abord résolu d'écrire et de faire jouer la pièce en langage espagnol ; mais un homme de goût m'a fait observer qu'elle en perdrait peut-être un peu de sa gaieté pour le public de Paris, raison qui m'a déterminé à l'écrire en français ; en sorte que j'ai fait, comme on voit, une multitude de sacrifices à la gaieté, mais sans pouvoir parvenir à dérider le Journal de Bouillon.

Un autre amateur, saisissant l'instant qu'il y avait beaucoup de monde au foyer, m'a reproché du ton le plus sérieux, que ma pièce ressemblait à *On ne s'avise jamais de tout*. « Ressembler, Monsieur! Je soutiens que ma pièce est *On ne s'avise jamais de tout*, lui-même. — Et comment cela? — C'est qu'on ne s'était pas encore avisé de ma pièce. » L'amateur resta court, et l'on en rit d'autant plus, que celui-là qui me reprochait *On ne s'avise jamais de tout*, est un homme qui ne s'est jamais avisé de rien.

Quelques jours après, ceci est plus sérieux, chez une dame incommodée, un monsieur grave, en habit noir, coiffure bouffante et canne à corbin, lequel touchait légèrement le poignet de la Dame, proposa civilement plusieurs doutes sur la vérité des traits que j'avais lancés contre les médecins. « Monsieur, lui dis-je, êtes-vous ami de quelqu'un d'eux? Je serais désolé qu'un badinage... — On ne peut pas moins ; je vois que vous ne me connaissez pas, je ne prends jamais le parti d'aucun, je parle ici pour le corps en général. » Cela me fit beaucoup chercher quel homme ce pouvait être. « En fait de plaisanterie, ajoutai-je, vous savez, Monsieur, qu'on ne demande jamais si l'histoire est vraie, mais si elle est bonne. — Eh! croyez-vous moins perdre à cet examen qu'au premier? — A merveille, Docteur, dit la Dame. Le monstre qu'il est! n'a-t-il pas osé parler mal aussi de nous? Faisons cause commune. »

A ce mot de *Docteur*, je commençai à soupçonner qu'elle parlait à son médecin. « Il est vrai, Madame et Monsieur, repris-je avec modestie, que je me suis permis ces légers torts, d'autant plus aisément qu'ils tirent moins à conséquence.

« Eh! qui pourrait nuire à deux corps puissants, dont l'empire embrasse l'univers et se partage le monde? Malgré les envieux, les belles y régneront toujours par le plaisir, et les médecins par la douleur, et la brillante santé nous ramène à l'amour, comme la maladie nous rend à la médecine.

« Cependant, je ne sais si, dans la balance des avantages, la Faculté ne l'emporte pas un peu sur la beauté. Souvent on voit les belles nous renvoyer aux médecins ; mais plus souvent encore les médecins nous gardent et ne nous renvoient plus aux belles.

« En plaisantant donc, il faudrait peut-être avoir égard à la différence des ressentiments et songer que, si les belles se vengent en se séparant de nous, ce n'est là qu'un mal négatif ; au lieu que les médecins se vengent en s'en emparant, ce qui devient très positif ;

« Que, quand ces derniers nous tiennent, ils font de nous tout ce qu'ils veulent ; au lieu que les belles, toutes belles qu'elles sont, n'en font jamais que ce qu'elles peuvent ;

« Que le commerce des belles nous les rend bientôt moins nécessaires ; au lieu que l'usage des médecins finit par nous les rendre indispensables ;

« Enfin, que l'un de ces empires ne semble établi que pour assurer la durée de l'autre, puisque, plus la verte jeunesse est livrée à l'amour, plus la pâle vieillesse appartient sûrement à la médecine.

« Au reste, ayant fait contre moi cause commune, il était juste, Madame et Monsieur, que je vous offrisse en commun mes justifications. Soyez donc persuadés que, faisant profession d'adorer les belles et de redouter les médecins, c'est toujours en badinant que je dis du mal de la beauté ; comme ce n'est jamais sans trembler que je plaisante un peu la Faculté.

« Ma déclaration n'est point suspecte à votre égard,

Mesdames, et mes plus acharnés ennemis sont forcés d'avouer que, dans un instant d'humeur où mon dépit contre une belle allait s'épancher trop librement sur toutes les autres, on m'a vu m'arrêter tout court au 25e couplet, et, par le plus prompt repentir, faire ainsi, dans le 26e, amende honorable aux belles irritées :

Sexe charmant, si je décèle
Votre cœur en proie au désir,
Souvent à l'amour infidèle,
Mais toujours fidèle au plaisir ;
D'un badinage, ô mes déesses !
Ne cherchez point à vous venger :
Tel glose, hélas ! sur vos faiblesses
Qui brûle de les partager.

« Quant à vous, Monsieur le Docteur, on sait assez que Molière...

— Au désespoir, dit-il en se levant, de ne pouvoir profiter plus longtemps de vos lumières : mais l'humanité qui gémit ne doit pas souffrir de mes plaisirs. » Il me laissa, ma foi, la bouche ouverte avec ma phrase en l'air. « Je ne sais pas, dit la belle malade en riant, si je vous pardonne ; mais je vois bien que notre Docteur ne vous pardonne pas. — Le nôtre, Madame? Il ne sera jamais le mien. — Eh! pourquoi? — Je ne sais ; je craindrais qu'il ne fût au-dessous de son état, puisqu'il n'est pas au-dessus des plaisanteries qu'on en peut faire.

« Ce docteur n'est pas de mes gens. L'homme assez consommé dans son art pour en avouer de bonne foi l'incertitude, assez spirituel pour rire avec moi de ceux qui le disent infaillible, tel est mon médecin. En me rendant ses soins qu'ils appellent des visites, en me donnant ses conseils qu'ils nomment des ordonnances, il remplit dignement et sans faste la plus noble fonction d'une âme éclairée et sensible. Avec plus d'esprit, il calcule plus de rapports, et c'est tout ce qu'on peut dans un art aussi utile qu'incertain. Il me raisonne, il me console, il me guide, et la nature fait le reste. Aussi, loin de s'offenser de la plaisanterie, est-il le premier à l'opposer au pédantisme. A l'infatué qui lui dit gravement : « De quatre-vingts fluxions de « poitrine que j'ai traitées cet automne, un seul malade « a péri dans mes mains », mon docteur répond en « souriant : Pour moi, j'ai prêté mes secours à plus de « cent cet hiver ; hélas! je n'en ai pu sauver qu'un

« seul ». Tel est mon aimable médecin. — Je le connais. — Vous permettez bien que je ne l'échange pas contre le vôtre. Un pédant n'aura pas plus ma confiance en maladie qu'une bégueule n'obtiendrait mon hommage en santé. Mais je ne suis qu'un sot. Au lieu de vous rappeler mon amende honorable au beau sexe, je devais lui chanter le couplet de la bégueule ; il est tout fait pour lui.

Pour égayer ma poésie,
Au hasard j'assemble des traits :
J'en fais, peintre de fantaisie,
Des tableaux, jamais des portraits.
La femme d'esprit, qui s'en moque,
Sourit finement à l'auteur ;
Pour l'imprudente qui s'en choque,
Sa colère est son délateur.

— A propos de chanson, dit la dame, vous êtes bien honnête d'avoir été donner votre pièce aux Français! moi qui n'ai de petite loge qu'aux Italiens! Pourquoi n'en avoir pas fait un opéra-comique? ce fut, dit-on, votre première idée. La pièce est d'un genre à comporter de la musique.

— Je ne sais si elle est propre à la supporter, ou si je m'étais trompé d'abord en le supposant ; mais, sans entrer dans les raisons qui m'ont fait changer d'avis, celle-ci, Madame, répond à tout.

« Notre musique dramatique ressemble trop à notre musique chansonnière pour en attendre un véritable intérêt ou de la gaieté franche. Il faudra commencer à l'employer sérieusement au théâtre quand on sentira bien qu'on ne doit y chanter que pour parler ; quand nos musiciens se rapprocheront de la nature, et surtout cesseront de s'imposer l'absurde loi de toujours revenir à la première partie d'un air après qu'ils en ont dit la seconde. Est-ce qu'il y a des reprises et des rondeaux dans un Drame? Ce cruel radotage est la mort de l'intérêt et dénote un vide insupportable dans les idées. »

Moi qui ai toujours chéri la musique sans inconstance et même sans infidélité, souvent, aux pièces qui m'attachent le plus, je me surprends à pousser de l'épaule, à dire tout bas avec humeur : Eh! va donc, musique! pourquoi toujours répéter? N'es-tu pas assez lente? Au lieu de narrer vivement, tu rabâches! au lieu de peindre la passion, tu t'accroches aux mots! Le poète se tue à serrer l'événement, et toi tu le délayes!

Que lui sert de rendre son style énergique et pressé, si tu l'ensevelis sous d'inutiles fredons ? Avec la stérile abondance, reste, reste aux chansons pour toute nourriture, jusqu'à ce que tu connaisses le langage sublime et tumultueux des passions.

En effet, si la déclamation est déjà un abus de la narration au théâtre, le chant, qui est un abus de la déclamation, n'est donc, comme on voit, que l'abus de l'abus. Ajoutez-y la répétition des phrases, et voyez ce que devient l'intérêt. Pendant que le vice ici va toujours en croissant, l'intérêt marche à sens contraire ; l'action s'alanguit ; quelque chose me manque ; je deviens distrait ; l'ennui me gagne ; et si je cherche alors à deviner ce que je voudrais, il m'arrive souvent de trouver que je voudrais la fin du spectacle.

Il est un autre art d'imitation, en général beaucoup moins avancé que la musique, mais qui semble en ce point lui servir de leçon. Pour la variété seulement, la danse élevée est déjà le modèle du chant.

Voyez le superbe Vestris ou le fier d'Auberval engager un pas de caractère. Il ne danse pas encore ; mais, d'aussi loin qu'il paraît, son port libre et dégagé fait déjà lever la tête aux spectateurs. Il inspire autant de fierté qu'il promet de plaisirs. Il est parti... Pendant que le musicien redit vingt fois ses phrases et monotone ses mouvements, le danseur varie les siens à l'infini.

Le voyez-vous s'avancer légèrement à petits bonds, reculer à grands pas et faire oublier le comble de l'art par la plus ingénieuse négligence ? Tantôt sur un pied, gardant le plus savant équilibre, et suspendu sans mouvement pendant plusieurs mesures, il étonne, il surprend par l'immobilité de son aplomb... Et soudain, comme s'il regrettait le temps du repos, il part comme un trait, vole au fond du théâtre, et revient, en pirouettant, avec une rapidité que l'œil peut suivre à peine.

L'air a beau recommencer, rigaudonner, se répéter, se radoter, il ne se répète point, lui ! tout en déployant les mâles beautés d'un corps souple et puissant, il peint les mouvements violents dont son âme est agitée ; il vous lance un regard passionné que ses bras mollement ouverts rendent plus expressif ; et, comme s'il se lassait bientôt de vous plaire, il se relève avec dédain, se dérobe à l'œil qui le suit, et la passion la plus fougueuse semble alors naître et sortir de la plus douce ivresse. Impétueux, turbulent, il exprime une colère si bouillante et si vraie qu'il m'arrache à mon siège et me fait froncer le sourcil. Mais, reprenant soudain le geste et l'accent d'une volupté paisible, il erre nonchalamment avec une grâce, une mollesse, et des mouvements si délicats, qu'il enlève autant de suffrages qu'il y a de regards attachés sur sa danse enchanteresse.

Compositeurs, chantez comme il danse, et nous aurons, au lieu d'opéras, des mélodrames! Mais j'entends mon éternel censeur (je ne sais plus s'il est d'ailleurs ou de Bouillon), qui me dit : « Que prétend-on par ce tableau? Je vois un talent supérieur, et non la danse en général. C'est dans sa marche ordinaire qu'il faut saisir un art pour le comparer, et non dans ses efforts les plus sublimes. N'avons-nous pas...? »

Je l'arrête à mon tour. Eh quoi! si je veux peindre un coursier et me former une juste idée de ce noble animal, irai-je le chercher hongre et vieux, gémissant au timon du fiacre, ou trottinant sous le plâtrier qui siffle? Je le prends au haras, fier étalon, vigoureux, découplé, l'œil ardent, frappant la terre et soufflant le feu par les naseaux, bondissant de désirs et d'impatience, ou fendant l'air, qu'il électrise, et dont le brusque hennissement réjouit l'homme et fait tressaillir toutes les cavales de la contrée. Tel est mon danseur.

Et quand je crayonne un art, c'est parmi les plus grands sujets qui l'exercent que j'entends choisir mes modèles, tous les efforts du génie... Mais je m'éloigne trop de mon sujet, revenons au *Barbier de Séville*... ou plutôt, Monsieur, n'y revenons pas. C'est assez pour une bagatelle. Insensiblement je tomberais dans le défaut reproché trop justement à nos Français, de toujours faire de petites chansons sur les grandes affaires, et de grandes dissertations sur les petites.

Je suis, avec le plus profond respect,

MONSIEUR,

Votre très humble et très obéissant serviteur,

L'AUTEUR.

PERSONNAGES

Les habits des acteurs doivent être dans l'ancien costume espagnol.

LE COMTE ALMAVIVA, grand d'Espagne, amant inconnu de Rosine, paraît au premier acte en veste et culotte de satin ; il est enveloppé d'un grand manteau brun, ou cape espagnole ; chapeau noir rabattu avec un ruban de couleur autour de la forme. Au deuxième acte : habit uniforme de cavalier avec des moustaches et des bottines. Au troisième, habillé en bachelier ; cheveux ronds, grande fraise au cou ; veste, culotte, bas et manteau d'abbé. Au quatrième acte, il est vêtu superbement à l'Espagnol avec un riche manteau ; par-dessus tout, le large manteau brun dont il se tient enveloppé.

BARTHOLO, médecin, tuteur de Rosine : habit noir, court, boutonné ; grande perruque ; fraise et manchettes relevées ; une ceinture noire ; et quand il veut sortir de chez lui, un long manteau écarlate.

ROSINE, jeune personne d'extraction noble, et pupille de Bartholo : habillée à l'Espagnole.

FIGARO, barbier de Séville : en habit de majo espagnol. La tête couverte d'un rescille, ou filet ; chapeau blanc, ruban de couleur, autour de la forme ; un fichu de soie, attaché fort lâche à son cou ; gilet et haut-de-chausse de satin, avec des boutons et boutonnières frangés d'argent ; une grande ceinture de soie ; les jarretières nouées avec des glands qui pendent sur chaque jambe ; veste de couleur tranchante, à grands revers de la couleur du gilet ; bas blancs et souliers gris.

DON BAZILE, organiste, maître à chanter de Rosine ; chapeau noir rabattu, soutanelle et long manteau, sans fraise ni manchettes.

LA JEUNESSE, vieux domestique de Bartholo.

L'ÉVEILLÉ, autre valet de Bartholo, garçon niais et endormi. Tous deux habillés en Galiciens ; tous les cheveux dans la queue ; gilet couleur de chamois ; large ceinture de peau avec une boucle ; culotte bleue et veste de même, dont les manches, ouvertes aux épaules pour le passage des bras, sont pendantes par derrière.

UN NOTAIRE.

UN ALCADE, homme de justice, avec une longue baguette blanche à la main.

PLUSIEURS ALGUAZILS et VALETS avec des flambeaux.

La scène se passe à Séville, dans la rue et sous les fenêtres de Rosine, au premier acte, et le reste de la pièce dans la maison du docteur Bartholo.

ACTE PREMIER

Le théâtre représente une rue de Séville, où toutes les croisées sont grillées.

SCÈNE PREMIÈRE

LE COMTE, *seul, en grand manteau brun et chapeau rabattu. Il tire sa montre en se promenant.*

Le jour est moins avancé que je ne croyais. L'heure à laquelle elle a coutume de se montrer derrière sa jalousie est encore éloignée. N'importe ; il vaut mieux arriver trop tôt que de manquer l'instant de la voir. Si quelque aimable de la Cour pouvait me deviner à cent lieues de Madrid, arrêté tous les matins sous les fenêtres d'une femme à qui je n'ai jamais parlé, il me prendrait pour un Espagnol du temps d'Isabelle. — Pourquoi non ? Chacun court après le bonheur. Il est pour moi dans le cœur de Rosine. — Mais quoi ! suivre une femme à Séville, quand Madrid et la Cour offrent de toutes parts des plaisirs si faciles ? — Et c'est cela même que je fuis. Je suis las des conquêtes que l'intérêt, la convenance ou la vanité nous présentent sans cesse. Il est si doux d'être aimé pour soi-même ; et si je pouvais m'assurer sous ce déguisement... Au diable l'importun !

SCÈNE II

FIGARO, LE COMTE, *caché.*

FIGARO, *une guitare sur le dos attachée en bandoulière avec un large ruban ; il chantonne gaiement, un papier et un crayon à la main* (N° 1)*.

Bannissons le chagrin,
Il nous consume :
Sans le feu du bon vin,
Qui nous rallume,
Réduit à languir,
L'homme, sans plaisir,

* Voyez la partition de la musique gravée.

Vivrait comme un sot,
Et mourrait bientôt.

Jusque-là ceci ne va pas mal, hein, hein !

Et mourrait bientôt.
Le vin et la paresse
Se disputent mon cœur...

Eh non ! ils ne se le disputent pas, ils y règnent paisiblement ensemble...

Se partagent... mon cœur.

Dit-on *se partagent* ?... Eh ! mon Dieu, nos faiseurs d'opéras-comiques n'y regardent pas de si près. Aujourd'hui, ce qui ne vaut pas la peine d'être dit, on le chante. *(Il chante :)*

Le vin et la paresse
Se partagent mon cœur.

Je voudrais finir par quelque chose de beau, de brillant, de scintillant, qui eût l'air d'une pensée. *(Il met un genou en terre et écrit en chantant :)*

Se partagent mon cœur.
Si l'une a ma tendresse...
L'autre fait mon bonheur.

Fi donc ! c'est plat. Ce n'est pas ça... Il me faut une opposition, une antithèse :

Si l'une... est ma maîtresse,
L'autre...

Eh ! parbleu, j'y suis !...

L'autre est mon serviteur.

Fort bien, Figaro !... *(Il écrit en chantant :)*

Le vin et la paresse
Se partagent mon cœur ;
Si l'une est ma maîtresse,
L'autre est mon serviteur.
L'autre est mon serviteur.
L'autre est mon serviteur.

Hen, hen, quand il y aura des accompagnements là-dessous, nous verrons encore, Messieurs de la cabale, si je ne sais ce que je dis. *(Il aperçoit le Comte.)* J'ai vu cet abbé-là quelque part. *(Il se relève.)*

LE COMTE, *à part.* — Cet homme ne m'est pas inconnu.

FIGARO. — Eh non, ce n'est pas un abbé! Cet air altier et noble...

LE COMTE. — Cette tournure grotesque...

FIGARO.— Je ne me trompe point ; c'est le Comte Almaviva.

LE COMTE. — Je crois que c'est ce coquin de Figaro.

FIGARO. — C'est lui-même, Monseigneur.

LE COMTE. — Maraud! si tu dis un mot...

FIGARO. — Oui, je vous reconnais ; voilà les bontés familières dont vous m'avez toujours honoré.

LE COMTE. — Je ne te reconnaissais pas, moi. Te voilà si gros et si gras...

FIGARO. — Que voulez-vous, Monseigneur, c'est la misère.

LE COMTE. — Pauvre petit! Mais que fais-tu à Séville? Je t'avais autrefois recommandé dans les bureaux pour un emploi.

FIGARO. — Je l'ai obtenu, Monseigneur, et ma reconnaissance...

LE COMTE. — Appelle-moi Lindor. Ne vois-tu pas, à mon déguisement, que je veux être inconnu?

FIGARO. — Je me retire.

LE COMTE. — Au contraire. J'attends ici quelque chose ; et deux hommes qui jasent sont moins suspects qu'un seul qui se promène. Ayons l'air de jaser. Eh bien, cet emploi?

FIGARO. — Le Ministre, ayant égard à la recommandation de Votre Excellence, me fit nommer sur-le-champ garçon apothicaire.

LE COMTE. — Dans les hôpitaux de l'armée?

FIGARO. — Non ; dans les haras d'Andalousie.

LE COMTE, *riant*. — Beau début!

FIGARO. — Le poste n'était pas mauvais ; parce qu'ayant le district des pansements et des drogues, je vendais souvent aux hommes de bonnes médecines de cheval...

LE COMTE. — Qui tuaient les sujets du Roi!

FIGARO. — Ah, ah, il n'y a point de remède universel : mais qui n'ont pas laissé de guérir quelquefois des Galiciens, des Catalans, des Auvergnats.

LE COMTE. — Pourquoi donc l'as-tu quitté?

FIGARO. — Quitté? C'est bien lui-même ; on m'a desservi auprès des puissances.

L'envie aux doigts crochus, au teint pâle et livide...

LE COMTE. — Oh grâce! grâce, ami! Est-ce que tu fais aussi des vers? Je t'ai vu là griffonnant sur ton genou, et chantant dès le matin.

FIGARO. — Voilà précisément la cause de mon malheur, Excellence. Quand on a rapporté au Ministre que je faisais, je puis dire assez joliment, des bouquets à Chloris, que j'envoyais des énigmes aux journaux, qu'il courait des madrigaux de ma façon ; en un mot, quand il a su que j'étais imprimé tout vif, il a pris la chose au tragique, et m'a fait ôter mon emploi, sous prétexte que l'amour des Lettres est incompatible avec l'esprit des affaires.

LE COMTE. — Puissamment raisonné! et tu ne lui fis pas représenter...

FIGARO. — Je me crus trop heureux d'en être oublié; persuadé qu'un grand nous fait assez de bien quand il ne nous fait pas de mal.

LE COMTE. — Tu ne dis pas tout. Je me souviens qu'à mon service tu étais un assez mauvais sujet.

FIGARO. — Eh! mon Dieu, Monseigneur, c'est qu'on veut que le pauvre soit sans défaut.

LE COMTE. — Paresseux, dérangé...

FIGARO. — Aux vertus qu'on exige dans un domestique, Votre Excellence connaît-elle beaucoup de maîtres qui fussent dignes d'être valets?

LE COMTE, *riant*. — Pas mal. Et tu t'es retiré en cette ville?

FIGARO. — Non pas tout de suite.

LE COMTE, *l'arrêtant*. — Un moment... J'ai cru que c'était elle... Dis toujours, je t'entends de reste.

FIGARO. — De retour à Madrid, je voulus essayer de nouveau mes talents littéraires, et le théâtre me parut un champ d'honneur...

LE COMTE. — Ah! miséricorde!

FIGARO. *Pendant sa réplique, le Comte regarde avec attention du côté de la jalousie*. — En vérité, je ne sais comment je n'eus pas le plus grand succès, car j'avais rempli le parterre des plus excellents travailleurs ; des mains... comme des battoirs ; j'avais interdit les gants, les cannes, tout ce qui ne produit que des applaudissements sourds; et d'honneur, avant la pièce, le café m'avait paru dans les meilleures dispositions pour moi. Mais les efforts de la cabale...

LE COMTE. — Ah! la cabale! monsieur l'auteur tombé!

FIGARO. — Tout comme un autre : pourquoi pas ? Ils m'ont sifflé ; mais si jamais je puis les rassembler...

LE COMTE. — L'ennui te vengera bien d'eux ?

FIGARO. — Ah ! comme je leur en garde, morbleu !

LE COMTE. — Tu jures ! Sais-tu qu'on n'a que vingt-quatre heures au Palais pour maudire ses juges ?

FIGARO. — On a vingt-quatre ans au théâtre ; la vie est trop courte pour user un pareil ressentiment.

LE COMTE. — Ta joyeuse colère me réjouit. Mais tu ne me dis pas ce qui t'a fait quitter Madrid.

FIGARO. — C'est mon bon ange, Excellence, puisque je suis assez heureux pour retrouver mon ancien maître. Voyant à Madrid que la république des Lettres était celle des loups, toujours armés les uns contre les autres, et que, livrés au mépris où ce risible acharnement les conduit, tous les insectes, les moustiques, les cousins, les critiques, les maringouins, les envieux, les feuillistes, les libraires, les censeurs, et tout ce qui s'attache à la peau des malheureux gens de lettres, achevait de déchiqueter et sucer le peu de substance qui leur restait ; fatigué d'écrire, ennuyé de moi, dégoûté des autres, abîmé de dettes et léger d'argent ; à la fin, convaincu que l'utile revenu du rasoir est préférable aux vains honneurs de la plume, j'ai quitté Madrid, et, mon bagage en sautoir, parcourant philosophiquement les deux Castilles, la Manche, l'Estramadure, la Sierra-Morena, l'Andalousie ; accueilli dans une ville, emprisonné dans l'autre, et partout supérieur aux événements ; loué par ceux-ci, blâmé par ceux-là ; aidant au bon temps, supportant le mauvais ; me moquant des sots, bravant les méchants ; riant de ma misère et faisant la barbe à tout le monde ; vous me voyez enfin établi dans Séville et prêt à servir de nouveau Votre Excellence en tout ce qu'il lui plaira m'ordonner.

LE COMTE. — Qui t'a donné une philosophie aussi gaie ?

FIGARO. — L'habitude du malheur. Je me presse de rire de tout, de peur d'être obligé d'en pleurer. Que regardez-vous donc toujours de ce côté ?

LE COMTE. — Sauvons-nous.

FIGARO. — Pourquoi ?

LE COMTE. — Viens donc, malheureux ! tu me perds. *(Ils se cachent.)*

SCÈNE III

BARTHOLO, ROSINE

La jalousie du premier étage s'ouvre, et Bartholo et Rosine se mettent à la fenêtre.

ROSINE. — Comme le grand air fait plaisir à respirer! Cette jalousie s'ouvre si rarement...

BARTHOLO. — Quel papier tenez-vous là?

ROSINE. — Ce sont des couplets de *la Précaution inutile* que mon maître à chanter m'a donnés hier.

BARTHOLO. — Qu'est-ce que *la Précaution inutile?*

ROSINE. — C'est une comédie nouvelle.

BARTHOLO. — Quelque drame encore! Quelque sottise d'un nouveau genre!*

ROSINE. — Je n'en sais rien.

BARTHOLO. — Euh, euh! les journaux et l'autorité nous en feront raison. Siècle barbare!...

ROSINE. — Vous injuriez toujours notre pauvre siècle.

BARTHOLO. — Pardon de la liberté : qu'a-t-il produit pour qu'on le loue? Sottises de toute espèce : la liberté de penser, l'attraction, l'électricité, le tolérantisme, l'inoculation, le quinquina, l'Encyclopédie et les drames...

ROSINE. — *Le papier lui échappe et tombe dans la rue.* — Ah! ma chanson! ma chanson est tombée, en vous écoutant ; courez, courez donc, Monsieur ; ma chanson! elle sera perdue.

BARTHOLO. — Que diable aussi, l'on tient ce qu'on tient. *(Il quitte le balcon.)*

ROSINE *regarde en dedans et fait signe dans la rue.* — Ss't, s't *(Le Comte paraît.)*, ramassez vite et sauvez-vous. *(Le Comte ne fait qu'un saut, ramasse le papier et rentre.)*

BARTHOLO *sort de la maison et cherche.* — Où donc est-il? Je ne vois rien.

ROSINE. — Sous le balcon, au pied du mur.

BARTHOLO. — Vous me donnez là une jolie commission! Il est donc passé quelqu'un?

ROSINE. — Je n'ai vu personne.

BARTHOLO, *à lui-même.* — Et moi qui ai la bonté de chercher... Bartholo, vous êtes qu'un sot, mon ami : ceci doit vous apprendre à ne jamais ouvrir de jalousies sur la rue. *(Il rentre.)*

* Bartholo n'aimait pas les drames. Peut-être avait-il fait quelque tragédie dans sa jeunesse.

ROSINE, *toujours au balcon.* — Mon excuse est dans mon malheur : seule, enfermée, en butte à la persécution d'un homme odieux, est-ce un crime de tenter à sortir d'esclavage.

BARTHOLO, *paraissant au balcon.* — Rentrez, Signora ; c'est ma faute si vous avez perdu votre chanson, mais ce malheur ne vous arrivera plus, je vous jure. *(Il ferme la jalousie à la clef.)*

SCÈNE IV

LE COMTE, FIGARO.

Ils entrent avec précaution.

LE COMTE. — A présent qu'ils sont retirés, examinons cette chanson, dans laquelle un mystère est sûrement renfermé. C'est un billet!

FIGARO. — Il demandait ce que c'est que *la Précaution inutile*!

LE COMTE *lit vivement.* — « Votre empressement excite ma curiosité ; sitôt que mon tuteur sera sorti, chantez indifféremment sur l'air connu de ces couplets quelque chose qui m'apprenne enfin le nom, l'état et les intentions de celui qui paraît s'attacher si obstinément à l'infortunée Rosine. »

FIGARO, *contrefaisant la voix de Rosine.* — Ma chanson! ma chanson est tombée ; courez, courez donc *(Il rit.)*, ah! ah! ah! ah! O ces femmes! voulez-vous donner de l'adresse à la plus ingénue? enfermez-la.

LE COMTE. — Ma chère Rosine!

FIGARO. — Monseigneur, je ne suis plus en peine des motifs de votre mascarade ; vous faites ici l'amour en perspective.

LE COMTE. — Te voilà instruit, mais si tu jases...

FIGARO. — Moi, jaser! Je n'emploierai point pour vous rassurer les grandes phrases d'honneur et de dévouement dont on abuse à la journée ; je n'ai qu'un mot : mon intérêt vous répond de moi ; pesez tout à cette balance et...

LE COMTE. — Fort bien. Apprends donc que le hasard m'a fait rencontrer au Prado, il y a six mois, une jeune personne d'une beauté... Tu viens de la voir! Je l'ai fait chercher en vain par tout Madrid. Ce n'est que depuis peu de jours que j'ai découvert qu'elle s'appelle Rosine, est d'un sang noble, orpheline et mariée à un vieux médecin de cette ville nommé Bartholo.

FIGARO. — Joli oiseau, ma foi! difficile à dénicher! Mais qui vous a dit qu'elle était femme du Docteur?

LE COMTE. — Tout le monde.

FIGARO. — C'est une histoire qu'il a forgée en arrivant de Madrid, pour donner le change aux galants et les écarter ; elle n'est encore que sa pupille, mais bientôt...

LE COMTE, *vivement*. — Jamais. Ah, quelle nouvelle! j'étais résolu de tout oser pour lui présenter mes regrets, et je la trouve libre! Il n'y a pas un moment à perdre, il faut m'en faire aimer, et l'arracher à l'indigne engagement qu'on lui destine. Tu connais donc ce tuteur?

FIGARO. — Comme ma mère.

LE COMTE. — Quel homme est-ce?

FIGARO, *vivement*. — C'est un beau gros, court, jeune vieillard, gris pommelé, rusé, rasé, blasé, qui guette et furète et gronde et geint tout à la fois.

LE COMTE, *impatienté*. — Eh! je l'ai vu. Son caractère?

FIGARO. — Brutal, avare, amoureux et jaloux à l'excès de sa pupille, qui le hait à la mort.

LE COMTE. — Ainsi, ses moyens de plaire sont...

FIGARO. — Nuls.

LE COMTE. — Tant mieux. Sa probité?

FIGARO. — Tout juste autant qu'il en faut pour n'être point pendu.

LE COMTE. — Tant mieux. Punir un fripon en se rendant heureux...

FIGARO. — C'est faire à la fois le bien public et particulier : chef-d'œuvre de morale, en vérité, Monseigneur!

LE COMTE. — Tu dis que la crainte des galants lui fait fermer sa porte?

FIGARO. — A tout le monde : s'il pouvait la calfeutrer...

LE COMTE. — Ah! diable! tant pis. Aurais-tu de l'accès chez lui?

FIGARO. — Si j'en ai! *Primo*, la maison que j'occupe appartient au Docteur, qui m'y loge *gratis*.

LE COMTE. — Ah! ah!

FIGARO. — Oui. Et moi, en reconnaissance, je lui promets dix pistoles d'or par an, *gratis* aussi.

LE COMTE, *impatienté*. — Tu es son locataire?

FIGARO. — De plus, son barbier, son chirurgien,

son apothicaire ; il ne se donne pas dans sa maison un coup de rasoir, de lancette ou de piston, qui ne soit de la main de votre serviteur.

LE COMTE *l'embrasse*. — Ah! Figaro, mon ami, tu seras mon ange, mon libérateur, mon Dieu tutélaire.

FIGARO. — Peste! comme l'utilité vous a bientôt rapproché les distances! parlez-moi des gens passionnés.

LE COMTE. — Heureux Figaro! tu vas voir ma Rosine! tu vas la voir! Conçois-tu ton bonheur?

FIGARO. — C'est bien là un propos d'amant! Est-ce que je l'adore, moi? Puissiez-vous prendre ma place!

LE COMTE. — Ah! si l'on pouvait écarter tous les surveillants!...

FIGARO. — C'est à quoi je rêvais.

LE COMTE. — Pour douze heures seulement!

FIGARO. — En occupant les gens de leur propre intérêt, on les empêche de nuire à l'intérêt d'autrui.

LE COMTE. — Sans doute. Eh bien?

FIGARO, *rêvant*. — Je cherche dans ma tête si la pharmacie ne fournirait pas quelques petits moyens innocents...

LE COMTE. — Scélérat!

FIGARO. — Est-ce que je veux leur nuire? Ils ont tous besoin de mon ministère. Il ne s'agit que de les traiter ensemble.

LE COMTE. — Mais ce médecin peut prendre un soupçon.

FIGARO. — Il faut marcher si vite, que le soupçon n'ait pas le temps de naître. Il me vient une idée. Le Régiment de Royal-Infant arrive en cette ville.

LE COMTE. — Le Colonel est de mes amis.

FIGARO. — Bon. Présentez-vous chez le Docteur en habit de cavalier, avec un billet de logement ; il faudra bien qu'il vous héberge ; et moi, je me charge du reste.

LE COMTE. — Excellent!

FIGARO. — Il ne serait même pas mal que vous eussiez l'air entre deux vins...

LE COMTE. — A quoi bon?

FIGARO. — Et le mener un peu lestement sous cette apparence déraisonnable.

LE COMTE. — A quoi bon?

FIGARO. — Pour qu'il ne prenne aucun ombrage, et vous croie plus pressé de dormir que d'intriguer chez lui.

LE COMTE. — Supérieurement vu! Mais que n'y vas-tu, toi?

FIGARO. — Ah! oui, moi! Nous serons bien heureux s'il ne vous reconnaît pas, vous, qu'il n'a jamais vu. Et comment vous introduire après?

LE COMTE. — Tu as raison.

FIGARO. — C'est que vous ne pourrez peut-être pas soutenir ce personnage difficile. Cavalier... pris de vin...

LE COMTE. — Tu te moques de moi! *(Prenant un ton ivre.)* N'est-ce point ici la maison du Docteur Bartholo, mon ami?

FIGARO. — Pas mal, en vérité ; vos jambes seulement un peu plus avinées. *(D'un ton plus ivre.)* N'est-ce pas ici la maison...

LE COMTE. — Fi donc! tu as l'ivresse du peuple.

FIGARO. — C'est la bonne ; c'est celle du plaisir.

LE COMTE. — La porte s'ouvre.

FIGARO. — C'est notre homme : éloignons-nous jusqu'à ce qu'il soit parti.

SCÈNE V

LE COMTE *et* FIGARO *cachés*, BARTHOLO.

BARTHOLO *sort en parlant à la maison.* — Je reviens à l'instant ; qu'on ne laisse entrer personne. Quelle sottise à moi d'être descendu! Dès qu'elle m'en priait, je devais bien me douter... Et Bazile qui ne vient pas! Il devait tout arranger pour que mon mariage se fît secrètement demain ; et point de nouvelles! Allons voir ce qui peut l'arrêter.

SCÈNE VI

LE COMTE, FIGARO.

LE COMTE. — Qu'ai-je entendu? Demain il épouse Rosine en secret!

FIGARO. — Monseigneur, la difficulté de réussir ne fait qu'ajouter à la nécessité d'entreprendre.

LE COMTE. — Quel est donc ce Bazile qui se mêle de son mariage?

FIGARO. — Un pauvre hère qui montre la musique à sa pupille, infatué de son art, friponneau besogneux, à genoux devant un écu, et dont il sera facile de venir à bout, Monseigneur... *(Regardant à la jalousie.)* La v'là! la v'là!

LE COMTE. — Qui donc?

FIGARO. — Derrière sa jalousie. La voilà! la voilà! Ne regardez pas, ne regardez donc pas!

LE COMTE. — Pourquoi?

FIGARO. — Ne vous écrit-elle pas : *Chantez indifféremment*? c'est-à-dire, chantez comme si vous chantiez... seulement pour chanter. Oh! la v'là! la v'là!

LE COMTE. — Puisque j'ai commencé à l'intéresser sans être connu d'elle, ne quittons point le nom de Lindor que j'ai pris, mon triomphe en aura plus de charmes. *(Il déploie le papier que Rosine a jeté.)* Mais comment chanter sur cette musique? Je ne sais pas faire de vers, moi!

FIGARO. — Tout ce qui vous viendra, Monseigneur, est excellent ; en amour, le cœur n'est pas difficile sur les productions de l'esprit... et prenez ma guitare.

LE COMTE. — Que veux-tu que j'en fasse? j'en joue si mal!

FIGARO. — Est-ce qu'un homme comme vous ignore quelque chose! Avec le dos de la main : from, from, from... Chanter sans guitare à Séville! vous seriez bientôt reconnu, ma foi, bientôt dépisté! *(Figaro se colle au mur sous le balcon.)*

LE COMTE *chante en se promenant et s'accompagnant sur sa guitare* (N° 2) :

Premier couplet.

Vous l'ordonnez, je me ferai connaître.
Plus inconnu, j'osais vous adorer :
En me nommant, que pourrais-je espérer ?
N'importe, il faut obéir à son maître.

FIGARO, *bas.* — Fort bien, parbleu! Courage, Monseigneur!

LE COMTE.

IIe couplet.

Je suis Lindor, ma naissance est commune,
Mes vœux sont ceux d'un simple bachelier ;
Que n'ai-je, hélas ! d'un brillant chevalier
A vous offrir le rang et la fortune !

FIGARO. — Eh comment diable! Je ne ferais pas mieux, moi qui m'en pique.

LE COMTE.

IIIe couplet.

Tous les matins, ici, d'une voix tendre,
Je chanterai mon amour sans espoir ;
Je bornerai mes plaisirs à vous voir ;
Et puissiez-vous en trouver à m'entendre !

FIGARO. — Oh ! ma foi, pour celui-ci !... *(Il s'approche, et baise le bas de l'habit de son maître.)*

LE COMTE. — Figaro ?

FIGARO. — Excellence ?

LE COMTE. — Crois-tu que l'on m'ait entendu ?

ROSINE, *en dedans chante* :

(*Air du* Maître en droit.)

Tout me dit que Lindor est charmant,
Que je dois l'aimer constamment...

(On entend une croisée qui se ferme avec bruit.)

FIGARO. — Croyez-vous qu'on vous ait entendu cette fois ?

LE COMTE. — Elle a fermé sa fenêtre ; quelqu'un apparemment est entré chez elle.

FIGARO. — Ah ! la pauvre petite, comme elle tremble en chantant ! Elle est prise, Monseigneur.

LE COMTE. — Elle se sert du moyen qu'elle-même a indiqué. *Tout me dit que Lindor est charmant.* Que de grâces ! que d'esprit !

FIGARO. — Que de ruse ! que d'amour !

LE COMTE. — Crois-tu qu'elle se donne à moi, Figaro ?

FIGARO. — Elle passera plutôt à travers cette jalousie que d'y manquer.

LE COMTE. — C'en est fait, je suis à ma Rosine... pour la vie.

FIGARO. — Vous oubliez, Monseigneur, qu'elle ne vous entend plus.

LE COMTE. — Monsieur Figaro, je n'ai qu'un mot à vous dire : elle sera ma femme ; et si vous servez bien mon projet en lui cachant mon nom... tu m'entends, tu me connais...

FIGARO. — Je me rends. Allons, Figaro, vole à la fortune, mon fils.

LE COMTE. — Retirons-nous, crainte de nous rendre suspects.

FIGARO, *vivement.* — Moi, j'entre ici, où, par la force de mon art, je vais d'un seul coup de baguette endormir la vigilance, éveiller l'amour, égarer la jalousie, fourvoyer l'intrigue et renverser tous les obstacles. Vous, Monseigneur, chez moi l'habit de soldat, le billet de logement et de l'or dans vos poches.

LE COMTE. — Pour qui de l'or ?

FIGARO, *vivement.* — De l'or, mon Dieu, de l'or, c'est le nerf de l'intrigue.

LE COMTE. — Ne te fâche pas, Figaro, j'en prendrai beaucoup.

FIGARO, *s'en allant.* — Je vous rejoins dans peu.

LE COMTE. — Figaro ?

FIGARO. — Qu'est-ce que c'est ?

LE COMTE. — Et ta guitare ?

FIGARO *revient.* — J'oublie ma guitare, moi ! je suis donc fou ! *(Il s'en va.)*

LE COMTE. — Et ta demeure, étourdi ?

FIGARO *revient.* — Ah ! réellement je suis frappé ! Ma boutique à quatre pas d'ici, peinte en bleu, vitrage en plomb, trois palettes en l'air, l'œil dans la main : *Consilio manuque*, FIGARO. *(Il s'enfuit.)*

ACTE II

Le théâtre représente l'appartement de Rosine. La croisée dans le fond du théâtre est fermée par une jalousie grillée.

SCÈNE PREMIÈRE

ROSINE, *seule, un bougeoir à la main. Elle prend du papier sur la table et se met à écrire.*

Marceline est malade, tous les gens sont occupés, et personne ne me voit écrire. Je ne sais si ces murs ont des yeux et des oreilles, ou si mon argus a un génie malfaisant qui l'instruit à point nommé, mais je ne puis dire un mot ni faire un pas dont il ne devine sur-le-champ l'intention... Ah! Lindor!... *(Elle cachète la lettre.)* Fermons toujours ma lettre, quoique j'ignore quand et comment je pourrai la lui faire tenir. Je l'ai vu, à travers ma jalousie, parler longtemps au barbier Figaro. C'est un bon homme qui m'a montré quelquefois de la pitié ; si je pouvais l'entretenir un moment!

SCÈNE II

ROSINE, FIGARO.

ROSINE, *surprise*. — Ah! Monsieur Figaro, que je suis aise de vous voir!

FIGARO. — Votre santé, Madame?

ROSINE. — Pas trop bonne, Monsieur Figaro. L'ennui me tue.

FIGARO. — Je le crois ; il n'engraisse que les sots.

ROSINE. — Avec qui parliez-vous donc là-bas si vivement? Je n'entendais pas, mais...

FIGARO. — Avec un jeune bachelier de mes parents, de la plus grande espérance, plein d'esprit, de sentiments, de talents, et d'une figure fort revenante.

ROSINE. — Oh! tout à fait bien, je vous assure! Il se nomme?...

FIGARO. — Lindor. Il n'a rien. Mais, s'il n'eût pas quitté brusquement Madrid, il pouvait y trouver quelque bonne place.

ROSINE. — Il en trouvera, Monsieur Figaro, il en trouvera. Un jeune homme tel que vous le dépeignez n'est pas fait pour rester inconnu.

FIGARO, *à part.* — Fort bien. *(Haut.)* Mais il a un grand défaut, qui nuira toujours à son avancement.

ROSINE. — Un défaut, Monsieur Figaro! Un défaut! en êtes-vous bien sûr?

FIGARO. — Il est amoureux.

ROSINE. — Il est amoureux! et vous appelez cela un défaut?

FIGARO. — A la vérité, ce n'en est un que relativement à sa mauvaise fortune.

ROSINE. — Ah! que le sort est injuste! Et nomme-t-il la personne qu'il aime? Je suis d'une curiosité...

FIGARO. — Vous êtes la dernière, Madame, à qui je voudrais faire une confidence de cette nature.

ROSINE, *vivement.* — Pourquoi, Monsieur Figaro? Je suis discrète ; ce jeune homme vous appartient, il m'intéresse infiniment... dites donc...

FIGARO, *la regardant finement.* — Figurez-vous la plus jolie petite mignonne, douce, tendre, accorte et fraîche, agaçant l'appétit, pied furtif, taille adroite, élancée, bras dodus, bouche rosée, et des mains! des joues! des dents, des yeux!...

ROSINE. — Qui reste en cette ville?

FIGARO. — En ce quartier.

ROSINE. — Dans cette rue peut-être?

FIGARO. — A deux pas de moi.

ROSINE. — Ah! que c'est charmant... pour Monsieur votre parent. Et cette personne est?...

FIGARO. — Je ne l'ai pas nommée?

ROSINE, *vivement.* — C'est la seule chose que vous ayez oubliée, Monsieur Figaro. Dites donc, dites donc vite ; si l'on rentrait, je ne pourrais plus savoir...

FIGARO. — Vous le voulez absolument, Madame? Eh bien! cette personne est... la pupille de votre tuteur.

ROSINE. — La pupille?...

FIGARO. — Du Docteur Bartholo, oui, Madame.

ROSINE, *avec émotion.* — Ah! Monsieur Figaro... je ne vous crois pas, je vous assure.

FIGARO. — Et c'est ce qu'il brûle de venir vous persuader lui-même.

ROSINE. — Vous me faites trembler, Monsieur Figaro.

FIGARO. — Fi donc, trembler? mauvais calcul, Madame ; quand on cède à la peur du mal, on ressent déjà le mal de la peur. D'ailleurs, je viens de vous débarrasser de tous vos surveillants, jusqu'à demain.

ROSINE. — S'il m'aime, il doit me le prouver en restant absolument tranquille.

FIGARO. — Eh! Madame, amour et repos peuvent-ils habiter en même cœur? La pauvre jeunesse est si malheureuse aujourd'hui, qu'elle n'a que ce terrible choix : amour sans repos, ou repos sans amour.

ROSINE, *baissant les yeux.* — Repos sans amour... paraît...

FIGARO. — Ah! bien languissant. Il semble, en effet, qu'amour sans repos se présente de meilleure grâce ; et pour moi, si j'étais femme...

ROSINE, *avec embarras.* — Il est certain qu'une jeune personne ne peut empêcher un honnête homme de l'estimer.

FIGARO. — Aussi mon parent vous estime-t-il infiniment.

ROSINE. — Mais s'il allait faire quelque imprudence, Monsieur Figaro, il nous perdrait.

FIGARO, *à part.* — Il nous perdrait! *(Haut.)* Si vous le lui défendiez expressément par une petite lettre... Une lettre a bien du pouvoir.

ROSINE *lui donne la lettre qu'elle vient d'écrire.* — Je n'ai pas le temps de recommencer celle-ci, mais en la lui donnant, dites-lui... dites-lui bien... *(Elle écoute.)*

FIGARO. — Personne, Madame.

ROSINE. — Que c'est par pure amitié tout ce que je fais.

FIGARO. — Cela parle de soi. Tudieu! l'amour a bien une autre allure!

ROSINE. — Que par pure amitié, entendez-vous. Je crains seulement que, rebuté par les difficultés...

FIGARO. — Oui, quelque feu follet. Souvenez-vous, Madame, que le vent qui éteint une lumière allume un brasier, et que nous sommes ce brasier-là. D'en parler seulement, il exhale un tel feu qu'il m'a presque* enfiévré de sa passion, moi qui n'y ai que voir.

ROSINE. — Dieux! J'entends mon tuteur. S'il vous trouvait ici... Passez par le cabinet du clavecin, et descendez le plus doucement que vous pourrez.

* Le mot *enfiévré*, qui n'est plus français, a excité la plus vive indignation parmi les puritains littéraires ; je ne conseille à aucun galant homme de s'en servir : mais M. Figaro!...

FIGARO. — Soyez tranquille. *(A part, montrant la lettre.)* Voici qui vaut mieux que toutes mes observations. *(Il entre dans le cabinet.)*

SCÈNE III

ROSINE, *seule.*

Je meurs d'inquiétude jusqu'à ce qu'il soit dehors... Que je l'aime, ce bon Figaro! C'est un bien honnête homme, un bon parent! Ah! voilà mon tyran ; reprenons mon ouvrage. *(Elle souffle la bougie, s'assied, et prend une broderie au tambour.)*

SCÈNE IV

BARTHOLO, ROSINE.

BARTHOLO, *en colère.* — Ah! malédiction! l'enragé, le scélérat corsaire de Figaro! Là, peut-on sortir un moment de chez soi sans être sûr en rentrant...

ROSINE. — Qui vous met donc si fort en colère, Monsieur?

BARTHOLO. — Ce damné barbier qui vient d'écloper toute ma maison, en un tour de main. Il donne un narcotique à l'Éveillé, un sternutatoire à la Jeunesse ; il saigne au pied Marceline ; il n'y a pas jusqu'à ma mule... sur les yeux d'une pauvre bête aveugle, un cataplasme! Parce qu'il me doit cent écus, il se presse de faire des mémoires. Ah! qu'il les apporte! Et personne à l'antichambre, on arrive à cet appartement comme à la place d'armes.

ROSINE. — Et qui peut y pénétrer que vous, Monsieur?

BARTHOLO. — J'aime mieux craindre sans sujet que de m'exposer sans précaution ; tout est plein de gens entreprenants, d'audacieux... N'a-t-on pas ce matin encore ramassé lestement votre chanson pendant que j'allais la chercher? Oh! je...

ROSINE. — C'est bien mettre à plaisir de l'importance à tout! Le vent peut avoir éloigné ce papier, le premier venu, que sais-je?

BARTHOLO. — Le vent, le premier venu!... Il n'y a point de vent, Madame, point de premier venu dans le monde ; et c'est toujours quelqu'un posté là exprès qui ramasse les papiers qu'une femme a l'air de laisser tomber par mégarde.

ROSINE. — A l'air, Monsieur ?

BARTHOLO. — Oui, Madame, a l'air.

ROSINE, *à part*. — Oh ! le méchant vieillard !

BARTHOLO. — Mais tout cela n'arrivera plus, car je vais faire sceller cette grille.

ROSINE. — Faites mieux ; murez les fenêtres tout d'un coup. D'une prison à un cachot, la différence est si peu de chose !

BARTHOLO. — Pour celles qui donnent sur la rue ? Ce ne serait peut-être pas si mal... Ce barbier n'est pas entré chez vous, au moins !

ROSINE. — Vous donne-t-il aussi de l'inquiétude ?

BARTHOLO. — Tout comme un autre !

ROSINE. — Que vos répliques sont honnêtes !

BARTHOLO. — Ah ! fiez-vous à tout le monde, et vous aurez bientôt à la maison une bonne femme pour vous tromper, de bons amis pour vous la souffler et de bons valets pour les y aider.

ROSINE. — Quoi ! vous n'accordez pas même qu'on ait des principes contre la séduction de Monsieur Figaro ?

BARTHOLO. — Qui diable entend quelque chose à la bizarrerie des femmes, et combien j'en ai vu de ces vertus à principes...

ROSINE, *en colère*. — Mais, Monsieur, s'il suffit d'être homme pour nous plaire, pourquoi donc me déplaisez-vous si fort ?

BARTHOLO, *stupéfait*. — Pourquoi ?... Pourquoi ?... Vous ne répondez pas à ma question sur ce barbier.

ROSINE, *outrée*. — Eh bien oui, cet homme est entré chez moi, je l'ai vu, je lui ai parlé. Je ne vous cache pas même que je l'ai trouvé fort aimable ; et puissiez-vous en mourir de dépit ! *(Elle sort.)*

SCÈNE V

BARTHOLO, *seul*.

Oh ! les juifs, les chiens de valets ! La Jeunesse ? L'Éveillé ? L'Éveillé maudit !

SCÈNE VI

BARTHOLO, L'ÉVEILLÉ.

L'ÉVEILLÉ *arrive en bâillant, tout endormi.* — Aah, aah, ah, ah...

BARTHOLO. — Où étais-tu, peste d'étourdi, quand ce barbier est entré ici?

L'ÉVEILLÉ. — Monsieur, j'étais... ah, aah, ah...

BARTHOLO. — A machiner quelque espièglerie sans doute? Et tu ne l'as pas vu?

L'ÉVEILLÉ. — Sûrement je l'ai vu, puisqu'il m'a trouvé tout malade, à ce qu'il dit; et faut bien que ça soit vrai, car j'ai commencé à me douloir dans tous les membres, rien qu'en l'en-entendant parl... Ah, ah, aah...

BARTHOLO *le contrefait.* — Rien qu'en l'en-entendant!... Où donc est ce vaurien de la Jeunesse? Droguer ce petit garçon sans mon ordonnance! Il y a quelque friponnerie là-dessous.

SCÈNE VII

LES ACTEURS PRÉCÉDENTS; LA JEUNESSE *arrive en vieillard, avec une canne en béquille; il éternue plusieurs fois.*

L'ÉVEILLÉ, *toujours bâillant.* — La Jeunesse?

BARTHOLO. — Tu éternueras dimanche.

LA JEUNESSE. — Voilà plus de cinquante... cinquante fois... dans un moment! *(Il éternue.)* Je suis brisé.

BARTHOLO. — Comment! Je vous demande à tous deux s'il est entré quelqu'un chez Rosine, et vous ne me dites pas que ce barbier...

L'ÉVEILLÉ, *continuant de bâiller.* — Est-ce que c'est quelqu'un donc, Monsieur Figaro? Aah, ah...

BARTHOLO. — Je parie que le rusé s'entend avec lui.

L'ÉVEILLÉ, *pleurant comme un sot.* — Moi... Je m'entends!...

LA JEUNESSE, *éternuant.* — Eh mais, Monsieur, y a-t-il... y a-t-il de la justice?...

BARTHOLO. — De la justice! C'est bon entre vous autres misérables, la justice! Je suis votre maître, moi, pour avoir toujours raison.

LA JEUNESSE, *éternuant.* — Mais, pardi, quand une chose est vraie...

BARTHOLO. — Quand une chose est vraie! Si je ne veux pas qu'elle soit vraie, je prétends bien qu'elle ne soit pas vraie. Il n'y aurait qu'à permettre à tous ces faquins-là d'avoir raison, vous verriez bientôt ce que deviendrait l'autorité.

LA JEUNESSE, *éternuant.* — J'aime autant recevoir mon congé. Un service terrible, et toujours un train d'enfer.

L'ÉVEILLÉ, *pleurant.* — Un pauvre homme de bien est traité comme un misérable.

BARTHOLO. — Sors donc, pauvre homme de bien. *(Il les contrefait.)* Et t'chi et t'cha ; l'un m'éternue au nez, l'autre m'y bâille.

LA JEUNESSE. — Ah! Monsieur, je vous jure que sans Mademoiselle, il n'y aurait... il n'y aurait pas moyen de rester dans la maison. *(Il sort en éternuant.)*

BARTHOLO. — Dans quel état ce Figaro les a mis tous! Je vois ce que c'est : le maraud voudrait me payer mes cent écus sans bourse délier.

SCÈNE VIII

BARTHOLO, DON BAZILE ; FIGARO, *caché dans le cabinet, paraît de temps en temps, et les écoute.*

BARTHOLO *continue.* — Ah! Don Bazile, vous veniez donner à Rosine sa leçon de musique?

BAZILE. — C'est ce qui presse le moins.

BARTHOLO. — J'ai passé chez vous sans vous trouver.

BAZILE. — J'étais sorti pour vos affaires. Apprenez une nouvelle assez fâcheuse.

BARTHOLO. — Pour vous?

BAZILE. — Non, pour vous. Le Comte Almaviva est en cette ville.

BARTHOLO. — Parlez bas. Celui qui faisait chercher Rosine dans tout Madrid?

BAZILE. — Il loge à la grande place et sort tous les jours déguisé.

BARTHOLO. — Il n'en faut point douter, cela me regarde. Et que faire?

BAZILE. — Si c'était un particulier, on viendrait à bout de l'écarter.

BARTHOLO. — Oui, en s'embusquant le soir, armé, cuirassé...

BAZILE. — *Bone Deus!* Se compromettre! Susciter

une méchante affaire, à la bonne heure, et, pendant la fermentation, calomnier à dire d'experts ; *concedo*.

BARTHOLO. — Singulier moyen de se défaire d'un homme!

BAZILE. — La calomnie, Monsieur? Vous ne savez guère ce que vous dédaignez ; j'ai vu les plus honnêtes gens près d'en être accablés. Croyez qu'il n'y a pas de plate méchanceté, pas d'horreurs, pas de conte absurde, qu'on ne fasse adopter aux oisifs d'une grande ville, en s'y prenant bien : et nous avons ici des gens d'une adresse!... D'abord un bruit léger, rasant le sol comme hirondelle avant l'orage, *pianissimo* murmure et file, et sème en courant le trait empoisonné. Telle bouche le recueille, et *piano*, *piano* vous le glisse en l'oreille adroitement. Le mal est fait, il germe, il rampe, il chemine, et *rinforzando* de bouche en bouche il va le diable ; puis tout à coup, ne sais comment, vous voyez calomnie se dresser, siffler, s'enfler, grandir à vue d'œil ; elle s'élance, étend son vol, tourbillonne, enveloppe, arrache, entraîne, éclate et tonne, et devient, grâce au Ciel, un cri général, un *crescendo* public, un *chorus* universel de haine et de proscription. Qui diable y résisterait?

BARTHOLO. — Mais quel radotage me faites-vous donc là, Bazile? Et quel rapport ce *pianocrescendo* peut-il avoir à ma situation?

BAZILE. — Comment, quel rapport? Ce qu'on fait partout, pour écarter son ennemi, il faut le faire ici pour empêcher le vôtre d'approcher.

BARTHOLO. — D'approcher? Je prétends bien épouser Rosine avant qu'elle apprenne seulement que ce Comte existe.

BAZILE. — En ce cas, vous n'avez pas un instant à perdre.

BARTHOLO. — Et à qui tient-il, Bazile? Je vous ai chargé de tous les détails de cette affaire.

BAZILE. — Oui. Mais vous avez lésiné sur les frais, et, dans l'harmonie du bon ordre, un mariage inégal, un jugement inique, une passe-droit évident, sont des dissonances qu'on doit toujours préparer et sauver par l'accord parfait de l'or.

BARTHOLO, *lui donnant de l'argent*. — Il faut en passer par où vous voulez ; mais finissons.

BAZILE. — Cela s'appelle parler. Demain tout sera terminé ; c'est à vous d'empêcher que personne aujourd'hui, ne puisse instruire la pupille.

BARTHOLO. — Fiez-vous-en à moi. Viendrez-vous ce soir, Bazile ?

BAZILE. — N'y comptez pas. Votre mariage seul m'occupera toute la journée ; n'y comptez pas.

BARTHOLO *l'accompagne.* — Serviteur.

BAZILE. — Restez, Docteur, restez donc.

BARTHOLO. — Non pas. Je veux fermer sur vous la porte de la rue.

SCÈNE IX

FIGARO, *seul, sortant du cabinet.*

Oh ! la bonne précaution ! Ferme, ferme la porte de la rue, et moi je vais la rouvrir au Comte en sortant. C'est un grand maraud que ce Bazile ! heureusement il est encore plus sot. Il faut un état, une famille, un nom, un rang, de la consistance enfin, pour faire sensation dans le monde en calomniant. Mais un Bazile ! il médirait qu'on ne le croirait pas.

SCÈNE X

ROSINE, *accourant,* FIGARO.

ROSINE. — Quoi ! vous êtes encore là, Monsieur Figaro ?

FIGARO. — Très heureusement pour vous, Mademoiselle. Votre tuteur et votre maître de musique, se croyant seuls ici, viennent de parler à cœur ouvert...

ROSINE. — Et vous les avez écoutés, Monsieur Figaro ? Mais savez-vous que c'est fort mal ?

FIGARO. — D'écouter ? C'est pourtant tout ce qu'il y a de mieux pour bien entendre. Apprenez que votre tuteur se dispose à vous épouser demain.

ROSINE. — Ah ! grands dieux !

FIGARO. — Ne craignez rien, nous lui donnerons tant d'ouvrage, qu'il n'aura pas le temps de songer à celui-là.

ROSINE. — Le voici qui revient ; sortez donc par le petit escalier : vous me faites mourir de frayeur.

Figaro s'enfuit.

SCÈNE XI

BARTHOLO, ROSINE.

ROSINE. — Vous étiez ici avec quelqu'un, Monsieur ?

BARTHOLO. — Don Bazile que j'ai reconduit, et pour

cause. Vous eussiez mieux aimé que c'eût été Monsieur Figaro ?

ROSINE. — Cela m'est fort égal, je vous assure.

BARTHOLO. — Je voudrais bien savoir ce que ce barbier avait de si pressé à vous dire ?

ROSINE. — Faut-il parler sérieusement ? Il m'a rendu compte de l'état de Marceline, qui même n'est pas trop bien, à ce qu'il dit.

BARTHOLO. — Vous rendre compte ! Je vais parier qu'il était chargé de vous remettre quelque lettre.

ROSINE. — Et de qui, s'il vous plaît ?

BARTHOLO. — Oh ! de qui ! De quelqu'un que les femmes ne nomment jamais. Que sais-je, moi ? Peut-être la réponse au papier de la fenêtre.

ROSINE, *à part.* — Il n'en a pas manqué une seule. *(Haut).* Vous mériteriez bien que cela fût.

BARTHOLO *regarde les mains de Rosine.* — Cela est. Vous avez écrit.

ROSINE, *avec embarras.* — Il serait assez plaisant que vous eussiez le projet de m'en faire convenir.

BARTHOLO, *lui prenant la main droite.* — Moi ! point du tout ; mais votre doigt encore taché d'encre ! hein ? rusée signora !

ROSINE, *à part.* — Maudit homme !

BARTHOLO, *lui tenant toujours la main.* — Une femme se croit bien en sûreté parce qu'elle est seule.

ROSINE. — Ah ! sans doute... La belle preuve !... Finissez donc, Monsieur, vous me tordez le bras. Je me suis brûlée en chiffonnant autour de cette bougie, et l'on m'a toujours dit qu'il fallait aussitôt tremper dans l'encre ; c'est ce que j'ai fait.

BARTHOLO. — C'est ce que vous avez fait ? Voyons donc si un second témoin confirmera la déposition du premier. C'est ce cahier de papier où je suis certain qu'il y avait six feuilles ; car je les compte tous les matins, aujourd'hui encore.

ROSINE, *à part.* — Oh ! imbécile ! *(Haut.)* la sixième...

BARTHOLO, *comptant.* — Trois, quatre, cinq ; je vois bien qu'elle n'y est pas, la sixième.

ROSINE, *baissant les yeux.* — La sixième, je l'ai employée à faire un cornet pour des bonbons que j'ai envoyés à la petite Figaro.

BARTHOLO. — A la petite Figaro ? Et la plume qui était toute neuve, comment est-elle devenue noire ? est-ce en écrivant l'adresse de la petite Figaro ?

ROSINE, *à part.* — Cet homme a un instinct de jalousie!... *(Haut.)* Elle m'a servi à retracer une fleur effacée sur la veste que je vous brode au tambour.

BARTHOLO. — Que cela est édifiant! Pour qu'on vous crût, mon enfant, il faudrait ne pas rougir en déguisant coup sur coup la vérité ; mais c'est ce que vous ne savez pas encore.

ROSINE. — Eh! qui ne rougirait pas, Monsieur, de voir tirer des conséquences aussi malignes des choses le plus innocemment faites?

BARTHOLO. — Certes, j'ai tort ; se brûler le doigt, le tremper dans l'encre, faire des cornets aux bonbons pour la petite Figaro, et dessiner ma veste au tambour! quoi de plus innocent! Mais que de mensonges entassés pour cacher un seul fait!... *Je suis seule, on ne me voit point ; je pourrai mentir à mon aise ;* mais le bout du doigt reste noir! la plume est tachée, le papier manque ; on ne saurait penser à tout. Bien certainement, Signora, quand j'irai par la ville, un bon double tour me répondra de vous.

SCÈNE XII

LE COMTE, BARTHOLO, ROSINE.

LE COMTE, *en uniforme de cavalerie, ayant l'air d'être entre deux vins et chantant.* — Réveillons-la, etc.

BARTHOLO. — Mais que nous veut cet homme? Un soldat? Rentrez chez vous, Signora.

LE COMTE *chante* : Réveillons-la, *et s'avance vers Rosine.* — Qui de vous deux, Mesdames, se nomme le Docteur Balordo? *(A Rosine, bas.)* Je suis Lindor.

BARTHOLO. — Bartholo!

ROSINE, *à part.* — Il parle de Lindor.

LE COMTE. — Balordon, Barque à l'eau, je m'en moque comme de ça. Il s'agit seulement de savoir laquelle des deux... *(A Rosine, lui montrant un papier.)* Prenez cette lettre.

BARTHOLO. — Laquelle! vous voyez bien que c'est moi! Laquelle! Rentrez donc, Rosine, cet homme paraît avoir du vin.

ROSINE. — C'est pour cela, Monsieur ; vous êtes seul. Une femme en impose quelquefois.

BARTHOLO. — Rentrez, rentrez ; je ne suis pas timide.

SCÈNE XIII

LE COMTE, BARTHOLO.

LE COMTE. — Oh! je vous ai reconnu d'abord à votre signalement.

BARTHOLO, *au Comte, qui serre la lettre.* — Qu'est-ce que c'est donc que vous cachez là dans votre poche?

LE COMTE. — Je le cache dans ma poche pour que vous ne sachiez pas ce que c'est.

BARTHOLO. — Mon signalement? Ces gens-là croient toujours parler à des soldats!

LE COMTE. — Pensez-vous que ce soit une chose si difficile à faire que votre signalement.

Le chef branlant, la tête chauve,
Les yeux vérons, le regard fauve,
L'air farouche d'un Algonquin...

BARTHOLO. — Qu'est-ce que cela veut dire! Êtes-vous ici pour m'insulter? Délogez à l'instant.

LE COMTE. — Déloger! Ah, fi! que c'est mal parler! Savez-vous lire, Docteur... Barbe à l'eau?

BARTHOLO. — Autre question saugrenue.

LE COMTE. — Oh! que cela ne vous fasse point de peine, car, moi qui suis pour le moins aussi Docteur que vous...

BARTHOLO. — Comment cela?

LE COMTE. — Est-ce que je ne suis pas médecin des chevaux du régiment? Voilà pourquoi l'on m'a exprès logé chez un confrère.

BARTHOLO. — Oser comparer un maréchal!...

LE COMTE.

(*Air :* Vive le vin.)

Sans chanter.

Non, Docteur, je ne prétends pas
Que notre art obtienne le pas
Sur Hippocrate et sa brigade.

En chantant.

Votre savoir, mon camarade,
Est d'un succès plus général ;
Car, s'il n'emporte point le mal,
Il emporte au moins le malade.

C'est-il poli, ce que je vous dis là?

BARTHOLO. — Il vous sied bien, manipuleur ignorant, de ravaler ainsi le premier, le plus grand et le plus utile des arts!

LE COMTE. — Utile tout à fait pour ceux qui l'exercent.

BARTHOLO. — Un art dont le soleil s'honore d'éclairer les succès.

LE COMTE. — Et dont la terre s'empresse de couvrir les bévues.

BARTHOLO. — On voit bien, malappris, que vous n'êtes habitué de parler qu'à des chevaux.

LE COMTE. — Parler à des chevaux? Ah, Docteur, pour un Docteur d'esprit... N'est-il pas de notoriété que le maréchal guérit toujours ses malades sans leur parler ; au lieu que le médecin parle beaucoup aux siens...

BARTHOLO. — Sans les guérir, n'est-ce pas?

LE COMTE. — C'est vous qui l'avez dit.

BARTHOLO. — Qui diable envoie ici ce maudit ivrogne?

LE COMTE. — Je crois que vous me lâchez des épigrammes d'amour!

BARTHOLO. — Enfin, que voulez-vous, que demandez-vous?

LE COMTE, *feignant une grande colère.* — Eh bien donc, il s'enflamme! Ce que je veux? Est-ce que vous ne le voyez pas?

SCÈNE XIV

ROSINE, LE COMTE, BARTHOLO.

ROSINE, *accourant.* — Monsieur le soldat, ne vous emportez point, de grâce! *(A Bartholo.)* Parlez-lui doucement, Monsieur ; un homme qui déraisonne.

LE COMTE. — Vous avez raison ; il déraisonne, lui, mais nous sommes raisonnables, nous! Moi poli, et vous jolie... enfin suffit. La vérité, c'est que je ne veux avoir affaire qu'à vous dans la maison.

ROSINE. — Que puis-je pour votre service, Monsieur le soldat?

LE COMTE. — Une petite bagatelle, mon enfant. Mais s'il y a de l'obscurité dans mes phrases...

ROSINE. — J'en saisirai l'esprit.

LE COMTE, *lui montrant la lettre.* — Non, attachez-vous à la lettre, à la lettre. Il s'agit seulement... mais je dis en tout bien, tout honneur, que vous me donniez à coucher ce soir.

BARTHOLO. — Rien que cela?

LE COMTE. — Pas davantage. Lisez le billet doux que notre maréchal des logis vous écrit.

BARTHOLO. — Voyons. *(Le Comte cache la lettre et lui donne un autre papier. Bartholo lit.)* « Le Docteur Bartholo recevra, nourrira, hébergera, couchera...

LE COMTE, *appuyant.* — Couchera.

BARTHOLO. — « Pour une nuit seulement, le nommé Lindor, dit l'Écolier, cavalier au régiment... »

ROSINE. — C'est lui, c'est lui-même.

BARTHOLO, *vivement, à Rosine.* — Qu'est-ce qu'il y a?

LE COMTE. — Eh bien, ai-je tort, à présent, Docteur Barbaro?

BARTHOLO. — On dirait que cet homme se fait un malin plaisir de m'estropier de toutes les manières possibles. Allez au diable! Barbaro! Barbe à l'eau! et dites à votre impertinent maréchal des logis que, depuis mon voyage à Madrid, je suis exempt de loger des gens de guerre.

LE COMTE, *à part.* — O Ciel! fâcheux contre-temps!

BARTHOLO. — Ah! ah! notre ami, cela vous contrarie et vous dégrise un peu! Mais n'en décampez pas moins à l'instant.

LE COMTE, *à part.* — J'ai pensé me trahir! *(Haut.)* Décamper! Si vous êtes exempt des gens de guerre, vous n'êtes pas exempt de politesse, peut-être? Décamper! Montrez-moi un peu votre brevet d'exemption; quoique je ne sache pas lire, je verrai bientôt...

BARTHOLO. — Qu'à cela ne tienne. Il est dans ce bureau.

LE COMTE, *pendant qu'il y va, dit, sans quitter sa place.* — Ah! ma belle Rosine!

ROSINE. — Quoi, Lindor, c'est vous?

LE COMTE. — Recevez au moins cette lettre.

ROSINE. — Prenez garde, il a les yeux sur nous.

LE COMTE. — Tirez votre mouchoir, je la laisserai tomber. *(Il s'approche.)*

BARTHOLO. — Doucement, doucement, Seigneur soldat, je n'aime point qu'on regarde ma femme de si près.

LE COMTE. — Elle est votre femme?

BARTHOLO. — Eh! quoi donc?

LE COMTE. — Je vous ai pris pour son bisaïeul paternel, maternel, sempiternel; il y a au moins trois générations entre elle et vous.

BARTHOLO *lit un parchemin.* — « Sur les bons et fidèles témoignages qui nous ont été rendus... »

LE COMTE *donne un coup de main sous les parchemins, qui les envoie au plancher.* — Est-ce que j'ai besoin de tout ce verbiage?

BARTHOLO. — Savez-vous bien, soldat, que si j'appelle mes gens, je vous fais traiter sur-le-champ comme vous le méritez?

LE COMTE. — Bataille? Ah! volontiers, bataille! c'est mon métier à moi. *(Montrant son pistolet de ceinture.)* Et voici de quoi leur jeter de la poudre aux yeux. Vous n'avez peut-être jamais vu de bataille, Madame?

ROSINE. — Ni ne veux en voir.

LE COMTE. — Rien n'est pourtant aussi gai que bataille. Figurez-vous *(Poussant le docteur.)* d'abord que l'ennemi est d'un côté du ravin, et les amis de l'autre. *(A Rosine, en lui montrant la lettre.)* Sortez le mouchoir. *(Il crache à terre.)* Voilà le ravin, cela s'entend. *(Rosine tire son mouchoir, le Comte laisse tomber sa lettre entre elle et lui.)*

BARTHOLO, *se baissant.* — Ah! ah!

LE COMTE *la reprend et dit.* — Tenez... moi qui allais vous apprendre ici les secrets de mon métier... Une femme bien discrète en vérité! Ne voilà-t-il pas un billet doux qu'elle laisse tomber de sa poche?

BARTHOLO. — Donnez, donnez.

LE COMTE. — *Dulciter*, Papa! chacun son affaire. Si une ordonnance de rhubarbe était tombée de la vôtre?

ROSINE, *avance la main.* — Ah! je sais ce que c'est, Monsieur le soldat. *(Elle prend la lettre, qu'elle cache dans la petite poche de son tablier.)*

BARTHOLO. — Sortez-vous enfin?

LE COMTE. — Eh bien, je sors; adieu, Docteur; sans rancune. Un petit compliment, mon cœur : priez la mort de m'oublier encore quelques campagnes; la vie ne m'a jamais été si chère.

BARTHOLO. — Allez toujours, si j'avais ce crédit-là sur la mort...

LE COMTE. — Sur la mort? Ah! Docteur! vous faites tant de choses pour elle, qu'elle n'a rien à vous refuser. *(Il sort.)*

SCÈNE XV

BARTHOLO, ROSINE.

BARTHOLO, *le regarde aller.* — Il est enfin parti. *(A part.)* Dissimulons.

ROSINE. — Convenez pourtant, Monsieur, qu'il est bien gai ce jeune soldat! A travers son ivresse, on voit qu'il ne manque ni d'esprit ni d'une certaine éducation.

BARTHOLO. — Heureux, m'amour, d'avoir pu nous en délivrer! mais n'es-tu pas un peu curieuse de lire avec moi le papier qu'il t'a remis?

ROSINE. — Quel papier?

BARTHOLO. — Celui qu'il a feint de ramasser pour te le faire accepter.

ROSINE. — Bon! c'est la lettre de mon cousin l'officier, qui était tombée de ma poche.

BARTHOLO. — J'ai idée, moi, qu'il l'a tirée de la sienne.

ROSINE. — Je l'ai très bien reconnue.

BARTHOLO. — Qu'est-ce qu'il coûte d'y regarder?

ROSINE. — Je ne sais pas seulement ce que j'en ai fait.

BARTHOLO, *montrant la pochette*. — Tu l'as mise là.

ROSINE. — Ah! ah! par distraction.

BARTHOLO. — Ah! sûrement. Tu vas voir que ce sera quelque folie.

ROSINE, *à part*. — Si je ne le mets pas en colère il n'y aura pas moyen de refuser.

BARTHOLO. — Donne donc, mon cœur.

ROSINE. — Mais quelle idée avez-vous en insistant, Monsieur? Est-ce encore quelque méfiance?

BARTHOLO. — Mais vous! Quelle raison avez-vous de ne pas la montrer?

ROSINE. — Je vous répète, Monsieur, que ce papier n'est autre que la lettre de mon cousin, que vous m'avez rendue hier toute décachetée; et puisqu'il en est question, je vous dirai tout net que cette liberté me déplaît excessivement.

BARTHOLO. — Je ne vous entends pas!

ROSINE. — Vais-je examiner les papiers qui vous arrivent? Pourquoi vous donnez-vous les airs de toucher ceux qui me sont adressés? Si c'est jalousie, elle m'insulte; s'il s'agit de l'abus d'une autorité usurpée, j'en suis plus révoltée encore.

BARTHOLO. — Comment, révoltée? Vous ne m'avez jamais parlé ainsi.

ROSINE. — Si je me suis modérée jusqu'à ce jour, ce n'était pas pour vous donner le droit de m'offenser impunément.

BARTHOLO. — De quelle offense me parlez-vous?

ROSINE. — C'est qu'il est inouï qu'on se permette d'ouvrir les lettres de quelqu'un.

BARTHOLO. — De sa femme?

ROSINE. — Je ne la suis pas encore. Mais pourquoi lui donnerait-on la préférence d'une indignité qu'on ne fait à personne?

BARTHOLO. — Vous voulez me faire prendre le change et détourner mon attention du billet, qui, sans doute, est une missive de quelque amant! mais je le verrai, je vous assure.

ROSINE. — Vous ne le verrez pas. Si vous m'approchez, je m'enfuis de cette maison, et je demande retraite au premier venu.

BARTHOLO. — Qui ne vous recevra point.

ROSINE. — C'est ce qu'il faudra voir.

BARTHOLO. — Nous ne sommes pas ici en France, où l'on donne toujours raison aux femmes ; mais, pour vous en ôter la fantaisie, je vais fermer la porte.

ROSINE, *pendant qu'il y va.* — Ah Ciel! que faire?... Mettons vite à la place la lettre de mon cousin, et donnons-lui beau jeu à la prendre. *(Elle fait l'échange, et met la lettre du cousin dans sa pochette, de façon qu'elle sorte un peu.)*

BARTHOLO, *revenant.* — Ah! j'espère maintenant la voir.

ROSINE. — De quel droit, s'il vous plaît?

BARTHOLO. — Du droit le plus universellement reconnu, celui du plus fort.

ROSINE. — On me tuera plutôt que de l'obtenir de moi.

BARTHOLO, *frappant du pied.* — Madame! Madame!...

ROSINE *tombe sur un fauteuil et feint de se trouver mal.* — Ah! quelle indignité!...

BARTHOLO. — Donnez cette lettre, ou craignez ma colère.

ROSINE, *renversée.* — Malheureuse Rosine!

BARTHOLO. — Qu'avez-vous donc?

ROSINE. — Quel avenir affreux!

BARTHOLO. — Rosine!

ROSINE. — J'étouffe de fureur!

BARTHOLO. — Elle se trouve mal.

ROSINE. — Je m'affaiblis, je meurs.

BARTHOLO, *à part.* — Dieux! la lettre! Lisons-la sans qu'elle en soit instruite. *(Il lui tâte le pouls et prend la lettre qu'il tâche de lire en se tournant un peu.)*

ROSINE, *toujours renversée.* — Infortunée! ah!...

BARTHOLO *lui quitte le bras, et dit à part.* — Quelle

rage a-t-on d'apprendre ce qu'on craint toujours de savoir!

ROSINE. — Ah! pauvre Rosine!

BARTHOLO. — L'usage des odeurs... produit ces affections spasmodiques. *(Il lit par derrière le fauteuil, en lui tâtant le pouls. Rosine se relève un peu, le regarde finement, fait un geste de tête, et se remet sans parler.)*

BARTHOLO, *à part.* — O Ciel! c'est la lettre de son cousin. Maudite inquiétude! Comment l'apaiser maintenant? Qu'elle ignore au moins que je l'ai lue! *(Il fait semblant de la soutenir et remet la lettre dans la pochette.)*

ROSINE *soupire.* — Ah!...

BARTHOLO. — Eh bien! ce n'est rien, mon enfant; un petit mouvement de vapeurs, voilà tout; car ton pouls n'a seulement pas varié. *(Il va prendre un flacon sur la console.)*

ROSINE, *à part.* — Il a remis la lettre : fort bien!

BARTHOLO. — Ma chère Rosine, un peu de cette eau spiritueuse.

ROSINE. — Je ne veux rien de vous; laissez-moi.

BARTHOLO. — Je conviens que j'ai montré trop de vivacité sur ce billet.

ROSINE. — Il s'agit bien du billet. C'est votre façon de demander les choses qui est révoltante.

BARTHOLO, *à genoux.* — Pardon; j'ai bientôt senti tous mes torts, et tu me vois à tes pieds, prêt à les réparer.

ROSINE. — Oui, pardon! Lorsque vous croyez que cette lettre ne vient pas de mon cousin.

BARTHOLO. — Qu'elle soit d'un autre ou de lui, je ne veux aucun éclaircissement.

ROSINE, *lui présentant la lettre.* — Vous voyez qu'avec de bonnes façons, on obtient tout de moi. Lisez-la.

BARTHOLO. — Cet honnête procédé dissiperait mes soupçons si j'étais assez malheureux pour en conserver.

ROSINE. — Lisez-la donc, Monsieur.

BARTHOLO *se retire.* — A Dieu ne plaise que je te fasse une pareille injure!

ROSINE. — Vous me contrariez de la refuser.

BARTHOLO. — Reçois en réparation cette marque de ma parfaite confiance. Je vais voir la pauvre Marceline, que ce Figaro a, je ne sais pourquoi, saignée du pied; n'y viens-tu pas aussi?

ROSINE. — J'y monterai dans un moment.

BARTHOLO. — Puisque la paix est faite, mignonne,

donne-moi ta main. Si tu pouvais m'aimer! ah, comme tu serais heureuse!

ROSINE, *baissant les yeux.* — Si vous pouviez me plaire, ah! comme je vous aimerais!

BARTHOLO. — Je te plairai, je te plairai ; quand je te dis que je te plairai! *(Il sort.)*

SCÈNE XVI

ROSINE, *le regarde aller.*

Ah! Lindor! Il dit qu'il me plaira!... Lisons cette lettre, qui a manqué de me causer tant de chagrin. *(Elle lit et s'écrie.)* Ah!... j'ai lu trop tard : il me recommande de tenir une querelle ouverte avec mon tuteur ; j'en avais une si bonne, et je l'ai laissée échapper. En recevant la lettre, j'ai senti que je rougissais jusqu'aux yeux. Ah! mon tuteur a raison. Je suis bien loin d'avoir cet usage du monde, qui, me dit-il souvent, assure le maintien des femmes en toute occasion ; mais un homme injuste parviendrait à faire une rusée de l'innocence même.

ACTE III

SCÈNE PREMIÈRE

BARTHOLO, *seul et désolé.*

Quelle humeur! quelle humeur! Elle paraissait apaisée... Là, qu'on me dise qui diable lui a fourré dans la tête de ne plus vouloir prendre leçon de Don Bazile! Elle sait qu'il se mêle de mon mariage... *(On heurte à la porte.)* Faites tout au monde pour plaire aux femmes ; si vous omettez un seul petit point... je dis un seul... *(On heurte une seconde fois.)* Voyons qui c'est.

SCÈNE II

BARTHOLO, LE COMTE, *en bachelier.*

LE COMTE. — Que la paix et la joie habitent toujours céans!

BARTHOLO, *brusquement.* — Jamais souhait ne vint plus à propos. Que voulez-vous?

LE COMTE. — Monsieur, je suis Alonzo, bachelier, licencié...

BARTHOLO. — Je n'ai pas besoin de précepteur.

LE COMTE. — ... Élève de Don Bazile, organiste du grand couvent, qui a l'honneur de montrer la musique, à Madame votre...

BARTHOLO. — Bazile! organiste! qui a l'honneur! Je le sais, au fait.

LE COMTE, *à part.* — Quel homme! *(Haut.)* Un mal subit qui le force à garder le lit...

BARTHOLO. — Garder le lit! Bazile! Il a bien fait d'envoyer ; je vais le voir à l'instant.

LE COMTE, *à part.* — Oh! diable! *(Haut.)* Quand je dis le lit, Monsieur, c'est... la chambre que j'entends.

BARTHOLO. — Ne fût-il qu'incommodé ; marchez devant, je vous suis.

LE COMTE, *embarrassé.* — Monsieur, j'étais chargé... Personne ne peut-il nous entendre?

BARTHOLO, *à part.* — C'est quelque fripon. *(Haut.)*

Eh! non, Monsieur le mystérieux! Parlez sans vous troubler, si vous pouvez.

LE COMTE, *à part.* — Maudit vieillard! *(Haut.)* Don Bazile m'avait chargé de vous apprendre...

BARTHOLO. — Parlez haut, je suis sourd d'une oreille.

LE COMTE, *élevant la voix.* — Ah! volontiers. Que le Comte Almaviva, qui restait à la grande place...

BARTHOLO, *effrayé.* — Parlez bas, parlez bas!

LE COMTE, *plus haut.* — ... En est délogé ce matin. Comme c'est par moi qu'il a su que le Comte Almaviva...

BARTHOLO. — Bas ; parlez bas, je vous prie.

LE COMTE, *du même ton.* — ... Était en cette ville, et que j'ai découvert que la Signora Rosine lui a écrit...

BARTHOLO. — Lui a écrit? Tenez, asseyons-nous et jasons d'amitié. Vous avez découvert, dites-vous, que Rosine...

LE COMTE, *fièrement.* — Assurément. Bazile, inquiet pour vous de cette correspondance, m'avait prié de vous montrer sa lettre ; mais la manière dont vous prenez les choses...

BARTHOLO. — Eh, mon Dieu! je les prends bien. Mais ne vous est-il donc pas possible de parler plus bas?

LE COMTE. — Vous êtes sourd d'une oreille, avez-vous dit.

BARTHOLO. — Pardon, pardon, Seigneur Alonzo, si vous m'avez trouvé méfiant et dur ; mais je suis tellement entouré d'intrigants, de pièges... Et puis votre tournure, votre âge, votre air... Pardon, pardon. Eh bien! vous avez la lettre?

LE COMTE. — A la bonne heure sur ce ton, Monsieur ; mais je crains qu'on ne soit aux écoutes.

BARTHOLO. — Eh! qui voulez-vous? Tous mes valets sur les dents! Rosine enfermée de fureur! Le diable est entré chez moi. Je vais encore m'assurer... *(Il va ouvrir doucement la porte de Rosine.)*

LE COMTE, *à part.* — Je me suis enferré de dépit... Garder la lettre à présent! Il faudra m'enfuir : autant vaudrait n'être pas venu... la lui montrer. Si je puis en prévenir Rosine, la montrer est un coup de maître.

BARTHOLO *revient sur la pointe du pied.* — Elle est assise auprès de sa fenêtre, le dos tourné à la porte, occupée à relire une lettre de son cousin l'officier, que j'avais décachetée... Voyons donc la sienne.

LE COMTE *lui remet la lettre de Rosine.* — La voici. *(A part.)* C'est ma lettre qu'elle relit.

BARTHOLO *lit.* — « *Depuis que vous m'avez appris votre nom et votre état...* » Ah! la perfide, c'est bien là sa main.

LE COMTE, *effrayé.* — Parlez donc plus bas à votre tour.

BARTHOLO. — Quelle obligation, mon cher!...

LE COMTE. — Quand tout sera fini, si vous croyez m'en devoir, vous serez le maître... D'après un travail que fait actuellement Don Bazile avec un homme de loi...

BARTHOLO. — Avec un homme de loi, pour mon mariage?

LE COMTE. — Sans doute. Il m'a chargé de vous dire que tout peut être prêt pour demain. Alors, si elle résiste...

BARTHOLO. — Elle résistera.

LE COMTE *veut reprendre la lettre. Bartholo la serre.* — Voilà l'instant où je puis vous servir ; nous lui montrerons sa lettre, et, s'il le faut, *(Plus mystérieusement.)* j'irai jusqu'à lui dire que je la tiens d'une femme à qui le Comte l'a sacrifiée ; vous sentez que le trouble, la honte, le dépit, peuvent la porter sur-le-champ...

BARTHOLO, *riant.* — De la calomnie! mon cher ami, je vois bien maintenant que vous venez de la part de Bazile... Mais pour que ceci n'eût pas l'air concerté, ne serait-il pas bon qu'elle vous connût d'avance?

LE COMTE *réprime un grand mouvement de joie.* — C'était assez l'avis de Don Bazile ; mais comment faire? Il est tard... au peu de temps qui reste...

BARTHOLO. — Je dirai que vous venez en sa place. Ne lui donnerez-vous pas bien une leçon?

LE COMTE. — Il n'y a rien que je ne fasse pour vous plaire. Mais prenez garde que toutes ces histoires de maîtres supposés sont de vieilles finesses, des moyens de comédie ; si elle va se douter?...

BARTHOLO. — Présenté par moi? Quelle apparence? Vous avez plus l'air d'un amant déguisé que d'un ami officieux.

LE COMTE. — Oui? Vous croyez donc que mon air peut aider à la tromperie?

BARTHOLO. — Je le donne au plus fin à deviner. Elle est ce soir d'une humeur horrible. Mais quand elle ne ferait que vous voir... Son clavecin est dans ce cabinet. Amusez-vous en l'attendant, je vais faire l'impossible pour l'amener.

LE COMTE. — Gardez-vous bien de lui parler de la lettre.

BARTHOLO. — Avant l'instant décisif? Elle perdrait tout son effet. Il ne faut pas me dire deux fois les choses ; il ne faut pas me les dire deux fois. *(Il s'en va.)*

SCÈNE III

LE COMTE, *seul.*

Me voilà sauvé. Ouf! Que ce diable d'homme est rude à manier! Figaro le connaît bien. Je me voyais mentir ; cela me donnait un air plat et gauche ; et il a des yeux!... Ma foi, sans l'inspiration subite de la lettre, il faut l'avouer, j'étais éconduit comme un sot. O Ciel! on dispute là-dedans. Si elle allait s'obstiner à ne pas venir! Écoutons... Elle refuse de sortir de chez elle, et j'ai perdu le fruit de ma ruse. *(Il retourne écouter.)* La voici ; ne nous montrons pas d'abord. *(Il entre dans le cabinet.)*

SCÈNE IV

LE COMTE, ROSINE, BARTHOLO.

ROSINE, *avec une colère simulée.* — Tout ce que vous direz est inutile, Monsieur. J'ai pris mon parti, je ne veux plus entendre parler de musique.

BARTHOLO. — Écoute donc, mon enfant ; c'est le Seigneur Alonzo, l'élève et l'ami de Don Bazile, choisi par lui pour être un de nos témoins. — La musique te calmera, je t'assure.

ROSINE. — Oh! pour cela, vous pouvez vous en détacher ; si je chante ce soir!... Où donc est-il ce maître que vous craignez de renvoyer? Je vais, en deux mots, lui donner son compte et celui de Bazile. *(Elle aperçoit son amant. Elle fait un cri.)* Ah!...

BARTHOLO. — Qu'avez-vous?

ROSINE, *les deux mains sur son cœur, avec un grand trouble.* — Ah! mon Dieu, Monsieur... Ah! mon Dieu, Monsieur...

BARTHOLO. — Elle se trouve encore mal... Seigneur Alonzo?

ROSINE. — Non, je ne me trouve pas mal... mais c'est qu'en me tournant... Ah!...

LE COMTE. — Le pied vous a tourné, Madame?

ROSINE. — Ah! oui, le pied m'a tourné. Je me suis fait un mal horrible.

LE COMTE. — Je m'en suis bien aperçu.

ROSINE, *regardant le Comte.* — Le coup m'a porté au cœur.

BARTHOLO. — Un siège, un siège. Et pas un fauteuil ici? *(Il va le chercher.)*

LE COMTE. — Ah, Rosine!

ROSINE. — Quelle imprudence!

LE COMTE. — J'ai mille choses essentielles à vous dire.

ROSINE. — Il ne nous quittera pas.

LE COMTE. — Figaro va venir nous aider.

BARTHOLO *apporte un fauteuil.* — Tiens, mignonne, assieds-toi. — Il n'y a pas d'apparence, Bachelier, qu'elle prenne de leçon ce soir ; ce sera pour un autre jour. Adieu.

ROSINE, *au Comte.* — Non, attendez, ma douleur est un peu apaisée. *(A Bartholo.)* Je sens que j'ai eu tort avec vous, Monsieur. Je veux vous imiter en réparant sur-le-champ...

BARTHOLO. — Oh! le bon petit naturel de femme! Mais après une pareille émotion, mon enfant, je ne souffrirai pas que tu fasses le moindre effort. Adieu, adieu, Bachelier.

ROSINE, *au Comte.* — Un moment, de grâce! *(A Bartholo.)* Je croirai, Monsieur, que vous n'aimez pas à m'obliger si vous m'empêchez de vous prouver mes regrets en prenant ma leçon.

LE COMTE, *à part, à Bartholo.* — Ne la contrariez pas, si vous m'en croyez.

BARTHOLO. — Voilà qui est fini, mon amoureuse. Je suis si loin de chercher à te déplaire, que je veux rester là tout le temps que tu vas étudier.

ROSINE. — Non, Monsieur : je sais que la musique n'a nul attrait pour vous.

BARTHOLO. — Je t'assure que ce soir elle m'enchantera.

ROSINE, *au Comte, à part.* — Je suis au supplice.

LE COMTE, *prenant un papier de musique sur le pupitre.* — Est-ce là ce que vous voulez chanter, Madame?

ROSINE. — Oui, c'est un morceau très agréable de *la Précaution inutile.*

BARTHOLO. — Toujours *la Précaution inutile*?

LE COMTE. — C'est ce qu'il y a de plus nouveau

aujourd'hui. C'est une image du printemps, d'un genre assez vif. Si Madame veut l'essayer...

ROSINE, *regardant le Comte.* — Avec grand plaisir : un tableau du printemps me ravit ; c'est la jeunesse de la nature. Au sortir de l'hiver, il semble que le cœur acquière un plus haut degré de sensibilité : comme un esclave enfermé depuis longtemps goûte avec plus de plaisir le charme de la liberté qui vient de lui être offerte.

BARTHOLO, *bas, au Comte.* — Toujours des idées romanesques en tête.

LE COMTE, *bas.* — Et sentez-vous l'application?

BARTHOLO. — Parbleu! *(Il va s'asseoir dans le fauteuil qu'a occupé Rosine.)*

ROSINE *chante* (N° 3) :

** Quand, dans la plaine,*
L'amour ramène
Le Printemps
Si chéri des amants ;
Tout reprend l'être,
Son feu pénètre
Dans les fleurs,
Et dans les jeunes cœurs,
On voit les troupeaux
Sortir des hameaux ;
Dans tous les coteaux,
Les cris des agneaux
Retentissent ;
Ils bondissent ;
Tout fermente,
Tout augmente ;
Les brebis paissent
Les fleurs qui naissent ;
Les chiens fidèles

* Cette ariette, dans le goût espagnol, fut chantée le premier jour à Paris, malgré les huées, les rumeurs et le train usités au parterre en des jours de crise et de combat. La timidité de l'actrice l'a depuis empêchée d'oser la redire, et les jeunes rigoristes du théâtre l'ont fort louée de cette réticence. Mais si la dignité de la Comédie-Française y a gagné quelque chose, il faut convenir que le *Barbier de Séville* y a beaucoup perdu. C'est pourquoi, sur les théâtres où quelque peu de musique ne tirera pas tant à conséquence, nous invitons tous directeurs à la restituer, tous acteurs à la chanter, tous spectateurs à l'écouter, et tous critiques à nous la pardonner, en faveur du genre de la pièce et du plaisir que leur fera le morceau.

Veillent sur elles ;
Mais Lindor, enflammé,
Ne songe guère
Qu'au bonheur d'être aimé
De sa bergère.

MÊME AIR

Loin de sa mère,
Cette bergère
Va chantant,
Où son amant l'attend ;
Par cette ruse
L'amour l'abuse ;
Mais chanter,
Sauve-t-il du danger ?
Les doux chalumeaux,
Les chants des oiseaux,
Ses charmes naissants,
Ses quinze ou seize ans,
Tout l'excite,
Tout l'agite ;
La pauvrette
S'inquiète ;
De sa retraite,
Lindor la guette ;
Elle s'avance ;
Lindor s'élance ;
Il vient de l'embrasser :
Elle, bien aise
Feint de se courroucer,
Pour qu'on l'apaise.

PETITE REPRISE

Les soupirs,
Les soins, les promesses,
Les vives tendresses,
Les plaisirs,
Le fin badinage,
Sont mis en usage ;
Et bientôt la bergère
Ne sent plus de colère.
Si quelque jaloux
Trouble un bien si doux,
Nos amants, d'accord,
Ont un soin extrême...
... De voiler leur transport ;
Mais quand on s'aime,
La gêne ajoute encore
Au plaisir même.

En l'écoutant, Bartholo s'est assoupi. Le Comte, pendant la petite reprise, se hasarde à prendre une main qu'il couvre de baisers. L'émotion ralentit le chant de Rosine, l'affaiblit, et finit même par lui couper la voix au milieu de la cadence, au mot extrême. *L'orchestre suit le mouvement de la chanteuse, affaiblit son jeu et se tait avec elle. L'absence du bruit qui avait endormi Bartholo, le réveille. Le Comte se relève, Rosine et l'orchestre reprennent subitement la suite de l'air. Si la petite reprise se répète, le même jeu recommence, etc.*

LE COMTE. — En vérité, c'est un morceau charmant, et Madame l'exécute avec une intelligence...

ROSINE. — Vous me flattez, Seigneur ; la gloire est tout entière au maître.

BARTHOLO, *bâillant.* — Moi, je crois que j'ai un peu dormi pendant le morceau charmant. J'ai mes malades. Je vas, je viens, je toupille, et sitôt que je m'assieds, mes pauvres jambes... *(Il se lève et pousse le fauteuil.)*

ROSINE, *bas, au Comte.* — Figaro ne vient point!

LE COMTE. — Filons le temps.

BARTHOLO. — Mais, bachelier, je l'ai déjà dit à ce vieux Bazile : est-ce qu'il n'y aurait pas moyen de lui faire étudier des choses plus gaies que toutes ces grandes aria, qui vont en haut, en bas, en roulant, hi, ho, a, a, a, a, et qui me semblent autant d'enterrements? Là, de ces petits airs qu'on chantait dans ma jeunesse, et que chacun retenait facilement. J'en savais autrefois... Par exemple... *(Pendant la ritournelle, il cherche en se grattant la tête, et chante en faisant claquer ses pouces et dansant des genoux comme les vieillards.)*

> *Veux-tu, ma Rosinette.*
> *Faire emplette*
> *Du roi des maris?...*

(Au Comte, en riant.) Il y a Fanchonnette dans la chanson ; mais j'y ai substitué Rosinette, pour la lui rendre plus agréable et la faire cadrer aux circonstances. Ah, ah, ah, ah! Fort bien! pas vrai?

LE COMTE, *riant.* — Ah, ah, ah! Oui, tout au mieux.

SCÈNE V

FIGARO, *dans le fond* ; ROSINE, BARTHOLO, LE COMTE.

BARTHOLO *chante* (N° 4) :

Veux-tu, ma Rosinette,
Faire emplette
Du roi des maris ?
Je ne suis point Tircis ;
Mais la nuit, dans l'ombre,
Je vaux encor mon prix ;
Et quand il fait sombre,
Les plus beaux chats sont gris.

Il répète la reprise en dansant. Figaro, derrière lui, imite ses mouvements.

Je ne suis point Tircis, etc.

(Apercevant Figaro.) Ah! Entrez, Monsieur le barbier ; avancez, vous êtes charmant!

FIGARO *salue.* — Monsieur, il est vrai que ma mère me l'a dit autrefois ; mais je suis un peu déformé depuis ce temps-là. *(A part, au Comte.)* Bravo, Monseigneur!

Pendant toute cette scène, le Comte fait ce qu'il peut pour parler à Rosine, mais l'œil inquiet et vigilant du tuteur l'en empêche toujours, ce qui forme un jeu muet de tous les acteurs, étrangers au débat du Docteur et de Figaro.

BARTHOLO. — Venez-vous purger encore, saigner, droguer, mettre sur le grabat toute ma maison?

FIGARO. — Monsieur, il n'est pas tous les jours fête ; mais, sans compter les soins quotidiens, Monsieur a pu voir que, lorsqu'ils en ont besoin, mon zèle n'attend pas qu'on lui commande...

BARTHOLO. — Votre zèle n'attend pas! Que direz-vous, Monsieur le zélé, à ce malheureux qui bâille et dort tout éveillé? Et l'autre qui, depuis trois heures, éternue à se faire sauter le crâne et jaillir la cervelle! que leur direz-vous?

FIGARO. — Ce que je leur dirai?

BARTHOLO. — Oui!

FIGARO. — Je leur dirai... Eh, parbleu! je dirai à celui qui éternue : « Dieu vous bénisse », et : « Va te coucher » à celui qui bâille. Ce n'est pas cela, Monsieur, qui grossira le mémoire.

BARTHOLO. — Vraiment non, mais c'est la saignée et les médicaments qui le grossiraient, si je voulais y entendre. Est-ce par zèle aussi que vous avez empaqueté les yeux de ma mule, et votre cataplasme lui rendra-t-il la vue?

FIGARO. — S'il ne lui rend pas la vue, ce n'est pas cela non plus qui l'empêchera d'y voir.

BARTHOLO. — Que je le trouve sur le mémoire!... On n'est pas de cette extravagance-là!

FIGARO. — Ma foi, Monsieur, les hommes n'ayant guère à choisir qu'entre la sottise et la folie, où je ne vois pas de profit, je veux au moins du plaisir ; et vive la joie! Qui sait si le monde durera encore trois semaines?

BARTHOLO. — Vous feriez bien mieux, Monsieur le raisonneur, de me payer mes cent écus et les intérêts sans lanterner, je vous en avertis.

FIGARO. — Doutez-vous de ma probité, Monsieur? Vos cent écus! j'aimerais mieux vous les devoir toute ma vie que de les nier un seul instant.

BARTHOLO. — Et dites-moi un peu comment la petite Figaro a trouvé les bonbons que vous lui avez portés?

FIGARO. — Quels bonbons? que voulez-vous dire?

BARTHOLO. — Oui, ces bonbons, dans ce cornet fait avec cette feuille de papier à lettre, ce matin.

FIGARO. — Diable emporte si...

ROSINE, *l'interrompant*. — Avez-vous eu soin au moins de les lui donner de ma part, Monsieur Figaro? Je vous l'avais recommandé.

FIGARO. — Ah! ah! Les bonbons de ce matin? Que je suis bête, moi! j'avais perdu tout cela de vue... Oh! excellents, Madame, admirables!

BARTHOLO. — Excellents! Admirables! Oui, sans doute. Monsieur le barbier, revenez sur vos pas! Vous faites là un joli métier, Monsieur!

FIGARO. — Qu'est-ce qu'il a donc, Monsieur?

BARTHOLO. — Et qui vous fera une belle réputation, Monsieur!

FIGARO. — Je la soutiendrai, Monsieur!

BARTHOLO. — Dites que vous la supporterez, Monsieur!

FIGARO. — Comme il vous plaira, Monsieur!

BARTHOLO. — Vous le prenez bien haut, Monsieur! Sachez que quand je dispute avec un fat, je ne lui cède jamais.

FIGARO *lui tourne le dos.* — Nous différons en cela, Monsieur! moi je lui cède toujours.

BARTHOLO. — Hein? qu'est-ce qu'il dit donc, bachelier?

FIGARO. — C'est que vous croyez avoir affaire à quelque barbier de village, et qui ne sait manier que le rasoir? Apprenez, Monsieur, que j'ai travaillé de la plume à Madrid, et que sans les envieux...

BARTHOLO. — Eh! que n'y restiez-vous, sans venir ici changer de profession?

FIGARO. — On fait comme on peut ; mettez-vous à ma place.

BARTHOLO. — Me mettre à votre place! Ah! parbleu, je dirais de belles sottises!

FIGARO. — Monsieur, vous ne commencez pas trop mal ; je m'en rapporte à votre confrère qui est là rêvassant...

LE COMTE, *revenant à lui.* — Je... je ne suis pas le confrère de Monsieur.

FIGARO. — Non! Vous voyant ici à consulter, j'ai pensé que vous poursuiviez le même objet.

BARTHOLO, *en colère.* — Enfin, quel sujet vous amène? Y a-t-il quelque lettre à remettre encore ce soir à Madame? Parlez, faut-il que je me retire?

FIGARO. — Comme vous rudoyez le pauvre monde. Eh! parbleu, Monsieur, je viens vous raser, voilà tout : n'est-ce pas aujourd'hui votre jour?

BARTHOLO. — Vous reviendrez tantôt.

FIGARO. — Ah! oui, revenir! Toute la garnison prend médecine demain matin ; j'en ai obtenu l'entreprise par mes protections. Jugez donc comme j'ai du temps à perdre! Monsieur passe-t-il chez lui?

BARTHOLO. — Non, Monsieur ne passe point chez lui. Et mais... qui empêche qu'on ne me rase ici?

ROSINE, *avec dédain.* — Vous êtes honnête! Et pourquoi pas dans mon appartement?

BARTHOLO. — Tu te fâches! Pardon, mon enfant, tu vas achever de prendre ta leçon! c'est pour ne pas perdre un instant le plaisir de t'entendre.

FIGARO, *bas, au Comte.* — On ne le tirera pas d'ici! *(Haut.)* Allons, l'Éveillé, la Jeunesse ; le bassin, de l'eau, tout ce qu'il faut à Monsieur.

BARTHOLO. — Sans doute, appelez-les! Fatigués, harassés, moulus de votre façon, n'a-t-il pas fallu les faire coucher!

FIGARO. — Eh bien! j'irai tout chercher, n'est-ce pas, dans votre chambre? *(Bas, au Comte.)* Je vais l'attirer dehors.

BARTHOLO *détache son trousseau de clefs, et dit par réflexion.* — Non, non, j'y vais moi-même. *(Bas, au Comte, en s'en allant.)* Ayez les yeux sur eux, je vous prie.

SCÈNE VI

FIGARO, LE COMTE, ROSINE.

FIGARO. — Ah! que nous l'avons manqué belle! il allait me donner le trousseau. La clef de la jalousie n'y est-elle pas?

ROSINE. — C'est la plus neuve de toutes.

SCÈNE VII

BARTHOLO, FIGARO, LE COMTE, ROSINE.

BARTHOLO, *revenant, à part.* — Bon! je ne sais ce que je fais de laisser ici ce maudit barbier. *(A Figaro.)* Tenez. *(Il lui donne le trousseau.)* Dans mon cabinet, sous mon bureau ; mais ne touchez à rien.

FIGARO. — La peste! il y ferait bon, méfiant comme vous êtes! *(A part, en s'en allant.)* Voyez comme le Ciel protège l'innocence!

SCÈNE VIII

BARTHOLO, LE COMTE, ROSINE.

BARTHOLO, *bas, au Comte.* — C'est le drôle qui a porté la lettre au Comte.

LE COMTE, *bas.* — Il m'a l'air d'un fripon.

BARTHOLO. — Il ne m'attrapera plus.

LE COMTE. — Je crois qu'à cet égard le plus fort est fait.

BARTHOLO. — Tout considéré, j'ai pensé qu'il était plus prudent de l'envoyer dans ma chambre que de le laisser avec elle.

LE COMTE. — Ils n'auraient pas dit un mot que je n'eusse été en tiers.

ROSINE. — Il est bien poli, Messieurs, de parler bas sans cesse! Et ma leçon? *(Ici l'on entend un bruit, comme de la vaisselle renversée.)*

BARTHOLO, *criant.* — Qu'est-ce que j'entends donc? Le cruel barbier aura tout laissé tomber par l'escalier, et les plus belles pièces de mon nécessaire!... *(Il court dehors.)*

SCÈNE IX

LE COMTE, ROSINE.

LE COMTE. — Profitons du moment que l'intelligence de Figaro nous ménage. Accordez-moi, ce soir, je vous en conjure, Madame, un moment d'entretien indispensable pour vous soustraire à l'esclavage où vous allez tomber.

ROSINE. — Ah, Lindor!

LE COMTE. — Je puis monter à votre jalousie; et quant à la lettre que j'ai reçue de vous ce matin, je me suis vu forcé...

SCÈNE X

ROSINE, BARTHOLO, FIGARO, LE COMTE.

BARTHOLO. — Je ne m'étais pas trompé, tout est brisé, fracassé.

FIGARO. — Voyez le grand malheur pour tant de train! On ne voit goutte sur l'escalier. *(Il montre la clef au Comte.)* Moi, en montant, j'ai accroché une clef...

BARTHOLO. — On prend garde à ce qu'on fait. Accrocher une clef! L'habile homme!

FIGARO. — Ma foi, Monsieur, cherchez-en un plus subtil.

SCÈNE XI

LES ACTEURS PRÉCÉDENTS, DON BAZILE.

ROSINE, *effrayée, à part.* — Don Bazile!...

LE COMTE, *à part.* — Juste Ciel!

FIGARO, *à part.* — C'est le Diable!

BARTHOLO *va au-devant de lui.* — Ah! Bazile, mon ami, soyez le bien rétabli. Votre accident n'a donc point eu de suites? En vérité, le Seigneur Alonzo m'avait fort effrayé sur votre état; demandez-lui, je partais pour vous aller voir ; et s'il ne m'avait point retenu...

BAZILE, *étonné.* — Le Seigneur Alonzo ?...

FIGARO *frappe du pied.* — Eh quoi ! toujours des accrocs ? Deux heures pour une méchante barbe... Chienne de pratique !

BAZILE, *regardant tout le monde.* — Me ferez-vous bien le plaisir de me dire, Messieurs... ?

FIGARO. — Vous lui parlerez quand je serai parti.

BAZILE. — Mais encore faudrait-il...

LE COMTE. — Il faudrait vous taire, Bazile. Croyez-vous apprendre à Monsieur quelque chose qu'il ignore ? Je lui ai raconté que vous m'aviez chargé de venir donner une leçon de musique à votre place.

BAZILE, *plus étonné.* — La leçon de musique !... Alonzo !...

ROSINE, *à part, à Bazile.* — Eh ! taisez-vous.

BAZILE. — Elle aussi !

LE COMTE, *bas, à Bartholo.* — Dites-lui donc tout bas que nous en sommes convenus.

BARTHOLO, *à Bazile, à part.* — N'allez pas nous démentir, Bazile, en disant qu'il n'est pas votre élève ; vous gâteriez tout.

BAZILE. — Ah ! ah !

BARTHOLO, *haut.* — En vérité, Bazile, on n'a pas plus de talent que votre élève.

BAZILE, *stupéfait.* — Que mon élève !... *(Bas.)* Je venais pour vous dire que le Comte est déménagé.

BARTHOLO, *bas.* — Je le sais, taisez-vous.

BAZILE, *bas.* — Qui vous l'a dit ?

BARTHOLO, *bas.* — Lui, apparemment !

LE COMTE, *bas.* — Moi, sans doute : écoutez seulement.

ROSINE, *bas, à Bazile.* — Est-il si difficile de vous taire ?

FIGARO, *bas, à Bazile.* — Hum ! Grand escogriffe ! Il est sourd !

BAZILE, *à part.* — Qui diable est-ce donc qu'on trompe ici ? Tout le monde est dans le secret !

BARTHOLO, *haut.* — Eh bien, Bazile, votre homme de loi ?...

FIGARO. — Vous avez toute la soirée pour parler de l'homme de loi.

BARTHOLO, *à Bazile.* — Un mot ; dites-moi seulement si vous êtes content de l'homme de loi ?

BAZILE, *effaré.* — De l'homme de loi ?

LE COMTE, *souriant.* — Vous ne l'avez pas vu, l'homme de loi ?

BAZILE, *impatienté.* — Eh ! non, je ne l'ai pas vu, l'homme de loi.

LE COMTE, *à Bartholo, à part.* — Voulez-vous donc qu'il s'explique ici devant elle ? Renvoyez-le.

BARTHOLO, *bas, au Comte.* — Vous avez raison. *(A Bazile.)* Mais quel mal vous a donc pris si subitement ?

BAZILE, *en colère.* — Je ne vous entends pas.

LE COMTE *lui met, à part, une bourse dans la main.* — Oui : Monsieur vous demande ce que vous venez faire ici, dans l'état d'indisposition où vous êtes ?

FIGARO. — Il est pâle comme un mort !

BAZILE. — Ah ! je comprends...

LE COMTE. — Allez vous coucher, mon cher Bazile : vous n'êtes pas bien, et vous nous faites mourir de frayeur. Allez vous coucher.

FIGARO. — Il a la physionomie toute renversée. Allez vous coucher.

BARTHOLO. — D'honneur, il sent la fièvre d'une lieue. Allez vous coucher.

ROSINE. — Pourquoi donc êtes-vous sorti ? On dit que cela se gagne. Allez vous coucher.

BAZILE, *au dernier étonnement.* — Que j'aille me coucher !

TOUS LES ACTEURS ENSEMBLE. — Eh ! sans doute.

BAZILE, *les regardant tous.* — En effet, Messieurs, je crois que je ne ferai pas mal de me retirer ; je sens que je ne suis pas ici dans mon assiette ordinaire.

BARTHOLO. — A demain, toujours, si vous êtes mieux.

LE COMTE. — Bazile ! je serai chez vous de très bonne heure.

FIGARO. — Croyez-moi, tenez-vous bien chaudement dans votre lit.

ROSINE. — Bonsoir, Monsieur Bazile.

BAZILE, *à part.* — Diable emporte si j'y comprends rien ; et sans cette bourse...

TOUS. — Bonsoir, Bazile, bonsoir.

BAZILE, *en s'en allant.* — Eh bien ! bonsoir donc, bonsoir.

Ils l'accompagnent tous en riant.

SCÈNE XII

LES ACTEURS PRÉCÉDENTS, *excepté* BAZILE.

BARTHOLO, *d'un ton important.* — Cet homme-là n'est pas bien du tout.

ROSINE. — Il a les yeux égarés.

LE COMTE. — Le grand air l'aura saisi.

FIGARO. — Avez-vous vu comme il parlait tout seul? Ce que c'est que de nous! *(A Bartholo.)* Ah çà, vous décidez-vous, cette fois? *(Il lui pousse un fauteuil très loin du Comte, et lui présente le linge.)*

LE COMTE. — Avant de finir, Madame, je dois vous dire un mot essentiel au progrès de l'art que j'ai l'honneur de vous enseigner. *(Il s'approche et lui parle bas à l'oreille.)*

BARTHOLO, *à Figaro.* — Eh mais! il semble que vous le fassiez exprès de vous approcher, et de vous mettre devant moi, pour m'empêcher de voir...

LE COMTE, *bas, à Rosine.* — Nous avons la clef de la jalousie, et nous serons ici à minuit.

FIGARO *passe le linge au cou de Bartholo.* — Quoi voir? Si c'était une leçon de danse, on vous passerait d'y regarder; mais du chant!... Ahi, ahi.

BARTHOLO. — Qu'est-ce que c'est ?

FIGARO. — Je ne sais ce qui m'est entré dans l'œil. *(Il rapproche sa tête.)*

BARTHOLO. — Ne frottez donc pas.

FIGARO. — C'est le gauche. Voudriez-vous me faire le plaisir d'y souffler un peu fort? *(Bartholo prend la tête de Figaro, regarde par-dessus, le pousse violemment et va derrière les amants écouter leur conversation.)*

LE COMTE, *bas, à Rosine.* — Et quant à votre lettre, je me suis trouvé tantôt dans un tel embarras pour rester ici...

FIGARO, *de loin, pour avertir.* — Hem!... hem!...

LE COMTE. — Désolé de voir encore mon déguisement inutile...

BARTHOLO, *passant entre deux.* — Votre déguisement inutile!

ROSINE, *effrayée.* — Ah!...

BARTHOLO. — Fort bien, Madame, ne vous gênez pas. Comment! sous mes yeux mêmes, en ma présence, on m'ose outrager de la sorte!

LE COMTE. — Qu'avez-vous donc, Seigneur?

BARTHOLO. — Perfide Alonzo!

LE COMTE. — Seigneur Bartholo, si vous avez souvent des lubies comme celle dont le hasard me rend témoin, je ne suis plus étonné de l'éloignement que Mademoiselle a pour devenir votre femme.

ROSINE. — Sa femme! Moi! Passer mes jours auprès d'un vieux jaloux, qui, pour tout bonheur, offre à ma jeunesse un esclavage abominable!

BARTHOLO. — Ah! qu'est-ce que j'entends!

ROSINE. — Oui, je le dis tout haut : je donnerai mon cœur et ma main à celui qui pourra m'arracher de cette horrible prison, où ma personne et mon bien sont retenus contre toutes les lois. *(Rosine sort.)*

SCÈNE XIII

BARTHOLO, FIGARO, LE COMTE.

BARTHOLO. — La colère me suffoque.

LE COMTE. — En effet, Seigneur, il est difficile qu'une jeune femme...

FIGARO. — Oui, une jeune femme, et un grand âge ; voilà ce qui trouble la tête d'un vieillard.

BARTHOLO. — Comment! lorsque je les prends sur le fait! Maudit barbier! il me prend des envies...

FIGARO. — Je me retire, il est fou.

LE COMTE. — Et moi aussi ; d'honneur, il est fou.

FIGARO. — Il est fou, il est fou... *(Ils sortent.)*

SCÈNE XIV

BARTHOLO, *seul, les poursuit.*

Je suis fou! Infâmes suborneurs! émissaires du Diable, dont vous faites ici l'office, et qui puisse vous emporter tous... Je suis fou!... Je les ai vus comme je vois ce pupitre... et me soutenir effrontément!... Ah! il n'y a que Bazile qui puisse m'expliquer ceci. Oui, envoyons-le chercher. Holà, quelqu'un... Ah j'oublie que je n'ai personne... Un voisin, le premier venu, n'importe. Il y a de quoi perdre l'esprit! il y a de quoi perdre l'esprit!

Pendant l'entracte le théâtre s'obscurcit ; on entend un bruit d'orage, et l'orchestre joue celui qui est gravé dans le recueil de la musique du Barbier. N° 5.

ACTE IV

Le théâtre est obscur.

SCÈNE PREMIÈRE

BARTHOLO, DON BAZILE, ***une lanterne de papier à la main.***

BARTHOLO. — Comment Bazile, vous ne le connaissez pas ? ce que vous dites est-il possible ?

BAZILE. — Vous m'interrogeriez cent fois, que je vous ferais toujours la même réponse. S'il vous a remis la lettre de Rosine, c'est sans doute un des émissaires du Comte. Mais, à la magnificence du présent qu'il m'a fait, il se pourrait que ce fût le Comte lui-même.

BARTHOLO. — Quelle apparence ? Mais à propos de ce présent, eh ! pourquoi l'avez-vous reçu ?

BAZILE. — Vous aviez l'air d'accord ; je n'y entendais rien ; et dans les cas difficiles à juger, une bourse d'or me paraît toujours un argument sans réplique. Et puis, comme dit le proverbe, ce qui est bon à prendre...

BARTHOLO. — J'entends, est bon...

BAZILE. — A garder.

BARTHOLO, *surpris*. — Ah ! ah !

BAZILE. — Oui, j'ai arrangé comme cela plusieurs petits proverbes avec des variations. Mais, allons au fait : à quoi vous arrêtez-vous ?

BARTHOLO. — En ma place, Bazile, ne feriez-vous pas les derniers efforts pour la posséder ?

BAZILE. — Ma foi non, Docteur. En toute espèce de biens, posséder est peu de chose ; c'est jouir qui rend heureux : mon avis est qu'épouser une femme dont on n'est point aimé, c'est s'exposer...

BARTHOLO. — Vous craindriez les accidents ?

BAZILE. — Hé, hé ! Monsieur... on en voit beaucoup cette année. Je ne ferais point violence à son cœur.

BARTHOLO. — Votre valet, Bazile. Il vaut mieux qu'elle pleure de m'avoir, que moi je meure de ne l'avoir pas.

BAZILE. — Il y a va de la vie ? Épousez, Docteur, épousez.

BARTHOLO. — Aussi ferai-je, et cette nuit même.

BAZILE. — Adieu donc. — Souvenez-vous, en parlant à la pupille, de les rendre tous plus noirs que l'enfer.

BARTHOLO. — Vous avez raison.

BAZILE. — La calomnie, Docteur, la calomnie! Il faut toujours en venir là.

BARTHOLO. — Voici la lettre de Rosine, que cet Alonzo m'a remise ; et il m'a montré, sans le vouloir, l'usage que j'en dois faire auprès d'elle.

BAZILE. — Adieu : nous serons tous ici à quatre heures.

BARTHOLO. — Pourquoi pas plus tôt?

BAZILE. — Impossible : le notaire est retenu.

BARTHOLO. — Pour un mariage?

BAZILE. — Oui, chez le barbier Figaro ; c'est sa nièce qu'il marie.

BARTHOLO. — Sa nièce? il n'en a pas.

BAZILE. — Voilà ce qu'ils ont dit au notaire.

BARTHOLO. — Ce drôle est du complot, que diable!

BAZILE. — Est-ce que vous penseriez...?

BARTHOLO. — Ma foi, ces gens-là sont si alertes! Tenez, mon ami, je ne suis pas tranquille. Retournez chez le notaire. Qu'il vienne ici sur-le-champ avec vous.

BAZILE. — Il pleut, il fait un temps du diable ; mais rien ne m'arrête pour vous servir. Que faites-vous donc?

BARTHOLO. — Je vous reconduis : n'ont-ils pas fait estropier tout mon monde par ce Figaro ! Je suis seul ici.

BAZILE. — J'ai ma lanterne.

BARTHOLO. — Tenez, Bazile, voilà mon passe-partout, je vous attends, je veille ; et vienne qui voudra, hors le notaire et vous, personne n'entrera de la nuit.

BAZILE. — Avec ces précautions, vous êtes sûr de votre fait.

SCÈNE II

ROSINE, *seule, sortant de sa chambre.*

Il me semblait avoir entendu parler. Il est minuit sonné ; Lindor ne vient point! Ce mauvais temps même était propre à le favoriser. Sûr de ne rencontrer personne... Ah! Lindor! si vous m'aviez trompée! Quel bruit entends-je?... Dieux! c'est mon tuteur. Rentrons.

SCÈNE III

ROSINE, BARTHOLO.

BARTHOLO, *tenant de la lumière.* — Ah! Rosine, puisque vous n'êtes pas encore rentrée dans votre appartement...

ROSINE. — Je vais me retirer.

BARTHOLO. — Par le temps affreux qu'il fait, vous ne reposerez pas, et j'ai des choses très pressées à vous dire.

ROSINE. — Que me voulez-vous, Monsieur? N'est-ce donc pas assez d'être tourmentée le jour?

BARTHOLO. — Rosine, écoutez-moi.

ROSINE. — Demain je vous entendrai.

BARTHOLO. — Un moment, de grâce.

ROSINE, *à part.* — S'il allait venir!

BARTHOLO *lui montre sa lettre.* — Connaissez-vous cette lettre?

ROSINE *la reconnaît.* — Ah! grands dieux!...

BARTHOLO. — Mon intention, Rosine, n'est point de vous faire de reproches : à votre âge on peut s'égarer ; mais je suis votre ami, écoutez-moi.

ROSINE. — Je n'en puis plus.

BARTHOLO. — Cette lettre que vous avez écrite au Comte Almaviva...

ROSINE, *étonnée.* — Au Comte Almaviva!

BARTHOLO. — Voyez quel homme affreux est ce Comte : aussitôt qu'il l'a reçue, il en a fait trophée ; je la tiens d'une femme à qui il l'a sacrifiée.

ROSINE. — Le Comte Almaviva!...

BARTHOLO. — Vous avez peine à vous persuader cette horreur. L'inexpérience, Rosine, rend votre sexe confiant et crédule ; mais apprenez dans quel piège on vous attirait. Cette femme m'a fait donner avis de tout, apparemment pour écarter une rivale aussi dangereuse que vous. J'en frémis! le plus abominable complot entre Almaviva, Figaro et cet Alonzo, cet élève supposé de Bazile, qui porte un autre nom et n'est que le vil agent du Comte, allait vous entraîner dans un abîme dont rien n'eût pu vous tirer.

ROSINE, *accablée.* — Quelle horreur!... quoi, Lindor!... quoi, ce jeune homme!...

BARTHOLO, *à part.* — Ah! c'est Lindor.

ROSINE. — C'est pour le Comte Almaviva... C'est pour un autre...

BARTHOLO. — Voilà ce qu'on m'a dit en me remettant votre lettre.

ROSINE, *outrée.* — Ah quelle indignité!... Il en sera puni. — Monsieur, vous avez désiré de m'épouser?

BARTHOLO. — Tu connais la vivacité de mes sentiments.

ROSINE. — S'il peut vous en rester encore, je suis à vous.

BARTHOLO. — Eh bien! le notaire viendra cette nuit même.

ROSINE. — Ce n'est pas tout ; ô Ciel! suis-je assez humiliée!... Apprenez que dans peu le perfide ose entrer par cette jalousie, dont ils ont eu l'art de vous dérober la clef.

BARTHOLO, *regardant au trousseau.* — Ah! les scélérats! Mon enfant, je ne te quitte plus.

ROSINE, *avec effroi.* — Ah, Monsieur, et s'ils sont armés?

BARTHOLO. — Tu as raison ; je perdrais ma vengeance. Monte chez Marceline : enferme-toi chez elle à double tour. Je vais chercher main-forte, et l'attendre auprès de la maison. Arrêté comme voleur, nous aurons le plaisir d'en être à la fois vengés et délivrés! Et compte que mon amour te dédommagera...

ROSINE, *au désespoir.* — Oubliez seulement mon erreur. *(A part.)* Ah, je m'en punis assez!

BARTHOLO, *s'en allant.* — Allons nous embusquer. A la fin je la tiens. *(Il sort.)*

SCÈNE IV

ROSINE, *seule.*

Son amour me dédommagera!... Malheureuse!... *(Elle tire son mouchoir, et s'abandonne aux larmes.)* Que faire?... Il va venir. Je veux rester, et feindre avec lui, pour le contempler un moment dans toute sa noirceur. La bassesse de son procédé sera mon préservatif... Ah! j'en ai grand besoin. Figure noble! air doux! une voix si tendre... et ce n'est que le vil agent d'un corrupteur! Ah, malheureuse! malheureuse!... Ciel! on ouvre la jalousie! *(Elle se sauve.)*

SCÈNE V

LE COMTE ; FIGARO, *enveloppé d'un manteau, paraît à la fenêtre.*

FIGARO, *parle en dehors.* — Quelqu'un s'enfuit ; entrerai-je ?

LE COMTE, *en dehors.* — Un homme ?

FIGARO. — Non.

LE COMTE. — C'est Rosine que ta figure atroce aura mise en fuite.

FIGARO *saute dans la chambre.* — Ma foi, je le crois... Nous voici enfin arrivés, malgré la pluie, la foudre et les éclairs.

LE COMTE, *enveloppé d'un long manteau.* — Donne-moi la main. *(Il saute à son tour.)* A nous la victoire !

FIGARO *jette son manteau.* — Nous sommes tout percés. Charmant temps pour aller en bonne fortune ! Monseigneur, comment trouvez-vous cette nuit ?

LE COMTE. — Superbe pour un amant.

FIGARO. — Oui, mais pour un confident ?... Et si quelqu'un allait nous surprendre ici ?

LE COMTE. — N'es-tu pas avec moi ? J'ai bien une autre inquiétude : c'est de la déterminer à quitter sur-le-champ la maison du tuteur.

FIGARO. — Vous avez pour vous trois passions toutes-puissantes sur le beau sexe : l'amour, la haine et la crainte.

LE COMTE *regarde dans l'obscurité.* — Comment lui annoncer brusquement que le notaire l'attend chez toi pour nous unir ? Elle trouvera mon projet bien hardi. Elle va me nommer audacieux.

FIGARO. — Si elle vous nomme audacieux, vous l'appellerez cruelle. Les femmes aiment beaucoup qu'on les appelle cruelles. Au surplus, si son amour est tel que vous le désirez, vous lui direz qui vous êtes ; elle ne doutera plus de vos sentiments.

SCÈNE VI

LE COMTE, ROSINE, FIGARO.

Figaro allume toutes les bougies qui sont sur la table.

LE COMTE. — La voici. — Ma belle Rosine !...

ROSINE, *d'un ton très composé.* — Je commençais, Monsieur, à craindre que vous ne vinssiez pas.

LE COMTE. — Charmante inquiétude!... Mademoiselle, il ne me convient point d'abuser des circonstances pour vous proposer de partager le sort d'un infortuné ; mais, quelque asile que vous choisissiez, je jure mon honneur...

ROSINE. — Monsieur, si le don de ma main n'avait pas dû suivre à l'instant celui de mon cœur, vous ne seriez pas ici. Que la nécessité justifie à vos yeux ce que cette entrevue a d'irrégulier!

LE COMTE. — Vous, Rosine! la compagne d'un malheureux! sans fortune, sans naissance!...

ROSINE. — La naissance, la fortune! Laissons-là les jeux du hasard, et si vous m'assurez que vos intentions sont pures...

LE COMTE, *à ses pieds.* — Ah! Rosine! je vous adore!...

ROSINE, *indignée.* — Arrêtez, malheureux!... vous osez profaner...! tu m'adores!... Va! tu n'es plus dangereux pour moi ; j'attendais ce mot pour te détester. Mais avant de t'abandonner au remords qui t'attend, *(En pleurant.)* apprends que je t'aimais ; apprends que je faisais mon bonheur de partager ton mauvais sort. Misérable Lindor! j'allais tout quitter pour te suivre. Mais le lâche abus que tu as fait de mes bontés, et l'indignité de cet affreux Comte Almaviva, à qui tu me vendais, ont fait rentrer dans mes mains ce témoignage de ma faiblesse. Connais-tu cette lettre?

LE COMTE, *vivement.* — Que votre tuteur vous a remise?

ROSINE, *fièrement.* — Oui, je lui en ai l'obligation.

LE COMTE. — Dieux, que je suis heureux! Il la tient de moi. Dans mon embarras, hier, je m'en servis pour arracher sa confiance, et je n'ai pu trouver l'instant de vous en informer. Ah, Rosine, il est donc vrai que vous m'aimez véritablement!...

FIGARO. — Monseigneur, vous cherchiez une femme qui vous aimât pour vous-même...

ROSINE. — Monseigneur, que dit-il?

LE COMTE, *jetant son large manteau, paraît en habit magnifique.* — O la plus aimée des femmes! il n'est plus temps de vous abuser : l'heureux homme que vous voyez à vos pieds n'est point Lindor ; je suis le Comte Almaviva, qui meurt d'amour et vous cherche en vain depuis six mois.

ROSINE *tombe dans les bras du Comte.* — Ah!...

LE COMTE, *effrayé.* — Figaro?

FIGARO. — Point d'inquiétude, Monseigneur ; la douce émotion de la joie n'a jamais de suites fâcheuses ; la voilà, la voilà qui reprend ses sens ; morbleu, qu'elle est belle !

ROSINE. — Ah, Lindor !... Ah, Monsieur ! que je suis coupable ! j'allais me donner cette nuit même à mon tuteur.

LE COMTE. — Vous, Rosine !

ROSINE. — Ne voyez que ma punition ! J'aurais passé ma vie à vous détester. Ah, Lindor ! le plus affreux supplice n'est-il pas de haïr, quand on sent qu'on est faite pour aimer ?

FIGARO *regarde à la fenêtre.* — Monseigneur, le retour est fermé ; l'échelle est enlevée.

LE COMTE. — Enlevée !

ROSINE, *troublée.* — Oui, c'est moi... c'est le Docteur. Voilà le fruit de ma crédulité. Il m'a trompée. J'ai tout avoué, tout trahi : il sait que vous êtes ici, et va venir avec main-forte.

FIGARO *regarde encore.* — Monseigneur ! on ouvre la porte de la rue.

ROSINE, *courant dans les bras du Comte, avec frayeur.* — Ah, Lindor !...

LE COMTE, *avec fermeté.* — Rosine, vous m'aimez ! Je ne crains personne ; et vous serez ma femme. J'aurai donc le plaisir de punir à mon gré l'odieux vieillard !...

ROSINE. — Non, non, grâce pour lui, cher Lindor ! Mon cœur est si plein, que la vengeance ne peut y trouver place.

SCÈNE VII

LE NOTAIRE, DON BAZILE, LES ACTEURS PRÉCÉDENTS.

FIGARO. — Monseigneur, c'est le notaire.

LE COMTE. — Et l'ami Bazile avec lui !

BAZILE. — Ah ! qu'est-ce que j'aperçois ?

FIGARO. — Eh ! par quel hasard, notre ami... ?

BAZILE. — Par quel accident, Messieurs... ?

LE NOTAIRE. — Sont-ce là les futurs conjoints ?

LE COMTE. — Oui, Monsieur. Vous deviez unir la Signora Rosine et moi cette nuit, chez le barbier Figaro ; mais nous avons préféré cette maison, pour des raisons que vous saurez. Avez-vous notre contrat ?

LE NOTAIRE. — J'ai donc l'honneur de parler à Son Excellence Monseigneur le Comte Almaviva ?

FIGARO. — Précisément.

BAZILE, *à part*. — Si c'est pour cela qu'il m'a donné le passe-partout...

LE NOTAIRE. — C'est que j'ai deux contrats de mariage, Monseigneur ; ne confondons point : voici le vôtre ; et c'est ici celui du seigneur Bartholo avec la Signora... Rosine aussi. Les demoiselles apparemment sont deux sœurs qui portent le même nom.

LE COMTE. — Signons toujours. Don Bazile voudra bien nous servir de second témoin. *(Ils signent.)*

BAZILE. — Mais, Votre Excellence... je ne comprends pas.

LE COMTE. — Mon maître Bazile, un rien vous embarrasse, et tout vous étonne.

BAZILE. — Monseigneur... Mais si le Docteur...

LE COMTE, *lui jetant une bourse*. — Vous faites l'enfant! Signez donc vite.

BAZILE, *étonné*. — Ah! ah!...

FIGARO. — Où donc est la difficulté de signer?

BAZILE, *pesant la bourse*. — Il n'y en a plus ; mais c'est que moi, quand j'ai donné ma parole une fois, il faut des motifs d'un grand poids... *(Il signe.)*

SCÈNE VIII ET DERNIÈRE

BARTHOLO, UN ALCADE, DES ALGUAZILS, DES VALETS *avec des flambeaux*, *et* LES ACTEURS PRÉCÉDENTS.

BARTHOLO *voit le Comte baiser la main de Rosine, et Figaro qui embrasse grotesquement Don Bazile : il crie en prenant le notaire à la gorge*. — Rosine avec ces fripons! arrêtez tout le monde. J'en tiens un au collet.

LE NOTAIRE. — C'est votre notaire.

BAZILE. — C'est votre notaire. Vous moquez-vous?

BARTHOLO. — Ah! Don Bazile. Et comment êtes-vous ici?

BAZILE. — Mais plutôt vous, comment n'y êtes-vous pas?

L'ALCADE, *montrant Figaro*. — Un moment ; je connais celui-ci. Que viens-tu faire en cette maison, à des heures indues?

FIGARO. — Heure indue? Monsieur voit bien qu'il est aussi près du matin que du soir. D'ailleurs, je suis de la compagnie de Son Excellence le Comte Almaviva.

BARTHOLO. — Almaviva?

L'ALCADE. — Ce ne sont donc pas des voleurs ?

BARTHOLO. — Laissons cela. — Partout ailleurs, Monsieur le Comte, je suis le serviteur de Votre Excellence ; mais vous sentez que la supériorité du rang est ici sans force. Ayez, s'il vous plaît, la bonté de vous retirer.

LE COMTE. — Oui, le rang doit être ici sans force ; mais ce qui en a beaucoup, est la préférence que Mademoiselle vient de m'accorder sur vous, en se donnant à moi volontairement.

BARTHOLO. — Que dit-il, Rosine ?

ROSINE. — Il dit vrai. D'où naît votre étonnement ? Ne devais-je pas cette nuit même être vengée d'un trompeur ? Je le suis.

BAZILE. — Quand je vous disais que c'était le Comte lui-même, Docteur ?

BARTHOLO. — Que m'importe à moi ? Plaisant mariage ! Où donc sont les témoins ?

LE NOTAIRE. — Il n'y manque rien. Je suis assisté de ces deux Messieurs.

BARTHOLO. — Comment, Bazile ! vous avez signé ?

BAZILE. — Que voulez-vous ? Ce diable d'homme a toujours ses poches pleines d'arguments irrésistibles.

BARTHOLO. — Je me moque de ses arguments. J'userai de mon autorité.

LE COMTE. — Vous l'avez perdue, en en abusant.

BARTHOLO. — La demoiselle est mineure.

FIGARO. — Elle vient de s'émanciper.

BARTHOLO. — Qui te parle à toi, maître fripon ?

LE COMTE. — Mademoiselle est noble et belle ; je suis homme de qualité, jeune et riche ; elle est ma femme ; à ce titre qui nous honore également, prétend-on me la disputer ?

BARTHOLO. — Jamais on ne l'ôtera de mes mains.

LE COMTE. — Elle n'est plus en votre pouvoir. Je la mets sous l'autorité des lois ; et Monsieur, que vous avez amené vous-même, la protégera contre la violence que vous voulez lui faire. Les vrais magistrats sont les soutiens de tous ceux qu'on opprime.

L'ALCADE. — Certainement. Et cette inutile résistance au plus honorable mariage indique assez sa frayeur sur la mauvaise administration des biens de sa pupille, dont il faudra qu'il rende compte.,

LE COMTE. — Ah ! qu'il consente à tout, et je ne lui demande rien.

FIGARO. — Que la quittance de mes cent écus : ne perdons pas la tête.

BARTHOLO, *irrité.* — Ils étaient tous contre moi ; je me suis fourré la tête dans un guêpier!

BAZILE. — Quel guêpier ? Ne pouvant avoir la femme, calculez, Docteur, que l'argent vous reste, et...

BARTHOLO. — Eh! laissez-moi donc en repos, Bazile! Vous ne songez qu'à l'argent. Je me soucie bien de l'argent, moi! A la bonne heure, je le garde ; mais croyez-vous que ce soit le motif qui me détermine? *(Il signe.)*

FIGARO, *riant.* — Ah, ah, ah, Monseigneur ; ils sont de la même famille.

LE NOTAIRE. — Mais, Messieurs, je n'y comprends plus rien. Est-ce qu'elles ne sont pas deux demoiselles qui portent le même nom?

FIGARO. — Non, Monsieur, elles ne sont qu'une.

BARTHOLO, *se désolant.* — Et moi qui leur ai enlevé l'échelle, pour que le mariage fût plus sûr! Ah! je me suis perdu faute de soins.

FIGARO. — Faute de sens. Mais soyons vrais, Docteur ; quand la jeunesse et l'amour sont d'accord pour tromper un vieillard, tout ce qu'il fait pour l'empêcher peut bien s'appeler à bon droit *la Précaution inutile.*

NOTICE
SUR
LE MARIAGE DE FIGARO

Dès l'origine la représentation du *Mariage de Figaro* prit le tour d'une affaire d'État. L'idée de l'œuvre fut suggérée par le prince de Conti, qui mit Beaumarchais au défi de porter à la scène le « sixième acte » esquissé dans la préface du *Barbier*. Or Conti faisait figure de chef de parti : dans les dernières années de Louis XV, il avait pris la tête de l'opposition aristocratique. Le prince étant mort en 1776, la pièce continua d'être efficacement patronnée par de hauts personnages : le duc de Fronsac, le comte de Vaudreuil, le frère même du roi, le comte d'Artois (le futur Charles X). Ces protections expliquent que la pièce ait pu être jouée contre la volonté de Louis XVI.

Le Mariage de Figaro, approuvé par le censeur, avait été reçu « par acclamation » à la Comédie-Française. La rumeur se répand alors que cette suite du *Barbier* est très hardie, « détestable » disent les ennemis de l'auteur. Nous savons en effet que dans cette version première l'action était située en France : on y parlait de la Bastille, d'une tragédie de Figaro sur « la destruction du culte des Druides ». Alarmé, Louis XVI se fait lire le manuscrit, en présence de la reine. Mme Campan nous rapporte la scène : le roi, vivement remué, s'exclame, interrompt, et après le monologue du cinquième acte il décrète : « Cela ne sera jamais joué ; il faudrait détruire la Bastille pour que la représentation de cette pièce ne fût pas une inconséquence dangereuse. »

Mais Beaumarchais ne considère pas la sentence comme définitive. Dans les salons, devant de très nobles auditoires, il lit un copieux manuscrit intitulé *Opuscule comique* : c'est *le Mariage de Figaro*. Par la pression de milieux proches du pouvoir, il tente de forcer la main du roi. Un ordre mystérieux, émanant sans doute du comte d'Artois, prescrit de préparer une représentation de la pièce pour le service de la Cour, dans la salle des Menus-Plaisirs. Le jour fixé, quand le rideau allait se lever, un messager vient signifier l'interdiction royale. Décision maladroitement tardive, qui soulève les protestations du public élégant, frustré d'un divertissement longtemps attendu. Après ce coup d'autorité, Louis XVI croit se racheter en se ravisant : il permet que le *Mariage* soit joué chez le comte d'Artois (septembre 1783), pour une fête de caractère privé, mais à laquelle assiste toute la Cour. Pendant ces alternatives, le manuscrit était passé de censeur en censeur : six au total. Il fut lu enfin par Beaumarchais devant un aréopage de censeurs officieux, gens du monde réunis chez M. de Breteuil qui accordèrent leur haute approbation. Alors Louis XVI se rendit. Se flattant que la pièce tomberait, il concéda l'autorisation refusée depuis quatre années.

Date mémorable dans les annales du théâtre que ce 27 avril 1784. La pièce était donnée dans la salle récemment construite du Théâtre-Français (l'actuel Théâtre de France, place de l'Odéon). La scène, plus spacieuse, se prêtait aux évolutions de figurants. Les spectateurs du parterre, jusqu'alors condamnés à rester debout, disposaient de places assises. La résistance du roi avait fait à l'œuvre la meilleure des propagandes. Dès l'ouverture des portes, la salle était comble. La représentation dura cinq heures, saluée d'applaudissements enthousiastes, qu'interrompit seulement un mouvement de stupeur, pendant le monologue : que Figaro osât narguer ainsi les pouvoirs, signifiait la défaite de ceux-ci — état de choses inouï jusqu'alors au théâtre, dont confusément on pressentait les conséquences.

La comédie de la comédie n'était pas pour autant terminée. Le *Mariage* poursuit une carrière triomphale, mais agitée. Les ennemis de Beaumarchais n'avaient pas désarmé. Des épigrammes, parfois atroces, circulent. Suard, qui comme censeur avait refusé la pièce, place dans un discours académique une sortie contre l'immoralité d'un tel spectacle. L'archevêque de Paris mêle malencontreusement, dans un mandement de Carême, l'interdiction du *Mariage de Figaro* avec l'autorisation de consommer des œufs. Suard encore, soutenu par le comte de Provence, autre frère de

Louis XVI (qui deviendra Louis XVIII), mène dans son *Journal de Paris* une campagne contre la pièce. Il demande ce qu'est devenue la « petite Figaro » du *Barbier*. C'était, répond Beaumarchais, une fille adoptive, qui mariée en France est aujourd'hui dans le dénuement : que Suard imite donc l'auteur du *Mariage*, qu'il envoie un secours d'argent à cette infortunée. A quoi le journaliste riposte par des injures. Beaumarchais alors se fâche : va-t-on le réduire « ainsi qu'une servante hollandaise à battre l'osier tous les matins sur l'insecte vil de la nuit » (c'est de Suard qu'il s'agit), quand il a dû pour faire jouer sa pièce « vaincre lions et tigres » ?

Louis XVI crut que l'allusion à de tels fauves le désignait. Courroucé « comme un mouton enragé », il écrit sur une carte de jeu l'ordre d'enfermer Beaumarchais à Saint-Lazare. On imagine la sensation. L'auteur du *Mariage*, quinquagénaire considérable, président de la Société des auteurs dramatiques, financier influent, conseiller du ministère dans les affaires d'Amérique, — incarcéré dans la prison des mauvais garçons, où la règle veut qu'une fessée soit administrée à tout nouvel arrivant ! Au bout de cinq jours, Louis XVI, comprenant sa faute, fait libérer le prisonnier, et s'applique à calmer sa colère. Elargi de Saint-Lazare, Beaumarchais est invité à assister à Trianon à une représentation du *Barbier* où le rôle de Rosine est tenu par la reine Marie-Antoinette.

Depuis cette « bizarre suite d'événements », cent quatre-vingts années ont passé. *Le Mariage de Figaro* a eu tout loisir de prouver qu'à l'instar de Figaro lui-même il « valait mieux que sa réputation » première, toute de scandale. La pièce est devenue un classique. Qui se rappelle que jadis les autorités les plus qualifiées la dénoncèrent comme subversive et immorale ? La jeunesse scolaire s'y presse aujourd'hui sans que nul y trouve à redire. « O grande influence de l'affiche ! » répéterait Beaumarchais. Ou peut-être a-t-on reconnu qu'un spectacle où l'on rit ne saurait être malsain. A mesure en effet qu'elle s'allégeait de ses motifs d'intérêt adventices, la pièce est apparue plus purement ce qu'elle est : entre toutes les comédies l'une des plus comiques qui soit.

R. P.

LA FOLLE JOURNÉE
OU
LE MARIAGE DE FIGARO

COMÉDIE EN CINQ ACTES, EN PROSE
REPRÉSENTÉE POUR LA PREMIÈRE FOIS,
PAR LES COMÉDIENS FRANÇAIS ORDINAIRES DU ROI,
LE MARDI 27 AVRIL 1784.

En faveur du badinage,
Faites grâce à la raison.
Vaud. de la pièce.

AVIS DE L'ÉDITEUR

Par un abus punissable, on a envoyé à Amsterdam un prétendu manuscrit de cette pièce, tiré de mémoire ou défiguré, plein de lacunes, de contresens et d'absurdités. On l'a imprimé et vendu en y mettant le nom de M. de Beaumarchais. Des comédiens de province se sont permis de donner et représenter cette production comme l'ouvrage de l'auteur : il n'a manqué à tous ces gens de bien que d'être loués dans quelques feuilles périodiques.

PRÉFACE

En écrivant cette préface, mon but n'est pas de rechercher oiseusement si j'ai mis au théâtre une pièce bonne ou mauvaise, il n'est plus temps pour moi : mais d'examiner scrupuleusement, et je le dois toujours, si j'ai fait une œuvre blâmable.

Personne n'étant tenu de faire une comédie qui ressemble aux autres, si je me suis écarté d'un chemin trop battu, pour des raisons qui m'ont paru solides, ira-t-on me juger, comme l'on fait MM. tels, sur des règles qui ne sont pas les miennes ? imprimer puérilement que je reporte l'art à son enfance, parce que j'entreprends de frayer un nouveau sentier à cet art, dont la loi première, et peut-être la seule, est d'amuser en instruisant ? Mais ce n'est pas de cela qu'il s'agit.

Il y a souvent très loin du mal que l'on dit d'un ouvrage à celui qu'on en pense. Le trait qui nous poursuit, le mot qui importune reste enseveli dans le cœur, pendant que la bouche se venge en blâmant presque tout le reste. De sorte qu'on peut regarder comme un point établi au théâtre, qu'en fait de reproche à l'auteur ce qui nous affecte le plus est ce dont on parle le moins.

Il est peut-être utile de dévoiler aux yeux de tous ce double aspect des comédies, et j'aurai fait encore un bon usage de la mienne, si je parviens, en la scrutant, à fixer l'opinion publique sur ce qu'on doit entendre par ces mots : Qu'est-ce que LA DÉCENCE THÉATRALE ?

A force de nous montrer délicats, fins connaisseurs, et d'affecter, comme j'ai dit autre part, l'hypocrisie de la décence auprès du relâchement des mœurs, nous devenons des êtres nuls, incapables de s'amuser et de juger de ce qui leur convient : faut-il le dire enfin ? des bégueules rassasiées qui ne savent plus ce qu'elles veulent ni ce qu'elles doivent aimer ou rejeter. Déjà ces mots si rebattus, *bon ton*, *bonne compagnie*, toujours ajustés au niveau de chaque insipide coterie, et dont la latitude est si grande qu'on ne sait où ils commencent et finissent, ont détruit la franche et vraie gaieté qui distinguait de tout autre le comique de notre nation.

Ajoutez-y le pédantesque abus de ces autres grands mots, *décence* et *bonnes mœurs*, qui donnent un air si important, si supérieur, que nos jugeurs de comédies seraient désolés de n'avoir pas à les prononcer sur toutes les pièces de théâtre, et vous connaîtrez à peu près ce qui garrotte le génie, intimide tous les auteurs, et porte un coup mortel à la vigueur de l'intrigue, sans laquelle il n'y a pourtant que du bel esprit à la glace et des comédies de quatre jours.

Enfin, pour dernier mal, tous les états de la société sont parvenus à se soustraire à la censure dramatique : on ne pourrait mettre au théâtre *les Plaideurs* de Racine, sans entendre aujourd'hui les Dandins et les Brid'oisons, même des gens plus éclairés, s'écrier qu'il n'y a plus ni mœurs, ni respect pour les magistrats.

On ne ferait point le *Turcaret*, sans avoir à l'instant sur les bras : fermes, sous-fermes, traites et gabelles, droits réunis, tailles, taillons, le trop plein, le trop bu, tous les impositeurs royaux. Il est vrai qu'aujourd'hui *Turcaret* n'a plus de modèles. On l'offrirait sous d'autres traits, l'obstacle resterait le même.

On ne jouerait point les fâcheux, les marquis, les emprunteurs de Molière, sans révolter à la fois la haute, la moyenne, la moderne et l'antique noblesse. Ses *Femmes savantes* irriteraient nos féminins bureaux d'esprit ; mais quel calculateur peut évaluer la force et la longueur du levier qu'il faudrait, de nos jours, pour élever jusqu'au théâtre l'œuvre sublime du *Tartuffe*? Aussi l'auteur qui se compromet avec le public, *pour l'amuser, ou pour l'instruire*, au lieu d'intriguer à son choix son ouvrage, est-il obligé de tourniller dans des incidents impossibles, de persifler au lieu de rire, et de prendre ses modèles hors de la société, crainte de se trouver mille ennemis, dont il ne connaissait aucun en composant son triste drame.

J'ai donc réfléchi que si quelque homme courageux ne secouait pas toute cette poussière, bientôt l'ennui des pièces françaises porterait la nation au frivole opéra-comique et plus loin encore, aux Boulevards, à ce ramas infect de tréteaux élevés à notre honte, où la décente liberté, bannie du théâtre français, se change en une licence effrénée, où la jeunesse va se nourrir de grossières inepties, et perdre, avec ses mœurs, le goût de la décence et des chefs-d'œuvre de nos maîtres. J'ai tenté d'être cet homme, et, si je n'ai pas mis plus de talent à mes ouvrages, au moins mon intention s'est-elle manifestée dans tous.

J'ai pensé, je pense encore, qu'on n'obtient ni grand pathétique, ni profonde moralité, ni bon et vrai comique, au théâtre, sans des situations fortes et qui naissent toujours d'une disconvenance sociale dans le sujet qu'on veut traiter. L'auteur tragique, hardi dans ses moyens, ose admettre le crime atroce : les conspirations, l'usurpation du trône, le meurtre, l'empoisonnement, l'inceste, dans *Œdipe* et *Phèdre*, le fratricide dans *Vendôme* ; le parricide dans *Mahomet*, le régicide dans *Macbeth*, etc., etc. La comédie, moins audacieuse, n'excède pas les disconvenances, parce que ses tableaux sont tirés de nos mœurs, ses sujets de la société. Mais, comment frapper sur l'avarice, à moins de mettre en scène un méprisable avare ? démasquer l'hypocrisie sans montrer, comme Orgon, dans *le Tartuffe*, un abominable hypocrite *épousant sa fille et convoitant sa femme* ? un homme à bonnes fortunes sans le faire parcourir un cercle entier de femmes galantes ? un joueur effréné, sans l'envelopper de fripons, s'il ne l'est pas déjà lui-même ?

Tous ces gens-là sont loin d'être vertueux ; l'auteur ne les donne pas pour tels : il n'est le patron d'aucun d'eux ; il est le peintre de leurs vices. Et parce que le lion est féroce, le loup vorace et glouton, le renard rusé, cauteleux, la fable est-elle sans moralité ? Quand l'auteur la dirige contre un sot que la louange enivre, il fait choir du bec du corbeau le fromage dans la gueule du renard, sa moralité est remplie ; s'il la tournait contre le bas flatteur, il finirait son apologie ainsi : *le renard s'en saisit, le dévore, mais le fromage était empoisonné.* La fable est une comédie légère, et toute comédie n'est qu'un long apologue : leur différence est, que dans la fable les animaux ont de l'esprit, et que dans notre comédie les hommes sont souvent des bêtes, et, qui pis est, des bêtes méchantes.

Ainsi, lorsque Molière, qui fut si tourmenté par les sots, donne à *l'Avare* un fils prodigue et vicieux qui lui vole sa cassette, et l'injurie en face, est-ce des vertus ou des vices qu'il tire sa moralité? Que lui importent ses fantômes? c'est vous qu'il entend corriger. Il est vrai que les afficheurs et balayeurs littéraires de son temps ne manquèrent pas d'apprendre au bon public combien tout cela était horrible! Il est aussi prouvé que des envieux très importants, ou des importants très envieux, se déchaînèrent contre lui. Voyez le sévère Boileau, dans son épître au grand Racine, venger son ami qui n'est plus, en rappelant ainsi les faits :

L'Ignorance et l'Erreur à ses naissantes pièces
En habits de marquis, en robes de comtesses,
Venaient pour diffamer son chef-d'œuvre nouveau,
Et secouaient la tête à l'endroit le plus beau.
Le commandeur voulait la scène plus exacte ;
Le vicomte, indigné, sortait au second acte :
L'un, défenseur zélé des dévots mis en jeu,
Pour prix de ses bons mots, le condamnait au feu ;
L'autre, fougueux marquis, *lui déclarant la guerre,*
Voulait venger la Cour immolée au parterre.

On voit même dans un placet de Molière à Louis XIV qui fut si grand en protégeant les arts, et sans le goût éclairé duquel notre théâtre n'aurait pas un seul chef-d'œuvre de Molière, on voit ce philosophe auteur se plaindre amèrement au roi que, pour avoir démasqué les hypocrites, ils imprimaient partout qu'il était *un libertin, un impie, un athée, un démon vêtu de chair, habillé en homme* ; et cela s'imprimait avec APPROBATION ET PRIVILÈGE de ce roi qui le protégeait : rien là-dessus n'est empiré.

Mais, parce que les personnages d'une pièce s'y montrent sous des mœurs vicieuses, faut-il les bannir de la scène? Que poursuivrait-on au théâtre? les travers et les ridicules? cela vaut bien la peine d'écrire! ils sont chez nous comme les modes ; on ne s'en corrige point, on en change.

Les vices, les abus, voilà ce qui ne change point, mais se déguise en mille formes sous le masque des mœurs dominantes : leur arracher ce masque et les montrer à découvert, telle est la noble tâche de l'homme qui se voue au théâtre. Soit qu'il moralise en riant, soit qu'il pleure en moralisant, Héraclite ou Démocrite, il n'a pas un autre devoir ; malheur à lui s'il s'en écarte. On ne peut corriger les hommes qu'en les faisant voir tels qu'ils sont. La comédie utile et véridique n'est point un éloge menteur, un vain discours d'académie.

Mais gardons-nous bien de confondre cette critique générale, un des plus nobles buts de l'art, avec la satire odieuse et personnelle : l'avantage de la première est de corriger sans blesser. Faites prononcer au théâtre par l'homme juste, aigri de l'horrible abus des bienfaits : *Tous les hommes sont des ingrats*, quoique chacun soit bien près de penser comme lui personne ne s'offensera. Ne pouvant y avoir un ingrat sans qu'il existe un bienfaiteur, ce reproche même établit une balance égale entre les bons et mauvais cœurs ; on la sent, et cela console. Que si l'humoriste répond qu'*un bienfaiteur fait cent ingrats*, on répliquera justement qu'*il n'y a peut-être pas un ingrat qui n'ait été plusieurs fois bienfaiteur* ; et cela console encore. Et c'est ainsi qu'en généralisant, la critique la plus amère porte du fruit sans nous blesser ; quand la satire personnelle, aussi stérile que funeste, blesse toujours et ne produit jamais. Je hais partout cette dernière, et je la crois un si punissable abus, que j'ai plusieurs fois d'office invoqué la vigilance du magistrat pour empêcher que le théâtre ne devînt une arène de gladiateurs, où le puissant se crût en droit de faire exercer ses vengeances par les plumes vénales et malheureusement trop communes qui mettent leur bassesse à l'enchère.

N'ont-ils donc pas assez, ces grands, des mille et un feuillistes, faiseurs de bulletins, afficheurs, pour y trier les plus mauvais, en choisir un bien lâche, et dénigrer qui les offusque? On tolère un si léger mal, parce qu'il est sans conséquence et que la vermine éphémère démange un instant et périt ; mais le théâtre est un géant qui blesse à mort tout ce qu'il frappe. On doit réserver ses grands coups pour les abus et pour les maux publics.

Ce n'est donc ni le vice ni les incidents qu'il amène qui font l'indécence théâtrale ; mais le défaut de leçons et de moralité. Si l'auteur, ou faible ou timide, n'ose en tirer de son sujet, voilà ce qui rend sa pièce équivoque ou vicieuse.

Lorsque je mis *Eugénie* au théâtre (et il faut bien que je me cite, puisque c'est toujours moi qu'on attaque), lorsque je mis *Eugénie* au théâtre, tous nos jurés crieurs à la décence jetaient des flammes dans les foyers sur ce que j'avais osé montrer un seigneur libertin habillant ses valets en prêtres et feignant d'épouser une jeune personne qui paraît enceinte au théâtre, sans avoir été mariée.

Malgré leurs cris, la pièce a été jugée, sinon le meilleur, au moins le plus moral des drames, constamment jouée sur tous les théâtres et traduite dans toutes les langues. Les bons esprits ont vu que la moralité, que l'intérêt, y naissaient entièrement de l'abus qu'un homme puissant et vicieux fait de son nom, de son crédit, pour tourmenter une faible fille, sans appui, trompée, vertueuse et délaissée. Ainsi tout ce que l'ouvrage a d'utile et de bon naît du courage qu'eut l'auteur d'oser porter la disconvenance sociale au plus haut point de liberté.

Depuis, j'ai fait *les Deux Amis*, pièce dans laquelle un père avoue à sa prétendue nièce qu'elle est sa fille illégitime : ce drame est aussi très moral, parce qu'à travers les sacrifices de la plus parfaite amitié, l'auteur s'attache à y montrer les devoirs qu'impose la nature sur les fruits d'un ancien amour, que la rigoureuse dureté des convenances sociales, ou plutôt leur abus, laisse trop souvent sans appui.

Entre autres critiques de la pièce, j'entendis, dans une loge auprès de celle que j'occupais, un jeune *important* de la Cour qui disait gaiement à des dames : « L'auteur, sans doute, est un garçon fripier, qui ne voit rien de plus élevé que des commis des Fermes et des marchands d'étoffes ; et c'est au fond d'un magasin qu'il va chercher les nobles amis qu'il traduit à la scène française ! — Hélas ! Monsieur, lui dis-je en m'avançant, il a fallu du moins les prendre où il n'est pas impossible de les supposer. Vous ririez bien plus de l'auteur, s'il eût tiré deux vrais amis de l'Œil-de-bœuf ou des Carrosses ? Il faut un peu de vraisemblance, même dans les actes vertueux. »

Me livrant à mon gai caractère, j'ai depuis tenté, dans *le Barbier de Séville*, de ramener au théâtre l'ancienne et franche gaieté, en l'alliant avec le ton léger de notre plaisanterie actuelle ; mais comme cela même était une espèce de nouveauté, la pièce fut vivement poursuivie. Il semblait que j'eusse ébranlé l'État ; l'excès des précautions qu'on prit et des cris qu'on fit contre moi décelait surtout la frayeur que certains vicieux de ce temps avaient de s'y voir démasqués. La pièce fut censurée quatre fois, cartonnée trois fois sur l'affiche à l'instant d'être jouée, dénoncée même au Parlement d'alors ; et moi, frappé de ce tumulte, je persistais à demander que le public restât le juge de ce que j'avais destiné à l'amusement du public.

Je l'obtins au bout de trois ans. Après les clameurs, les éloges ; et chacun me disait tout bas : « Faites-nous donc des pièces de ce genre, puisqu'il n'y a plus que vous qui osiez rire en face. »

Un auteur désolé par la cabale et les criards, mais qui voit sa pièce marcher, reprend courage, et c'est ce que j'ai fait. Feu M. le Prince de Conti, de patriotique mémoire (car en frappant l'air de son nom, l'on sent vibrer le vieux mot *patrie*), feu M. le Prince de Conti, donc, me porta le défi public de mettre au théâtre ma préface du *Barbier*, plus gaie, disait-il, que la pièce, et d'y montrer la famille de Figaro, que j'indiquais dans cette préface. « Monseigneur, lui répondis-je, si je mettais une seconde fois ce caractère sur la scène, comme je le montrerais plus âgé, qu'il en saurait quelque peu davantage, ce serait bien un autre bruit, et qui sait s'il verrait le jour! » Cependant, par respect, j'acceptai le défi : je composai cette *Folle Journée*, qui cause aujourd'hui la rumeur. Il daigna la voir le premier. C'était un homme d'un grand caractère, un prince auguste, un esprit noble et fier : le dirai-je? il en fut content.

Mais quel piège, hélas! j'ai tendu au jugement de nos critiques en appelant ma comédie du vain nom de *Folle Journée*! mon objet était bien de lui ôter quelque importance ; mais je ne savais pas encore à quel point un changement d'annonce peut égarer tous les esprits. En lui laissant son véritable titre, on eût lu *l'Époux suborneur*. C'était pour eux une autre piste ; on me courait différemment. Mais ce nom de *Folle Journée* les a mis à cent lieues de moi : ils n'ont plus rien vu dans l'ouvrage que ce qui n'y sera jamais ; et cette remarque un peu sévère sur la facilité de prendre le change a plus d'étendue qu'on ne croit. Au lieu du nom de *George Dandin*, si Molière eût appelé son drame : *la Sottise des alliances*, il eût porté bien plus de fruit ; si Regnard eût nommé son *Légataire* : *la Punition du célibat*, la pièce nous eût fait frémir. Ce à quoi il ne songea pas : je l'ai fait avec réflexion. Mais qu'on ferait un beau chapitre sur tous les jugements des hommes et la morale du théâtre, et qu'on pourrait intituler : *De l'influence de l'affiche !*

Quoi qu'il en soit, *la Folle Journée* resta cinq ans au portefeuille ; les comédiens ont su que je l'avais, ils me l'ont enfin arrachée. S'ils ont bien ou mal fait pour eux, c'est ce qu'on a pu voir depuis. Soit que la difficulté de la rendre excitât leur émulation, soit qu'ils sentissent, avec le public, que pour lui plaire en comédie il fallait de nouveaux efforts, jamais pièce aussi difficile n'a été jouée avec autant d'ensemble ; et si l'auteur (comme on le dit) est resté au-dessous de lui-même, il n'y a pas un seul acteur dont cet ouvrage n'ait établi, augmenté ou confirmé la réputation. Mais revenons à sa lecture, à l'adoption des comédiens.

Sur l'éloge outré qu'ils en firent, toutes les sociétés voulurent le connaître, et dès lors il fallut me faire des querelles de toute espèce ou céder aux instances universelles. Dès lors aussi les grands ennemis de l'auteur ne manquèrent pas de répandre à la Cour qu'il blessait dans cet ouvrage, d'ailleurs *un tissu de bêtises*, la religion, le gouvernement, tous les états de la société, les bonnes mœurs, et qu'enfin la vertu y était opprimée et le vice triomphant, *comme de raison*, ajoutait-on. Si les graves Messieurs qui l'ont tant répété me font l'honneur de lire cette préface, ils y verront au moins que j'ai cité bien juste, et la bourgeoise intrégrité que je mets à mes citations n'en fera que mieux ressortir la noble infidélité des leurs.

Ainsi dans *le Barbier de Séville* je n'avais qu'ébranlé l'État ; dans ce nouvel essai, plus infâme et plus séditieux, je le renversais de fond en comble. Il n'y avait plus rien de sacré si l'on permettait cet ouvrage. On abusait l'autorité par les plus insidieux rapports ; on cabalait auprès des Corps puissants ; on alarmait les dames timorées ; on me faisait des ennemis sur le prie-Dieu des oratoires : et moi, selon les hommes et les lieux, je repoussais la basse intrigue par mon excessive patience, par la roideur de mon respect, l'obstination de ma docilité, par la raison, quand on voulait l'entendre.

Ce combat a duré quatre ans. Ajoutez-les aux cinq du portefeuille, que reste-t-il des allusions qu'on s'efforce à voir dans l'ouvrage ? Hélas ! quand il fut composé, tout ce qui fleurit aujourd'hui n'avait pas même encore germé. C'était tout un autre univers.

Pendant ces quatre ans de débat je ne demandais qu'un censeur ; on m'en accorda cinq ou six. Que virent-ils dans l'ouvrage objet d'un tel déchaînement? la plus badine des intrigues. Un grand seigneur espagnol, amoureux d'une jeune fille qu'il veut séduire, et les efforts que cette fiancée, celui qu'elle doit épouser et la femme du seigneur réunissent pour faire échouer dans son dessein un maître absolu que son rang, sa fortune et sa prodigalité rendent tout-puissant pour l'accomplir. Voilà tout, rien de plus. La pièce est sous vos yeux.

D'où naissent donc ces cris perçants? De ce qu'au lieu de poursuivre un seul caractère vicieux, comme le joueur, l'ambitieux, l'avare, ou l'hypocrite, ce qui ne lui eût mis sur les bras qu'une seule classe d'ennemis, l'auteur a profité d'une composition légère ou plutôt a formé son plan de façon à y faire entrer la critique d'une foule d'abus qui désolent la société. Mais comme ce n'est pas là ce qui gâte un ouvrage aux yeux du censeur éclairé, tous, en l'approuvant, l'ont réclamé pour le théâtre. Il a donc fallu l'y souffrir ; alors les grands du monde ont vu jouer avec scandale

Cette pièce, où l'on peint un insolent valet
Disputant sans pudeur son épouse à son maître.

M. GUDIN.

Oh! que j'ai de regret de n'avoir pas fait de ce sujet moral une Tragédie bien sanguinaire! Mettant un poignard à la main de l'époux outragé, que je n'aurais pas nommé Figaro, dans sa jalouse fureur je lui aurais fait noblement poignarder le puissant vicieux ; et comme il aurait vengé son honneur dans des vers carrés, bien ronflants, et que mon jaloux, tout au moins général d'armée, aurait eu pour rival quelque tyran bien horrible et régnant au plus mal sur un peuple désolé, tout cela, très loin de nos mœurs, n'aurait, je crois, blessé personne ; on eût crié : *bravo ! ouvrage bien moral !* Nous étions sauvés, moi et mon Figaro sauvage.

Mais ne voulant qu'amuser nos Français et non faire ruisseler les larmes de leurs épouses, de mon coupable amant j'ai fait un jeune seigneur de ce temps-là, prodigue, assez galant, même un peu libertin, à peu près comme les autres seigneurs de ce temps-là. Mais qu'oserait-on dire au théâtre d'un seigneur, sans les offenser tous, sinon de lui reprocher son trop de galanterie! N'est-ce pas là le défaut le moins contesté par eux-mêmes? J'en vois beaucoup, d'ici, rougir modestement (et c'est un noble effort) en convenant que j'ai raison.

Voulant donc faire le mien coupable, j'ai eu le respect généreux de ne lui prêter aucun des vices du peuple. Direz-vous que je ne le pouvais pas, que c'eût été blesser toutes les vraisemblances? Concluez donc en faveur de ma pièce, puisque enfin je ne l'ai pas fait.

Le défaut même dont je l'accuse n'aurait produit aucun mouvement comique, si je ne lui avais gaiement opposé l'homme le plus dégourdi de sa nation, *le véritable Figaro*, qui tout en défendant Suzanne, sa propriété, se moque des projets de son maître et s'indigne très plaisamment qu'il ose jouter de ruse avec lui, maître passé dans ce genre d'escrime.

Ainsi, d'une lutte assez vive entre l'abus de la puissance, l'oubli des principes, la prodigalité, l'occasion, tout ce que la séduction a de plus entraînant ; et le feu, l'esprit, les ressources que l'infériorité piquée au jeu peut opposer à cette attaque, il naît dans ma pièce un jeu plaisant d'intrigue, où l'*époux suborneur*, contrarié, lassé, harassé, toujours arrêté dans ses vues, est obligé, trois fois dans cette journée, de tomber aux pieds de sa femme, qui, bonne, indulgente et sensible, finit par lui pardonner : c'est ce qu'elles font toujours. Qu'a donc cette moralité de blâmable, Messieurs?

La trouvez-vous un peu badine pour le ton grave que je prends? accueillez-en une plus sévère qui blesse vos yeux dans l'ouvrage, quoique vous ne l'y cherchiez pas : c'est qu'un seigneur assez vicieux pour vouloir prostituer à ses caprices tout ce qui lui est subordonné, pour se jouer dans ses domaines de la pudicité de toutes ses jeunes vassales, doit finir, comme celui-ci, par être la risée de ses valets. Et c'est ce que l'auteur a très fortement prononcé, lorsqu'en fureur, au cinquième acte, Almaviva, croyant confondre une femme infidèle, montre à son jardinier un cabinet, en lui criant : *Entres-y, toi, Antonio ; conduis devant son juge l'infâme qui m'a déshonoré* ; et que celui-ci lui répond : *Il y a, parguienne, une bonne Providence ! Vous en avez tant fait dans le pays qu'il faut bien aussi qu'à votre tour... !*

Cette profonde moralité se fait sentir dans tout l'ouvrage ; et s'il convenait à l'auteur de démontrer aux adversaires qu'à travers sa forte leçon il a porté la considération pour la dignité du coupable plus loin qu'on ne devait l'attendre de la fermeté de son pinceau, je leur ferais remarquer que, croisé dans tous ses projets, le Comte Almaviva se voit toujours humilié, sans être jamais avili.

En effet, si la Comtesse usait de ruse pour aveugler sa jalousie dans le dessein de le trahir, devenue coupable elle-même, elle ne pourrait mettre à ses pieds son époux, sans le dégrader à nos yeux. La vicieuse intention de l'épouse brisant un lien respecté, l'on reprocherait justement à l'auteur d'avoir tracé des mœurs blâmables : car nos jugements sur les mœurs se rapportent toujours aux femmes ; on n'estime pas assez les hommes pour tant exiger d'eux sur ce point délicat. Mais, loin qu'elle ait ce vil projet, ce qu'il y a de mieux établi dans l'ouvrage est que nul ne veut faire une tromperie au Comte, mais seulement l'empêcher d'en faire à tout le monde. C'est la pureté des motifs qui sauve ici les moyens du reproche ; et, de cela seul que la Comtesse ne veut que ramener son mari, toutes les confusions qu'il éprouve sont certainement très morales, aucune n'est avilissante.

Pour que cette vérité vous frappe davantage, l'auteur oppose à ce mari peu délicat la plus vertueuse des femmes, par goût et par principes.

Abandonnée d'un époux trop aimé, quand l'expose-t-on à vos regards? Dans le moment critique où sa bienveillance pour un aimable enfant, son filleul, peut devenir un goût dangereux, si elle permet au ressentiment qui l'appuie de prendre trop d'empire sur elle. C'est pour mieux faire ressortir l'amour vrai du devoir que l'auteur la met un moment aux prises avec un goût naissant qui le combat. Oh! combien on s'est étayé de ce léger mouvement dramatique, pour nous accuser d'indécence! On accorde à la tragédie que toutes les reines, les princesses, aient des passions bien allumées qu'elles combattent plus ou moins, et l'on ne souffre pas que, dans la comédie, une femme ordinaire puisse lutter contre la moindre faiblesse! O grande *influence de l'affiche*! jugement sûr et conséquent! avec la différence du genre, on blâme ici ce qu'on approuvait là. Et cependant en ces deux cas c'est toujours le même principe : point de vertu sans sacrifice.

J'ose en appeler à vous, jeunes infortunées que votre malheur attache à des Almaviva ! Distingueriez-vous toujours votre vertu de vos chagrins, si quelque intérêt importun, tendant trop à les dissiper, ne vous avertissait enfin qu'il est temps de combattre pour elle ? Le chagrin de perdre un mari n'est pas ici ce qui nous touche ; un regret aussi personnel est trop loin d'être une vertu ! Ce qui nous plaît dans la Comtesse, c'est de la voir lutter franchement contre un goût naissant qu'elle blâme et des ressentiments légitimes. Les efforts qu'elle fait alors pour ramener son infidèle époux, mettant dans le plus heureux jour les deux sacrifices pénibles de son goût et de sa colère, on n'a nul besoin d'y penser pour applaudir à son triomphe ; elle est un modèle de vertu, l'exemple de son sexe et l'amour du nôtre.

Si cette métaphysique de l'honnêteté des scènes, si ce principe avoué de toute décence théâtrale, n'a point frappé nos juges à la représentation, c'est vainement que j'en étendrais ici le développement et les conséquences ; un tribunal d'iniquité n'écoute point les défenses de l'accusé qu'il est chargé de perdre, et ma Comtesse n'est point traduite au parlement de la nation : c'est une commission qui la juge.

On a vu la légère esquisse de son aimable caractère dans la charmante pièce d'*Heureusement*. Le goût naissant que la jeune femme éprouve pour son petit cousin l'officier n'y parut blâmable à personne, quoique la tournure des scènes pût laisser à penser que la soirée eût fini d'autre manière, si l'époux ne fût pas rentré, comme dit l'auteur, *heureusement*. Heureusement aussi l'on n'avait pas le projet de calomnier cet auteur : chacun se livra de bonne foi à ce doux intérêt qu'inspire une jeune femme honnête et sensible qui réprime ses premiers goûts ; et notez que, dans cette pièce, l'époux ne paraît qu'un peu sot ; dans la mienne il est infidèle ; ma Comtesse a plus de mérite.

Aussi, dans l'ouvrage que je défends, le plus véritable intérêt se porte-t-il sur la Comtesse ! Le reste est dans le même esprit.

Pourquoi Suzanne la camariste, spirituelle, adroite et rieuse, a-t-elle aussi le droit de nous intéresser ? C'est qu'attaquée par un séducteur puissant, avec plus d'avantage qu'il n'en faudrait pour vaincre une fille de son état, elle n'hésite pas à confier les intentions du Comte aux deux personnes les plus intéressées à bien surveiller sa conduite : sa maîtresse et son fiancé ; c'est que, dans tout son rôle, presque le plus long de la pièce, il n'y a pas une phrase, un mot, qui ne respire la sagesse et l'attachement à ses devoirs. La seule ruse qu'elle se permette est en faveur de sa maîtresse, à qui son dévouement est cher, et dont tous les vœux sont honnêtes.

Pourquoi, dans ses libertés sur son maître, Figaro m'amuse-t-il, au lieu de m'indigner? C'est que, l'opposé des valets, il n'est pas, et vous le savez, le malhonnête homme de la pièce : en le voyant forcé par son état de repousser l'insulte avec adresse, on lui pardonne tout, dès qu'on sait qu'il ne ruse avec son seigneur que pour garantir ce qu'il aime et sauver sa propriété.

Donc, hors le Comte et ses agents, chacun fait dans la pièce à peu près ce qu'il doit. Si vous les croyez malhonnêtes parce qu'ils disent du mal les uns des autres, c'est une règle très fautive. Voyez nos honnêtes gens du siècle : on passe la vie à ne faire autre chose! Il est même tellement reçu de déchirer sans pitié les absents, que moi, qui les défends toujours, j'entends murmurer très souvent : Quel diable d'homme, et qu'il est contrariant! il dit du bien de tout le monde!

Est-ce mon page, enfin, qui vous scandalise, et l'immoralité qu'on reproche au fond de l'ouvrage serait-elle dans l'accessoire? O censeurs délicats! beaux-esprits sans fatigue! inquisiteurs pour la morale, qui condamnez en un clin d'œil les réflexions de cinq années ; soyez justes une fois, sans tirer à conséquence. Un enfant de treize ans, aux premiers battements du cœur, cherchant tout sans rien démêler, idolâtre, ainsi qu'on l'est à cet âge heureux, d'un objet céleste pour lui dont le hasard fit sa marraine, est-il un sujet de scandale? Aimé de tout le monde au château, vif, espiègle et brûlant comme tous les enfants spirituels ; par son agitation extrême, il dérange dix fois, sans le vouloir, les coupables projets du Comte. Jeune adepte de la nature, tout ce qu'il voit a droit de l'agiter ; peut-être il n'est plus un enfant, mais il n'est pas encore un homme, et c'est le moment que j'ai choisi pour qu'il obtînt de l'intérêt sans forcer personne à rougir. Ce qu'il éprouve innocemment, il l'inspire partout de même. Direz-vous qu'on l'aime d'amour? Censeurs! ce n'est pas là le mot : vous êtes trop éclairés pour ignorer que l'amour, même le plus pur, a un motif intéressé ; on ne l'aime donc pas encore ; on sent qu'un jour on l'aimera. Et c'est ce que l'auteur a mis avec gaieté dans la bouche de Suzanne, quand elle dit à cet enfant : *Oh ! dans trois ou quatre ans, je prédis que vous serez le plus grand petit vaurien !...*

Pour lui imprimer plus fortement le caractère de l'enfance, nous le faisons exprès tutoyer par Figaro. Supposez-lui deux ans de plus, quel valet dans le château prendrait ces libertés? Voyez-le à la fin de son rôle ; à peine a-t-il un habit d'officier, qu'il porte la main à l'épée aux premières railleries du Comte, sur le quiproquo d'un soufflet. Il sera fier, notre étourdi! mais c'est un enfant, rien de plus. N'ai-je pas vu nos dames, dans les loges, aimer mon page à la folie? Que lui voulaient-elles? hélas! rien : c'était de l'intérêt aussi ; mais, comme celui de la Comtesse, un pur et naïf intérêt, un intérêt... sans intérêt.

Mais, est-ce la personne du page ou la conscience du seigneur qui fait le tourment du dernier, toutes les fois que l'auteur les condamne à se rencontrer dans la pièce? Fixez ce léger aperçu, il peut vous mettre sur la voie ; ou plutôt apprenez de lui que cet enfant n'est amené que pour ajouter à la moralité de l'ouvrage, en vous montrant que l'homme le plus absolu chez lui, dès qu'il suit un projet coupable, peut être mis au désespoir par l'être le moins important, par celui qui redoute le plus de se rencontrer sur sa route.

Quand mon page aura dix-huit ans, avec le caractère vif et bouillant que je lui ai donné, je serai coupable, à mon tour, si je le montre sur la scène. Mais à treize ans qu'inspire-t-il? quelque chose de sensible et doux qui n'est amitié ni amour, et qui tient un peu de tous deux.

J'aurais de la peine à faire croire à l'innocence de ces impressions, si nous vivions dans un siècle moins chaste, dans un de ces siècles de calcul où, voulant tout prématuré, comme les fruits de leurs serres chaudes, les grands mariaient leurs enfants à douze ans, et faisaient plier la nature, la décence et le goût aux plus sordides convenances, en se hâtant surtout d'arracher de ces êtres non formés des enfants encore moins formables dont le bonheur n'occupait personne, et qui n'étaient que le prétexte d'un certain trafic d'avantages qui n'avait nul rapport à eux, mais uniquement à leur nom. Heureusement nous en sommes bien loin, et le caractère de mon page, sans conséquence pour lui-même, en a une relative au Comte, que le moraliste aperçoit, mais qui n'a pas encore frappé le grand commun de nos jugeurs.

Ainsi, dans cet ouvrage, chaque rôle important a quelque but moral. Le seul qui semble y déroger est le rôle de Marceline.

Coupable d'un ancien égarement, dont son Figaro fut le fruit, elle devrait, dit-on, se voir au moins punie par la confusion de sa faute, lorsqu'elle reconnaît son fils. L'auteur eût pu en tirer une moralité plus profonde : dans les mœurs qu'il veut corriger, la faute d'une jeune fille séduite est celle des hommes, et non la sienne. Pourquoi donc ne l'a-t-il pas fait ?

Il l'a fait, censeurs raisonnables ! étudiez la scène suivante, qui faisait le nerf du troisième acte et que les comédiens m'ont prié de retrancher, craignant qu'un morceau si sévère n'obscurcît la gaieté de l'action.

Quand Molière a bien humilié la coquette ou coquine du *Misanthrope*, par la lecture publique de ses lettres à tous ses amants, il la laisse avilie sous les coups qu'il lui a portés ; il a raison : qu'en ferait-il ? vicieuse par goût et par choix, veuve aguerrie, femme de Cour, sans aucune excuse d'erreur, et fléau d'un fort honnête homme, il l'abandonne à nos mépris, et telle est sa moralité. Quant à moi, saisissant l'aveu naïf de Marceline au moment de la reconnaissance, je montrais cette femme humiliée et Bartholo qui la refuse, et Figaro, leur fils commun, dirigeant l'attention publique sur les vrais fauteurs du désordre où l'on entraîne sans pitié toutes les jeunes filles du peuple douées d'une jolie figure.

Telle est la marche de la scène.

BRID'OISON, parlant de Figaro qui vient de reconnaître sa mère en Marceline. — *C'est clair, i-il ne l'épousera pas.*

BARTHOLO. — *Ni moi non plus.*

MARCELINE. — *Ni vous ! et votre fils ? Vous m'aviez juré...*

BARTHOLO. — *J'étais fou. Si pareils souvenirs engageaient, on serait tenu d'épouser tout le monde.*

BRID'OISON. — *E-et si l'on y regardait de si près, pè-ersonne n'épouserait personne.*

BARTHOLO. — *Des fautes si connues ! une jeunesse déplorable !*

MARCELINE, s'échauffant par degrés. — *Oui, déplorable, et plus qu'on ne croit ! Je n'entends pas nier mes fautes, ce jour les a trop bien prouvées ! mais qu'il est dur de les expier après trente ans d'une vie modeste ! J'étais née, moi, pour être sage, et je la suis devenue sitôt qu'on m'a permis d'user de ma raison. Mais dans l'âge des illusions, de l'inexpérience et des besoins, où les séducteurs nous assiègent, pendant que la misère nous poignarde, que peut opposer une enfant à tant d'ennemis rassemblés ? Tel nous juge ici sévèrement, qui peut-être en sa vie a perdu dix infortunées.*

FIGARO. — *Les plus coupables sont les moins généreux ; c'est la règle.*

MARCELINE, vivement. — *Hommes plus qu'ingrats, qui flétrissez par le mépris les jouets de vos passions, vos victimes ! c'est vous qu'il faut punir des erreurs de notre jeunesse ; vous et vos magistrats, si vains du droit de nous juger, et qui nous laissent enlever, par leur coupable négligence, tout honnête moyen de subsister. Est-il un seul état pour les malheureuses filles ? Elles avaient un droit naturel à toute la parure des femmes : on y laisse former mille ouvriers de l'autre sexe.*

FIGARO. — *Ils font broder jusqu'aux soldats !*

MARCELINE, exaltée. — *Dans les rangs même plus élevés, les femmes n'obtiennent de vous qu'une considération dérisoire ; leurrées de respects apparents, dans une servitude réelle ; traitées en mineures pour nos biens, punies en majeures pour nos fautes : ah ! sous tous les aspects, votre conduite avec nous fait horreur, ou pitié.*

FIGARO. — *Elle a raison !*

LE COMTE, à part. — *Que trop raison !*

BRID'OISON. — *Elle a, mon-on Dieu ! raison.*

MARCELINE. — *Mais que nous font, mon fils, les refus d'un homme injuste ? ne regarde pas d'où tu viens, vois où tu vas ; cela seul importe à chacun. Dans quelques mois ta fiancée ne dépendra plus que d'elle-même ; elle t'acceptera, j'en réponds : vis entre une épouse, une mère tendres, qui te chériront à qui mieux mieux. Sois indulgent pour elles, heureux pour toi, mon fils ; gai, libre et bon pour tout le monde : il ne manquera rien à ta mère.*

FIGARO. — *Tu parles d'or, maman, et je me tiens à*

ton avis. Qu'on est sot, en effet ! il y a des mille et mille ans que le monde roule, et dans cet océan de durée, où j'ai par hasard attrapé quelques chétifs trente ans qui ne reviendront plus, j'irais me tourmenter pour savoir à qui je les dois ! tant pis pour qui s'en inquiète. Passer ainsi la vie à chamailler, c'est peser sur le collier sans relâche, comme les malheureux chevaux de la remonte des fleuves, qui ne reposent pas, même quand ils s'arrêtent, et qui tirent toujours quoiqu'ils cessent de marcher. Nous attendrons.

J'ai bien regretté ce morceau, et maintenant que la pièce est connue, si les comédiens avaient le courage de le restituer à ma prière, je pense que le public leur en saurait beaucoup de gré. Ils n'auraient plus même à répondre, comme je fus forcé de le faire à certains censeurs du beau monde qui me reprochaient, à la lecture, de les intéresser pour une femme de mauvaises mœurs : — Non, Messieurs, je n'en parle pas pour excuser ses mœurs, mais pour vous faire rougir des vôtres sur le point le plus destructeur de toute honnêteté publique : *la corruption des jeunes personnes* ; et j'avais raison de le dire que vous trouvez ma pièce trop gaie, parce qu'elle est souvent trop sévère. Il n'y a que façon de s'entendre.

— Mais votre Figaro est un soleil tournant, qui brûle, en jaillissant, les manchettes de tout le monde. — Tout le monde est exagéré. Qu'on me sache gré du moins s'il ne brûle pas aussi les doigts de ceux qui croient s'y reconnaître : au temps qui court, on a beau jeu sur cette matière au théâtre. M'est-il permis de composer en auteur qui sort du collège, de toujours faire rire des enfants sans jamais rien dire à des hommes ? et ne devez-vous pas me passer un peu de morale en faveur de ma gaieté, comme on passe aux Français un peu de folie en faveur de leur raison ?

Si je n'ai versé sur nos sottises qu'un peu de critique badine, ce n'est pas que je ne sache en former de plus sévères : quiconque a dit tout ce qu'il sait dans son ouvrage, y a mis plus que moi dans le mien. Mais je garde une foule d'idées qui me pressent pour un des sujets les plus moraux du théâtre, aujourd'hui sur mon chantier : *la Mère coupable* ; et si le dégoût dont on m'abreuve me permet jamais de l'achever, mon projet étant d'y faire verser des larmes à toutes les femmes sensibles, j'élèverai mon langage à la hauteur de mes situations, j'y prodiguerai les traits de la plus austère morale, et je tonnerai fortement sur les vices que j'ai trop ménagés. Apprêtez-vous donc bien, Messieurs, à me tourmenter de nouveau : ma poitrine a déjà grondé ; j'ai noirci beaucoup de papier au service de votre colère.

Et vous, honnêtes indifférents, qui jouissez de tout sans prendre parti sur rien, jeunes personnes modestes et timides qui vous plaisez à ma *Folle Journée* (et je n'entreprends sa défense que pour justifier votre goût), lorsque vous verrez dans le monde un de ces hommes tranchants critiquer vaguement la pièce, tout blâmer sans rien désigner, surtout la trouver indécente, examinez bien cet homme-là, sachez son rang, son état, son caractère, et vous connaîtrez sur-le-champ le mot qui l'a blessé dans l'ouvrage.

On sent bien que je ne parle pas de ces écumeurs littéraires qui vendent leurs bulletins ou leurs affiches à tant de liards le paragraphe. Ceux-là, comme l'abbé Bazile, peuvent calomnier : *ils médiraient qu'on ne les croirait pas.*

Je parle moins encore de ces libellistes honteux qui n'ont trouvé d'autre moyen de satisfaire leur rage, l'assassinat étant trop dangereux, que de lancer du cintre de nos salles des vers infâmes contre l'auteur, pendant que l'on jouait sa pièce. Ils savent que je les connais ; si j'avais eu dessein de les nommer, ç'aurait été au ministère public : leur supplice est de l'avoir craint, il suffit à mon ressentiment. Mais on n'imaginera jamais jusqu'où ils ont osé élever les soupçons du public sur une aussi lâche épigramme! semblables à ces vils charlatans du Pont-Neuf, qui, pour accréditer leurs drogues, farcissent d'ordres, de cordons, le tableau qui leur sert d'enseigne.

Non, je cite nos importants, qui, blessés, on ne sait pourquoi, des critiques semées dans l'ouvrage, se chargent d'en dire du mal, sans cesser de venir aux noces.

C'est un plaisir assez piquant de les voir d'en bas au spectacle, dans le très plaisant embarras de n'oser montrer ni satisfaction ni colère ; s'avançant sur le bord des loges, prêts à se moquer de l'auteur, et se retirant aussitôt pour celer un peu de grimace ; emportés par un mot de la scène, et soudainement rembrunis par le pinceau du moraliste ; au plus léger trait de gaieté, jouer tristement les étonnés, prendre un air gauche en faisant les pudiques et regardant les femmes dans les yeux, comme pour leur reprocher de soutenir un tel scandale ; puis, aux grands applaudissements, lancer sur le public un regard méprisant, dont il est écrasé ; toujours prêts à lui dire, comme ce courtisan dont parle Molière, lequel, outré du succès de *l'École des femmes*, criait des balcons au public : *Ris donc, public, ris donc !* En vérité c'est un plaisir, et j'en ai joui bien des fois.

Celui-là m'en rappelle un autre. Le premier jour de *la Folle Journée*, on s'échauffait dans le foyer (même d'honnêtes plébéiens) sur ce qu'ils nommaient spirituellement *mon audace*. Un petit vieillard sec et brusque, impatienté de tous ces cris, frappe le plancher de sa canne et dit en s'en allant : *Nos Français sont comme les enfants, qui braillent quand on les éberne*. Il avait du sens, ce vieillard. Peut-être on pouvait mieux parler, mais pour mieux penser, j'en défie.

Avec cette intention de tout blâmer, on conçoit que les traits les plus sensés ont été pris en mauvaise part. N'ai-je pas entendu vingt fois un murmure descendre des loges à cette réponse de Figaro ?

LE COMTE. — *Une réputation détestable !*
FIGARO. — *Et si je vaux mieux qu'elle ? y a-t-il beaucoup de seigneurs qui puissent en dire autant ?*

Je dis, moi, qu'il n'y en a point ; qu'il ne saurait y en avoir, à moins d'une exception bien rare. Un homme obscur ou peu connu peut valoir mieux que sa réputation, qui n'est que l'opinion d'autrui. Mais de même qu'un sot en place en paraît une fois plus sot parce qu'il ne peut plus rien cacher, de même un grand seigneur, l'homme élevé en dignités, que la fortune et sa naissance ont placé sur le grand théâtre, et qui, en entrant dans le monde, eut toutes les préventions pour lui, vaut toujours moins que sa réputation s'il parvient à la rendre mauvaise. Une assertion si simple et si loin du sarcasme devait-elle exciter le murmure ? si son application paraît fâcheuse aux grands peu soigneux de leur gloire, en quel sens fait-elle épigramme sur ceux qui méritent nos respects, et quelle maxime plus juste au théâtre peut servir de frein aux puissants et tenir lieu de leçons à ceux qui n'en reçoivent point d'autres ?

Non qu'il faille oublier (a dit un écrivain sévère, et je me plais à le citer, parce que je suis de son avis), « non qu'il faille oublier, dit-il, ce qu'on doit aux rangs élevés : il est juste au contraire que l'avantage de la naissance soit le moins contesté de tous, parce que ce bienfait gratuit de l'hérédité, relatif aux exploits, vertus ou qualités des aïeux de qui le reçut, ne peut aucunement blesser l'amour-propre de ceux auxquels il fut refusé ; parce que dans une monarchie, si l'on ôtait les rangs intermédiaires, il y aurait trop loin du monarque aux sujets ; bientôt on n'y verrait qu'un despote et des esclaves : le maintien d'une échelle graduée du laboureur au potentat intéresse également les hommes de tous les rangs, et peut-être est le plus ferme appui de la constitution monarchique. »

Mais quel auteur parlait ainsi ? qui faisait cette profession de foi sur la noblesse, dont on me suppose si loin ? C'était Pierre-Augustin Caron de Beaumarchais, plaidant par écrit au Parlement d'Aix, en 1778, une grande et sévère question qui décida bientôt de l'honneur d'un noble et du sien. Dans l'ouvrage que je défends, on n'attaque point les états, mais les abus de chaque état ; les gens seuls qui s'en rendent coupables ont intérêt à le trouver mauvais ; voilà les rumeurs expliquées ; mais quoi donc ! les abus sont-ils devenus si sacrés qu'on n'en puisse attaquer aucun sans lui trouver vingt défenseurs ?

Un avocat célèbre, un magistrat respectable, iront-ils donc s'approprier le plaidoyer d'un Bartholo, le jugement d'un Brid'oison ? Ce mot de Figaro sur l'indigne abus des plaidoiries de nos jours (*c'est dégrader le plus noble institut*) a bien montré le cas que je fais du noble métier d'avocat, et mon respect pour la magistrature ne sera pas plus suspecté, quand on saura dans quelle école j'en ai recherché la leçon, quand on lira le morceau suivant, aussi tiré d'un moraliste, lequel, parlant des magistrats, s'exprime en ces termes formels :

« Quel homme aisé voudrait, pour le plus modique honoraire, faire le métier cruel de se lever à quatre heures pour aller au Palais tous les jours s'occuper, sous des formes prescrites, d'intérêts qui ne sont jamais les siens, d'éprouver sans cesse l'ennui de l'importunité, le dégoût des sollicitations, le bavardage des plaideurs, la monotonie des audiences, la fatigue des délibérations et la contention d'esprit nécessaire aux prononcés des arrêts, s'il ne se croyait pas payé de cette vie laborieuse et pénible par l'estime et la considération publique? et cette estime est-elle autre chose qu'un jugement, qui n'est même aussi flatteur pour les bons magistrats qu'en raison de sa rigueur excessive contre les mauvais? »

Mais quel écrivain m'instruisait ainsi par ses leçons? Vous allez croire encore que c'est Pierre-Augustin? vous l'avez dit : c'est lui, en 1773, dans son quatrième Mémoire, en défendant jusqu'à la mort sa triste existence attaquée par un soi-disant magistrat. Je respecte donc hautement ce que chacun doit honorer, et je blâme ce qui peut nuire.

— Mais dans cette *Folle Journée*, au lieu de saper les abus, vous vous donnez des libertés très répréhensibles au théâtre ; votre monologue surtout contient, sur les gens disgraciés, des traits qui passent la licence!
— Eh! croyez-vous, Messieurs, que j'eusse un talisman pour tromper, séduire, enchaîner la censure et l'autorité, quand je leur soumis mon ouvrage? que je n'aie pas dû justifier ce que j'avais osé écrire? Que fais-je dire à Figaro, parlant à l'homme déplacé? *Que les sottises imprimées n'ont d'importance qu'aux lieux où l'on en gêne le cours.* Est-ce donc là une vérité d'une conséquence dangereuse? Au lieu de ces inquisitions puériles et fatigantes, et qui seules donnent de l'importance à ce qui n'en aurait jamais, si, comme en Angleterre, on était assez sage pour traiter les sottises avec ce mépris qui les tue, loin de sortir du vil fumier qui les enfante elles y pourriraient en germant, et ne se propageraient point. Ce qui multiplie les libelles est la faiblesse de les craindre ; ce qui fait vendre les sottises est la sottise de les défendre.

Et comment conclut Figaro? *Que sans la liberté de blâmer, il n'est point d'éloge flatteur, et qu'il n'y a que les petits hommes qui redoutent les petits écrits.* Sont-ce là des hardiesses coupables, ou bien des aiguillons de gloire? des moralités insidieuses ou des maximes réfléchies aussi justes qu'encourageantes?

Supposez-les le fruit des souvenirs. Lorsque, satisfait du présent, l'auteur veille pour l'avenir dans la critique du passé, qui peut avoir droit de s'en plaindre? et si, ne désignant ni temps, ni lieu, ni personnes, il ouvre la voie, au théâtre, à des réformes désirables, n'est-ce pas aller à son but ?

La Folle Journée explique donc comment, dans un temps prospère, sous un roi juste et des ministres modérés, l'écrivain peut tonner sur les oppresseurs sans craindre de blesser personne. C'est pendant le règne d'un bon prince qu'on écrit sans danger l'histoire des méchants rois ; et, plus le gouvernement est sage, est éclairé, moins la liberté de dire est en presse ; chacun y faisant son devoir, on n'y craint pas les allusions ; nul homme en place ne redoutant ce qu'il est forcé d'estimer, on n'affecte point alors d'opprimer chez nous cette même Littérature, qui fait notre gloire au dehors et nous y donne une sorte de primauté que nous ne pouvons tirer d'ailleurs.

En effet, à quel titre y prétendrions-nous ? Chaque peuple tient à son culte et chérit son gouvernement. Nous ne sommes pas restés plus braves que ceux qui nous ont battus à leur tour. Nos mœurs plus douces, mais nos meilleures, n'ont rien qui nous élève au-dessus d'eux. Notre Littérature seule, estimée de toutes les nations, étend l'empire de la langue française et nous obtient de l'Europe entière une prédilection avouée qui justifie, en l'honorant, la protection que le gouvernement lui accorde.

Et, comme chacun cherche toujours le seul avantage qui lui manque, c'est alors qu'on peut voir dans nos académies l'homme de la Cour siéger avec les gens de lettres, les talents personnels et la considération héritée se disputer ce noble objet, et les archives académiques se remplir presque également de papiers et de parchemins.

Revenons à *la Folle Journée.*

Un Monsieur de beaucoup d'esprit, mais qui l'économise un peu trop, me disait un soir au spectacle : « Expliquez-moi donc, je vous prie, pourquoi, dans votre pièce, on trouve autant de phrases négligées qui ne sont pas de votre style ? — De mon style, Monsieur ? Si par malheur j'en avais un, je m'efforcerais de l'oublier quand je fais une comédie, ne connaissant rien d'insipide au théâtre comme ces fades camaïeux où tout est bleu, où tout est rose, où tout est l'auteur, quel qu'il soit. »

Lorsque mon sujet me saisit, j'évoque tous mes personnages et les mets en situation : Songe à toi,

Figaro, ton maître va te deviner. — Sauvez-vous vite, Chérubin, c'est le Comte que vous touchez. — Ah! Comtesse, quelle imprudence, avec un époux si violent! — Ce qu'ils diront, je n'en sais rien ; c'est ce qu'ils feront qui m'occupe. Puis, quand ils sont bien animés, j'écris sous leur dictée rapide, sûr qu'ils ne me tromperont pas, que je reconnaîtrai Bazile, lequel n'a pas l'esprit de Figaro, qui n'a pas le ton noble du Comte, qui n'a pas la sensibilité de la Comtesse, qui n'a pas la gaieté de Suzanne, qui n'a pas l'espièglerie du page, et surtout aucun d'eux la sublimité de Brid'oison. Chacun y parle son langage : eh! que le dieu du naturel les préserve d'en parler d'autre! Ne nous attachons donc qu'à l'examen de leurs idées, et non à rechercher si j'ai dû leur prêter mon style.

Quelques malveillants ont voulu jeter de la défaveur sur cette phrase de Figaro : *Sommes-nous des soldats qui tuent et se font tuer pour des intérêts qu'ils ignorent ? Je veux savoir, moi, pourquoi je me fâche !* A travers le nuage d'une conception indigeste ils ont feint d'apercevoir *que je répands une lumière décourageante sur l'état pénible du soldat, et il y a des choses qu'il ne faut jamais dire.* Voilà dans toute sa force l'argument de la méchanceté ; reste à en prouver la bêtise.

Si, comparant la dureté du service à la modicité de la paye, ou discutant tel autre inconvénient de la guerre et comptant la gloire pour rien, je versais de la défaveur sur ce plus noble des affreux métiers, on me demanderait justement compte d'un mot indiscrètement échappé. Mais, du soldat au colonel, au général exclusivement, quel imbécile homme de guerre a jamais eu la prétention qu'il dût pénétrer les secrets du cabinet pour lesquels il fait la campagne? C'est de cela seul qu'il s'agit dans la phrase de Figaro. Que ce fou-là se montre, s'il existe ; nous l'enverrons étudier sous le philosophe *Babouc*, lequel éclaircit disertement ce point de discipline militaire.

En raisonnant sur l'usage que l'homme fait de sa liberté dans les occasions difficiles, Figaro pouvait également opposer à sa situation tout état qui exige une obéissance implicite : et le cénobite zélé, dont le devoir est de tout croire sans jamais rien examiner, comme le guerrier valeureux, dont la gloire est de tout affronter sur des ordres non motivés, de *tuer et se faire tuer pour des intérêts qu'il ignore.* Le mot de *Figaro* ne dit donc rien, sinon qu'un homme libre de ses actions doit agir sur d'autres principes que ceux dont le devoir est d'obéir aveuglément.

Qu'aurait-ce été, bon Dieu ! si j'avais fait usage d'un mot qu'on attribue au grand Condé, et que j'entends louer à outrance par ces mêmes logiciens qui déraisonnent sur ma phrase ? A les croire, le grand Condé montra la plus noble présence d'esprit, lorsque arrêtant Louis XIV prêt à pousser son cheval dans le Rhin, il dit à ce monarque : *Sire, avez-vous besoin du bâton de maréchal ?*

Heureusement on ne prouve nulle part que ce grand homme ait dit cette grande sottise. C'eût été dire au roi devant toute son armée : « Vous moquez-vous donc, Sire, de vous exposer dans un fleuve ? Pour courir de pareils dangers, il faut avoir besoin d'avancement ou de fortune ! »

Ainsi l'homme le plus vaillant, le plus grand général du siècle, aurait compté pour rien l'honneur, le patriotisme et la gloire ! un misérable calcul d'intérêt eût été, selon lui, le seul principe de la bravoure ! il eût dit là un affreux mot ! et si j'en avais pris le sens pour l'enfermer dans quelque trait, je mériterais le reproche qu'on fait gratuitement au mien.

Laissons donc les cerveaux fumeux louer ou blâmer, au hasard, sans se rendre compte de rien, s'extasier sur une sottise qui n'a pu jamais être dite, et proscrire un mot juste et simple qui ne montre que du bon sens.

Un autre reproche assez fort, mais dont je n'ai pu me laver, est d'avoir assigné pour retraite à la Comtesse un certain couvent d'*Ursulines*. « *Ursulines !* a dit un seigneur, joignant les mains avec éclat. — *Ursulines !* a dit une dame en se renversant de surprise sur un jeune Anglais de sa loge ; *Ursulines !* ah, Milord, si vous entendiez le français ! — Je sens, je sens beaucoup, Madame, dit le jeune homme en rougissant. — C'est qu'on n'a jamais mis au théâtre aucune femme aux *Ursulines* ! Abbé, parlez-nous donc ! L'abbé (toujours appuyée sur l'Anglais), comment trouvez-vous *Ursulines ?* — Fort indécent, répond l'abbé sans cesser de lorgner Suzanne. » Et tout le beau monde a répété : *Ursulines est fort indécent*. Pauvre auteur ! on te croit jugé, quand chacun songe à son affaire. En vain j'essayais d'établir que, dans l'événement de la scène, moins la Comtesse a dessein de se cloîtrer, plus elle doit le feindre et faire croire à son époux que sa retraite est bien choisie : ils ont proscrit mes *Ursulines*!

Dans le plus fort de la rumeur, moi, bonhomme! j'avais été jusqu'à prier une des actrices qui font le charme de ma pièce de demander aux mécontents à quel autre couvent de filles ils estimaient qu'il fût *décent* que l'on fît entrer la Comtesse? A moi, cela m'était égal, je l'aurais mise où l'on aurait voulu : aux *Augustines*, aux *Célestines*, aux *Clairettes*, aux *Visitandines*, même aux *Petites Cordelières*, tant je tiens peu aux *Ursulines*! Mais on agit si durement!

Enfin, le bruit croissant toujours, pour arranger l'affaire avec douceur, j'ai laissé le mot *Ursulines* à la place où je l'avais mis : chacun alors, content de soi, de tout l'esprit qu'il avait montré, s'est apaisé sur *Ursulines*, et l'on a parlé d'autre chose.

Je ne suis point, comme l'on voit, l'ennemi de mes ennemis. En disant bien du mal de moi, ils n'en ont point fait à ma pièce, et s'ils sentaient seulement autant de joie à la déchirer que j'eus de plaisir à la faire, il n'y aurait personne d'affligé. Le malheur est qu'ils ne rient point, et ils ne rient point à ma pièce parce qu'on ne rit point à la leur. Je connais plusieurs amateurs qui sont même beaucoup maigris depuis le succès du *Mariage* : excusons donc l'effet de leur colère.

A des moralités d'ensemble et de détail, répandues dans les flots d'une inaltérable gaieté, à un dialogue assez vif dont la facilité nous cache le travail, si l'auteur a joint une intrigue aisément filée, où l'art se dérobe sous l'art, qui se noue et se dénoue sans cesse à travers une foule de situations comiques, de tableaux piquants et variés qui soutiennent, sans la fatiguer, l'attention du public pendant les trois heures et demie que dure le même spectacle (essai que nul homme de lettres n'avait encore osé tenter!), que restait-il à faire à de pauvres méchants que tout cela irrite? attaquer, poursuivre l'auteur par des injures verbales, manuscrites, imprimées : c'est ce qu'on a fait sans relâche. Ils ont même épuisé jusqu'à la calomnie pour tâcher de me perdre dans l'esprit de tout ce qui influe en France sur le repos d'un citoyen. Heureusement que mon ouvrage est sous les yeux de la nation, qui depuis dix grands mois le voit, le juge et l'apprécie. Le laisser jouer tant qu'il fera plaisir est la seule vengeance que je me sois permise. Je n'écris point ceci pour les lecteurs actuels ; le récit d'un mal trop connu touche peu ; mais dans quatre-vingts ans il portera son fruit. Les auteurs de ce temps-là compareront leur sort au nôtre, et nos enfants sauront à quel prix on pouvait amuser leurs pères.

Allons au fait ; ce n'est pas tout cela qui blesse. Le vrai motif qui se cache, et qui dans les replis du cœur produit tous les autres reproches, est renfermé dans ce quatrain :

Pourquoi ce Figaro qu'on va tant écouter
Est-il avec fureur déchiré par les sots ?
Recevoir, prendre et demander :
Voilà le secret en trois mots.

En effet, Figaro, parlant du métier de courtisan, le définit dans ces termes sévères. Je ne puis le nier, je l'ai dit. Mais reviendrai-je sur ce point ? Si c'est un mal, le remède serait pire : il faudrait poser méthodiquement ce que je n'ai fait qu'indiquer, revenir à montrer qu'il n'y a point de synonyme en français entre *l'homme de la Cour*, *l'homme de Cour*, et *le Courtisan par métier*.

Il faudrait répéter qu'*homme de la Cour* peint seulement un noble état ; qu'il s'entend de l'homme de qualité vivant avec la noblesse et l'éclat que son rang lui impose ; que, si cet *homme de la Cour* aime le bien par goût, sans intérêt, si, loin de jamais nuire à personne, il se fait estimer de ses maîtres, aimer de ses égaux et respecter des autres, alors cette acception reçoit un nouveau lustre, et j'en connais plus d'un que je nommerais avec plaisir s'il en était question.

Il faudrait montrer qu'*homme de Cour*, en bon français, est moins l'énoncé d'un état que le résumé d'un caractère adroit, liant, mais réservé, pressant la main de tout le monde en glissant chemin à travers, menant finement son intrigue avec l'air de toujours servir, ne se faisant point d'ennemis, mais donnant, près d'un fossé, dans l'occasion, de l'épaule au meilleur ami pour assurer sa chute et le remplacer sur la crête, laissant à part tout préjugé qui pourrait ralentir sa marche, souriant à ce qui lui déplaît et critiquant ce qu'il approuve, selon les hommes qui l'écoutent ; dans les liaisons utiles de sa femme ou de sa maîtresse, ne voyant que ce qu'il doit voir, enfin...

Prenant tout, pour le faire court,
En véritable homme de Cour.

La Fontaine.

Cette acception n'est pas aussi défavorable que celle du *Courtisan par métier*, et c'est l'homme dont parle Figaro.

Mais, quand j'étendrais la définition de ce dernier, quand, parcourant tous les possibles, je le montrerais avec son maintien équivoque, haut et bas à la fois, rampant avec orgueil, ayant toutes les prétentions sans en justifier une, se donnant l'air du protègement pour se faire chef de parti, dénigrant tous les concurrents qui balanceraient son crédit, faisant un métier lucratif de ce qui ne devrait qu'honorer, vendant ses maîtresses à son maître, lui faisant payer ses plaisirs, etc., etc., et quatre pages d'etc., il faudrait toujours revenir au distique de Figaro : *Recevoir, prendre et demander : voilà le secret en trois mots.*

Pour ceux-ci, je n'en connais point ; il y en eut, dit-on, sous Henri III, sous d'autres rois encore, mais c'est l'affaire de l'historien ; et, quant à moi, je suis d'avis que les vicieux du siècle en sont comme les saints : qu'il faut cent ans pour les canoniser. Mais, puisque j'ai promis la critique de ma pièce, il faut enfin que je la donne.

En général son grand défaut est *que je ne l'ai point faite en observant le monde ; qu'elle ne peint rien de ce qui existe et ne rappelle jamais l'image de la société où l'on vit ; que ses mœurs basses et corrompues n'ont pas même le mérite d'être vraies.* Et c'est ce qu'on lisait dernièrement dans un beau discours imprimé, composé par un homme de bien, auquel il n'a manqué qu'un peu d'esprit pour être un écrivain médiocre. Mais, médiocre ou non, moi qui ne fis jamais usage de cette allure oblique et torse avec laquelle un sbire qui n'a pas l'air de vous regarder vous donne du stylet au flanc, je suis de l'avis de celui-ci. Je conviens qu'à la vérité, la génération passée ressemblait beaucoup à ma pièce, que la génération future lui ressemblera beaucoup aussi : mais que, pour la génération présente, elle ne lui ressemble aucunement ; que je n'ai jamais rencontré ni mari suborneur, ni seigneur libertin, ni courtisan avide, ni juge ignorant ou passionné, ni avocat injuriant, ni gens médiocres avancés, ni traducteur bassement jaloux ; et que, si des âmes pures, qui ne s'y reconnaissent point du tout, s'irritent contre ma pièce et la déchirent sans relâche, c'est uniquement par respect pour leurs grands-pères et sensibilité pour leur petits-enfants. J'espère, après cette déclaration, qu'on me laissera bien tranquille ; ET J'AI FINI.

CARACTÈRES ET HABILLEMENTS DE LA PIÈCE

LE COMTE ALMAVIVA doit être joué très noblement, mais avec grâce et liberté. La corruption du cœur ne doit rien ôter au *bon ton* de ses manières. Dans les mœurs *de ce temps-là*, les grands traitaient en badinant toute entreprise sur les femmes. Ce rôle est d'autant plus pénible à bien rendre que le personnage est toujours sacrifié. Mais, joué par un comédien excellent (M. *Molé*), il a fait ressortir tous les rôles et assuré le succès de la pièce.

Son vêtement du premier et second actes est un habit de chasse avec des bottines à mi-jambe de l'ancien costume espagnol. Du troisième acte jusqu'à la fin, un habit superbe de ce costume.

LA COMTESSE, agitée de deux sentiments contraires, ne doit montrer qu'une sensibilité réprimée, ou une colère très modérée ; rien surtout qui dégrade aux yeux du spectateur son caractère aimable et vertueux. Ce rôle, un des plus difficiles de la pièce, a fait infiniment d'honneur au grand talent de Mlle *Saint-Val* cadette.

Son vêtement du premier, second et quatrième actes est une lévite commode, et nul ornement sur la tête : elle est chez elle et censée incommodée. Au cinquième acte, elle a l'habillement et la haute coiffure de Suzanne.

FIGARO. L'on ne peut trop recommander à l'acteur qui jouera ce rôle de bien se pénétrer de son esprit, comme l'a fait M. *Dazincourt*. S'il y voyait autre chose que de la raison assaisonnée de gaieté et de saillies, surtout s'il y mettait la moindre charge, il avilirait un rôle que le premier comique du théâtre, M. *Préville*, a jugé devoir honorer le talent de tout comédien qui saurait en saisir les nuances multipliées et pourrait s'élever à son entière conception.

Son vêtement comme dans *le Barbier de Séville*.

SUZANNE. Jeune personne adroite, spirituelle et rieuse, mais non de cette gaieté presque effrontée de nos soubrettes corruptrices ; son jolie caractère est dessiné dans la Préface, et c'est là que l'actrice qui n'a point vu Mlle *Contat* doit l'étudier pour le bien rendre.

Son vêtement des quatre premiers actes est un juste blanc à basquines, très élégant, la jupe de même, avec une toque appelée depuis par nos marchandes : « *à la Suzanne* ». Dans la fête du quatrième acte, le Comte lui pose sur la tête une toque à long voile, à hautes plumes et à rubans blancs. Elle porte au cinquième acte la lévite de sa maîtresse, et nul ornement sur la tête.

MARCELINE est une femme d'esprit, née un peu vive, mais dont les fautes et l'expérience ont réformé le caractère. Si l'actrice qui le joue s'élève avec une fierté bien placée à la hauteur très morale qui suit la reconnaissance du troisième acte, elle ajoutera beaucoup à l'intérêt de l'ouvrage.

Son vêtement est celui des duègnes espagnoles, d'une couleur modeste, un bonnet noir sur la tête.

ANTONIO ne doit montrer qu'une demi-ivresse qui se dissipe par degrés, de sorte qu'au cinquième acte on n'en aperçoive presque plus.

Son vêtement est celui d'un paysan espagnol, où les manches pendent par derrière, un chapeau et des souliers blancs.

FANCHETTE est une enfant de douze ans, très naïve. Son petit habit est un juste brun avec des ganses et des boutons d'argent, la jupe de couleur tranchante, et une toque noire à plumes sur la tête. Il sera celui des autres paysannes de la noce.

CHÉRUBIN. Ce rôle ne peut être joué, comme il l'a été, que par une jeune et très jolie femme ; nous n'avons point à nos théâtres de très jeune homme assez formé pour en bien sentir les finesses. Timide à l'excès devant la Comtesse, ailleurs un charmant polisson ; un désir inquiet et vague est le fond de son caractère. Il s'élance à la puberté, mais sans projet, sans connaissances, et tout entier à chaque événement ; enfin il est ce que toute mère, au fond du cœur, voudrait peut-être que fût son fils, quoiqu'elle dût beaucoup en souffrir.

Son riche vêtement, aux premier et second actes, est celui d'un page de Cour espagnol, blanc et brodé d'argent ; le léger manteau bleu sur l'épaule, et un chapeau chargé de plumes. Au quatrième acte, il a le corset, la jupe et la toque des jeunes paysannes qui l'amènent. Au cinquième acte, un habit uniforme d'officier, une cocarde et une épée.

BARTHOLO. Le caractère et l'habit comme dans *le Barbier de Séville* ; il n'est ici qu'un rôle secondaire.

BAZILE. Caractère et vêtement comme dans *le Barbier de Séville* ; il n'est aussi qu'un rôle secondaire.

BRID'OISON doit avoir cette bonne et franche assurance des bêtes qui n'ont plus leur timidité. Son bégaiement n'est qu'une grâce de plus qui doit être à peine sentie, et l'acteur se tromperait lourdement et jouerait à contre sens s'il y cherchait le plaisant de son rôle. Il est tout entier dans l'opposition de la gravité de son état au ridicule du caractère, et moins l'acteur le chargera plus il montrera de vrai talent.

Son habit est une robe de juge espagnol, moins ample que celle de nos procureurs, presque une soutane ; une grosse perruque, une gonille ou rabat espagnol au cou, et une longue baguette blanche à la main.

DOUBLE-MAIN. Vêtu comme le juge, mais la baguette blanche plus courte.

L'HUISSIER OU ALGUAZIL. Habit, manteau, épée de Crispin, mais portée à son côté sans ceinture de cuir. Point de bottines, une chaussure noire, une perruque blanche naissante et longue à mille boucles, une courte baguette blanche.

GRIPE-SOLEIL. Habit de paysan, les manches pendantes ; veste de couleur tranchée, chapeau blanc.

UNE JEUNE BERGÈRE. Son vêtement comme celui de Fanchette.

PÉDRILLE. En veste, gilet, ceinture, fouet et bottes de poste, une récille sur la tête, chapeau de courrier.

PERSONNAGES MUETS, les uns en habits de juges, d'autres en habits de paysans, les autres en habits de livrée.

Placement des Acteurs

Pour faciliter les jeux du théâtre, on a eu l'attention d'écrire au commencement de chaque scène le nom des personnages dans l'ordre où le spectateur les voit. S'ils font quelque mouvement grave dans la scène, il est désigné par un nouvel ordre de noms, écrit en marge à l'instant qu'il arrive. Il est important de conserver les bonnes positions théâtrales ; le relâchement dans la tradition donnée par les premiers acteurs en produit bientôt un total dans le jeu des pièces, qui finit par assimiler les troupes négligentes aux plus faibles comédiens de société.

PERSONNAGES

LE COMTE ALMAVIVA, grand corrégidor d'Andalousie	*M. Molé.*
LA COMTESSE, sa femme	*Mlle Saint-Val.*
FIGARO, valet de chambre du Comte et concierge du château	*M. d'Azincourt.*
SUZANNE, première camariste de la Comtesse, et fiancée de Figaro	*Mlle Contat.*
MARCELINE, femme de charge	*Mlle Bellecourt,*
et ensuite	*Mlle la Chassaigne.*
ANTONIO, jardinier du château, oncle de Suzanne, et père de Fanchette	*M. Belmont.*
FANCHETTE, fille d'Antonio	*Mlle Laurent.*
CHÉRUBIN, premier page du Comte	*Mlle Olivier*
BARTHOLO, médecin de Séville	*M. Desessarts.*
BAZILE, maître de clavecin de la Comtesse	*M. Vanhove.*
DON GUSMAN BRID'OISON, lieutenant du siège	*M. Préville,*
et ensuite	*M. Dugazon.*
DOUBLE-MAIN, greffier, secrétaire de don Gusman	*M. Marsy.*
UN HUISSIER-AUDIENCIER	*M. la Rochelle.*
GRIPE-SOLEIL, jeune pastoureau	*M. Champville.*
UNE JEUNE BERGÈRE	*Mlle Dantier.*
PÉDRILLE, piqueur du Comte	*M. Florence.*

Personnages muets.

TROUPE DE VALETS.
TROUPE DE PAYSANNES.
TROUPE DE PAYSANS.

La scène se passe au château d'Aguas-Frescas, à trois lieues de Séville.

ACTE PREMIER

Le théâtre représente une chambre à demi démeublée, un grand fauteuil de malade est au milieu. Figaro, avec une toise, mesure le plancher. Suzanne attache à sa tête, devant une glace, le petit bouquet de fleurs d'orange appelé chapeau de la mariée.

SCÈNE PREMIÈRE

FIGARO, SUZANNE.

FIGARO. — Dix-neuf pieds sur vingt-six.

SUZANNE. — Tiens, Figaro, voilà mon petit chapeau : le trouves-tu mieux ainsi?

FIGARO *lui prend les mains.* — Sans comparaison, ma charmante. Oh! que ce joli bouquet virginal, élevé sur la tête d'une belle fille, est doux, le matin des noces, à l'œil amoureux d'un époux!...

SUZANNE *se retire.* — Que mesures-tu donc là, mon fils?

FIGARO. — Je regarde, ma petite Suzanne, si ce beau lit que Monseigneur nous donne aura bonne grâce ici.

SUZANNE. — Dans cette chambre?

FIGARO. — Il nous la cède.

SUZANNE. — Et moi, je n'en veux point.

FIGARO. — Pourquoi?

SUZANNE. — Je n'en veux point.

FIGARO. — Mais encore?

SUZANNE. — Elle me déplaît.

FIGARO. — On dit une raison.

SUZANNE. — Si je n'en veux pas dire?

FIGARO. — Oh! quand elles sont sûres de nous!

SUZANNE. — Prouver que j'ai raison serait accorder que je puis avoir tort. Es-tu mon serviteur, ou non?

FIGARO. — Tu prends de l'humeur contre la chambre du château la plus commode, et qui tient le milieu des deux appartements. La nuit, si Madame est incommodée, elle sonnera de son côté ; zeste! en deux pas tu es chez elle. Monseigneur veut-il quelque chose? il n'a qu'à tinter du sien ; crac! en trois sauts me voilà rendu.

SUZANNE. — Fort bien! mais quand il aura *tinté* le matin pour te donner quelque bonne et longue commission, zeste! en deux pas, il est à ma porte, et crac! en trois sauts...

FIGARO. — Qu'entendez-vous par ces paroles?

SUZANNE. — Il faudrait m'écouter tranquillement.

FIGARO. — Eh, qu'est-ce qu'il y a? bon Dieu!

SUZANNE. — Il y a, mon ami, que, las de courtiser les beautés des environs, Monsieur le Comte Almaviva veut rentrer au château, mais non pas chez sa femme ; c'est sur la tienne, entends-tu, qu'il a jeté ses vues, auxquelles il espère que ce logement ne nuira pas. Et c'est ce que le loyal Bazile, honnête agent de ses plaisirs et mon noble maître à chanter, me répète chaque jour, en me donnant leçon.

FIGARO. — Bazile! ô mon mignon! si jamais volée de bois vert, appliquée sur une échine, a dûment redressé la moelle épinière à quelqu'un...

SUZANNE. — Tu croyais, bon garçon! que cette dot qu'on me donne était pour les beaux yeux de ton mérite?

FIGARO. — J'avais assez fait pour l'espérer.

SUZANNE. — Que les gens d'esprit sont bêtes!

FIGARO. — On le dit.

SUZANNE. — Mais c'est qu'on ne veut pas le croire!

FIGARO. — On a tort.

SUZANNE. — Apprends qu'il la destine à obtenir de moi, secrètement, certain quart d'heure, seul à seule, qu'un ancien droit du seigneur... Tu sais s'il était triste!

FIGARO. — Je le sais tellement que, si Monsieur le Comte, en se mariant, n'eût pas aboli ce droit honteux, jamais je ne t'eusse épousée dans ses domaines.

SUZANNE. — Hé bien! s'il l'a détruit, il s'en repent ; et c'est de ta fiancée qu'il veut le racheter en secret aujourd'hui.

FIGARO, *se frottant la tête.* — Ma tête s'amollit de surprise, et mon front fertilisé...

SUZANNE. — Ne le frotte donc pas!

FIGARO. — Quel danger?

SUZANNE, *riant.* — S'il y venait un petit bouton, des gens superstitieux...

FIGARO. — Tu ris, friponne! Ah! s'il y avait moyen d'attraper ce grand trompeur, de le faire donner dans un bon piège, et d'empocher son or!

SUZANNE. — De l'intrigue et de l'argent ; te voilà dans ta sphère.

FIGARO. — Ce n'est pas la honte qui me retient.

SUZANNE. — La crainte ?

FIGARO. — Ce n'est rien d'entreprendre une chose dangereuse, mais d'échapper au péril en la menant à bien : car, d'entrer chez quelqu'un la nuit, de lui souffler sa femme et d'y recevoir cent coups de fouet pour la peine, il n'est rien plus aisé ; mille sots coquins l'ont fait. Mais... *(On sonne de l'intérieur.)*

SUZANNE. — Voilà Madame éveillée ; elle m'a bien recommandé d'être la première à lui parler le matin de mes noces.

FIGARO. — Y a-t-il encore quelque chose là-dessous ?

SUZANNE. — Le berger dit que cela porte bonheur aux épouses délaissées. Adieu, mon petit fi, fi, Figaro. Rêve à notre affaire.

FIGARO. — Pour m'ouvrir l'esprit, donne un petit baiser.

SUZANNE. — A mon amant aujourd'hui ? Je t'en souhaite ! Et qu'en dirait demain mon mari ? *(Figaro l'embrasse.)*

SUZANNE. — Hé bien ! hé bien !

FIGARO. — C'est que tu n'as pas d'idée de mon amour.

SUZANNE, *se défripant.* — Quand cesserez-vous, importun, de m'en parler du matin au soir ?

FIGARO, *mystérieusement.* — Quand je pourrai te le prouver du soir jusqu'au matin. *(On sonne une seconde fois.)*

SUZANNE, *de loin, les doigts unis sur sa bouche.* — Voilà votre baiser, Monsieur ; je n'ai plus rien à vous.

FIGARO *court après elle.* — Oh ! mais ce n'est pas ainsi que vous l'avez reçu...

SCÈNE II

FIGARO, *seul.*

La charmante fille ! toujours riante, verdissante, pleine de gaieté, d'esprit, d'amour et de délices ! mais sage... *(Il marche vivement en se frottant les mains.)* Ah, Monseigneur ! Mon cher Monseigneur ! vous voulez m'en donner... à garder ? Je cherchais aussi pourquoi m'ayant nommé concierge, il m'emmène à son ambassade, et m'établit courrier de dépêches. J'entends,

Monsieur le Comte : trois promotions à la fois ; vous, compagnon ministre ; moi, casse-cou politique, et Suzon dame du lieu, l'ambassadrice de poche, et puis fouette courrier! pendant que je galoperais d'un côté, vous feriez faire de l'autre à ma belle un joli chemin! me crottant, m'échinant pour la gloire de votre famille ; vous, daignant concourir à l'accroissement de la mienne! quelle douce réciprocité! Mais, Monseigneur, il y a de l'abus. Faire à Londres, en même temps, les affaires de votre maître et celles de votre valet! représenter, à la fois, le Roi et moi, dans une cour étrangère, c'est trop de moitié, c'est trop. — Pour toi, Bazile! fripon mon cadet! je veux t'apprendre à clocher devant les boiteux ; je veux... non, dissimulons avec eux, pour les enferrer l'un par l'autre. Attention sur la journée, Monsieur Figaro! D'abord avancer l'heure de votre petite fête, pour épouser plus sûrement ; écarter une Marceline, qui de vous est friande en diable ; empocher l'or et les présents ; donner le change aux petites passions de Monsieur le Comte ; étriller rondement Monsieur du Bazile et...

SCÈNE III

MARCELINE, BARTHOLO, FIGARO.

FIGARO *s'interrompt.* — ... Hé ééé, voilà le gros Docteur, la fête sera complète. Hé, bonjour, cher Docteur de mon cœur. Est-ce ma noce avec Suzon qui vous attire au château ?

BARTHOLO, *avec dédain.* — Ah, mon cher Monsieur, point du tout.

FIGARO. — Cela serait bien généreux!

BARTHOLO. — Certainement, et par trop sot.

FIGARO. — Moi qui eus le malheur de troubler la vôtre!

BARTHOLO. — Avez-vous autre chose à nous dire ?

FIGARO. — On n'aura pas pris soin de votre mule!

BARTHOLO, *en colère.* — Bavard enragé! laissez-nous.

FIGARO. — Vous vous fâchez, Docteur ? les gens de votre état sont bien durs! pas plus de pitié des pauvres animaux... en vérité... que si c'était des hommes! Adieu, Marceline : avez-vous toujours envie de plaider contre moi ?

Pour n'aimer pas, faut-il qu'on se haïsse ?

Je m'en rapporte au Docteur.

BARTHOLO. — Qu'est-ce que c'est ?

FIGARO. — Elle vous le contera de reste. *(Il sort.)*

SCÈNE IV

MARCELINE, BARTHOLO.

BARTHOLO *le regarde aller.* — Ce drôle est toujours le même ! et à moins qu'on ne l'écorche vif, je prédis qu'il mourra dans la peau du plus fier insolent...

MARCELINE *le retourne.* — Enfin vous voilà donc, éternel Docteur ? toujours si grave et compassé qu'on pourrait mourir en attendant vos secours, comme on s'est marié jadis, malgré vos précautions.

BARTHOLO. — Toujours amère et provoquante ! Hé bien, qui rend donc ma présence au château si nécessaire ? Monsieur le Comte a-t-il eu quelque accident ?

MARCELINE. — Non, Docteur.

BARTHOLO. — La Rosine, sa trompeuse comtesse, est-elle incommodée, Dieu merci ?

MARCELINE. — Elle languit.

BARTHOLO. — Et de quoi ?

MARCELINE. — Son mari la néglige.

BARTHOLO, *avec joie.* — Ah, le digne époux qui me venge !

MARCELINE. — On ne sait comment définir le Comte ; il est jaloux et libertin.

BARTHOLO. — Libertin par ennui, jaloux par vanité ; cela va sans dire.

MARCELINE. — Aujourd'hui, par exemple, il marie notre Suzanne à son Figaro qu'il comble en faveur de cette union...

BARTHOLO. — Que Son Excellence a rendue nécessaire !

MARCELINE. — Pas tout à fait ; mais dont Son Excellence voudrait égayer en secret l'événement avec l'épousée...

BARTHOLO. — De Monsieur Figaro ? C'est un marché qu'on peut conclure avec lui.

MARCELINE. — Bazile assure que non.

BARTHOLO. — Cet autre maraud loge ici ? C'est une caverne ! Hé, qu'y fait-il ?

MARCELINE. — Tout le mal dont il est capable. Mais le pis que j'y trouve, est cette ennuyeuse passion qu'il a pour moi, depuis si longtemps.

BARTHOLO. — Je me serais débarrassée vingt fois de sa poursuite.

MARCELINE. — De quelle manière?

BARTHOLO. — En l'épousant.

MARCELINE. — Railleur fade et cruel, que ne vous débarrassez-vous de la mienne à ce prix? ne le devez-vous pas? où est le souvenir de vos engagements? qu'est devenu celui de notre petit Emmanuel, ce fruit d'un amour oublié, qui devait nous conduire à des noces?

BARTHOLO, *ôtant son chapeau.* — Est-ce pour écouter ces sornettes, que vous m'avez fait venir de Séville? Et cet accès d'hymen qui vous reprend si vif...

MARCELINE. — Eh bien! n'en parlons plus. Mais si rien n'a pu vous porter à la justice de m'épouser, aidez-moi donc du moins à en épouser un autre.

BARTHOLO. — Ah! volontiers : parlons. Mais quel mortel abandonné du ciel et des femmes?...

MARCELINE. — Eh! qui pourrait-ce être, Docteur, sinon le beau, le gai, l'aimable Figaro?

BARTHOLO. — Ce fripon-là?

MARCELINE. — Jamais fâché; toujours en belle humeur; donnant le présent à la joie, et s'inquiétant de l'avenir tout aussi peu que du passé; sémillant, généreux! généreux...

BARTHOLO. — Comme un voleur.

MARCELINE. — Comme un seigneur. Charmant enfin; mais c'est le plus grand monstre!

BARTHOLO. — Et sa Suzanne?

MARCELINE. — Elle ne l'aurait pas, la rusée, si vous vouliez m'aider, mon petit Docteur, à faire valoir un engagement que j'ai de lui.

BARTHOLO. — Le jour de son mariage?

MARCELINE. — On en rompt de plus avancés : et si je ne craignais d'éventer un petit secret des femmes!...

BARTHOLO. — En ont-elles pour le médecin du corps?

MARCELINE. — Ah, vous savez que je n'en ai pas pour vous! Mon sexe est ardent, mais timide : un certain charme a beau nous attirer vers le plaisir, la femme la plus aventurée sent en elle une voix qui lui dit : « Sois belle si tu peux, sage si tu veux; mais sois considérée, il le faut. » Or, puisqu'il faut être au moins considérée, que toute femme en sent l'importance, effrayons d'abord la Suzanne sur la divulgation des offres qu'on lui fait.

BARTHOLO. — Où cela mènera-t-il?

MARCELINE. — Que la honte la prenant au collet, elle continuera de refuser le Comte, lequel, pour se venger, appuiera l'opposition que j'ai faite à son mariage ; alors le mien devient certain.

BARTHOLO. — Elle a raison. Parbleu, c'est un bon tour que de faire épouser ma vieille gouvernante, au coquin qui fit enlever ma jeune maîtresse.

MARCELINE, *vite*. — Et qui croit ajouter à ses plaisirs, en trompant mes espérances.

BARTHOLO, *vite*. — Et qui m'a volé dans le temps, cent écus que j'ai sur le cœur.

MARCELINE. — Ah! quelle volupté!...

BARTHOLO. — De punir un scélérat...

MARCELINE. — De l'épouser, Docteur, de l'épouser.

SCÈNE V

MARCELINE, BARTHOLO, SUZANNE.

SUZANNE, *un bonnet de femme avec un large ruban dans la main, une robe de femme sur le bras*. — L'épouser! l'épouser! qui donc? Mon Figaro?

MARCELINE, *aigrement*. — Pourquoi non? Vous l'épousez bien!

BARTHOLO, *riant*. — Le bon argument de femme en colère! Nous parlions, belle Suzon, du bonheur qu'il aura de vous posséder.

MARCELINE. — Sans compter Monseigneur, dont on ne parle pas.

SUZANNE, *une révérence*. — Votre servante, Madame ; il y a toujours quelque chose d'amer dans vos propos.

MARCELINE, *une révérence*. — Bien la vôtre, Madame ; où donc est l'amertume? N'est-il pas juste qu'un libéral seigneur partage un peu la joie qu'il procure à ses gens?

SUZANNE. — Qu'il procure?

MARCELINE. — Oui, Madame.

SUZANNE. — Heureusement la jalousie de Madame est aussi connue, que ses droits sur Figaro sont légers.

MARCELINE. — On eût pu les rendre plus forts, en les cimentant à la façon de Madame.

SUZANNE. — Oh! cette façon, Madame, est celle des dames savantes.

MARCELINE. — Et l'enfant ne l'est pas du tout! Innocente comme un vieux juge!

BARTHOLO, *attirant Marceline.* — Adieu, jolie fiancée de notre Figaro.

MARCELINE, *une révérence.* — L'accordée secrète de Monseigneur.

SUZANNE, *une révérence.* — Qui vous estime beaucoup, Madame.

MARCELINE, *une révérence.* — Me fera-t-elle aussi l'honneur de me chérir un peu, Madame?

SUZANNE, *une révérence.* — A cet égard, Madame n'a rien à désirer.

MARCELINE, *une révérence.* — C'est une si jolie personne que Madame!

SUZANNE, *une révérence.* — Eh mais, assez pour désoler Madame.

MARCELINE, *une révérence.* — Surtout bien respectable!

SUZANNE, *une révérence.* — C'est aux duègnes à l'être.

MARCELINE, *outrée.* — Aux duègnes! aux duègnes!

BARTHOLO, *l'arrêtant.* — Marceline!

MARCELINE. — Allons, Docteur ; car je n'y tiendrais pas. Bonjour, Madame *(Une révérence.)*

SCÈNE VI

SUZANNE, *seule.*

Allez, Madame! allez, pédante! je crains aussi peu vos efforts, que je méprise vos outrages. — Voyez cette vieille sibylle! parce qu'elle a fait quelques études et tourmenté la jeunesse de Madame, elle veut tout dominer au château! *(Elle jette la robe qu'elle tient, sur une chaise.)* Je ne sais plus ce que je venais prendre.

SCÈNE VII

SUZANNE, CHÉRUBIN.

CHÉRUBIN, *accourant.* — Ah, Suzon! depuis deux heures j'épie le moment de te trouver seule. Hélas! tu te maries, et moi je vais partir.

SUZANNE. — Comment mon mariage éloigne-t-il du château le premier page de Monseigneur?

CHÉRUBIN, *piteusement.* — Suzanne, il me renvoie.

SUZANNE *le contrefait.* — Chérubin, quelque sottise!

CHÉRUBIN. — Il m'a trouvé hier au soir chez ta cousine Fanchette, à qui je faisais répéter son petit rôle d'innocente, pour la fête de ce soir : il s'est mis dans une fureur, en me voyant! — *Sortez*, m'a-t-il dit, *petit*... Je n'ose pas prononcer devant une femme le gros mot qu'il a dit : *Sortez; et demain vous ne coucherez pas au château*. Si Madame, si ma belle marraine ne parvient pas à l'apaiser, c'est fait, Suzon, je suis à jamais privé du bonheur de te voir.

SUZANNE. — De me voir! moi? c'est mon tour! Ce n'est donc plus pour ma maîtresse que vous soupirez en secret?

CHÉRUBIN. — Ah, Suzon, qu'elle est noble et belle! mais qu'elle est imposante!

SUZANNE. — C'est-à-dire que je ne le suis pas, et qu'on peut oser avec moi...

CHÉRUBIN. — Tu sais trop bien, méchante, que je n'ose pas oser. Mais que tu es heureuse! à tous moments la voir, lui parler, l'habiller le matin et la déshabiller le soir, épingle à épingle... ah, Suzon, je donnerais... Qu'est-ce que tu tiens donc là?

SUZANNE, *raillant*. — Hélas, l'heureux bonnet, et le fortuné ruban qui renferment la nuit les cheveux de cette belle marraine...

CHÉRUBIN, *vivement*. — Son ruban de nuit! donne-le-moi, mon cœur.

SUZANNE, *le retirant*. — Eh que non pas ; *son cœur!* Comme il est familier donc! si ce n'était pas un morveux sans conséquence. *(Chérubin arrache le ruban.)* Ah, le ruban!

CHÉRUBIN *tourne autour du grand fauteuil*. — Tu diras qu'il est égaré, gâté ; qu'il est perdu. Tu diras tout ce que tu voudras.

SUZANNE *tourne après lui*. — Oh! dans trois ou quatre ans, je prédis que vous serez le plus grand petit vaurien!... Rendez-vous le ruban? *(Elle veut le reprendre.)*

CHÉRUBIN *tire une romance de sa poche*. — Laisse, ah, laisse-le-moi, Suzon ; je te donnerai ma romance, et pendant que le souvenir de ta belle maîtresse attristera tous mes moments, le tien y versera le seul rayon de joie, qui puisse encore amuser mon cœur.

SUZANNE *arrache la romance*. — Amuser votre cœur, petit scélérat! vous croyez parler à votre Fanchette ; on vous surprend chez elle ; et vous soupirez pour Madame ; et vous m'en contez à moi, par-dessus le marché!

CHÉRUBIN, *exalté*. — Cela est vrai, d'honneur! je ne

sais plus ce que je suis ; mais depuis quelque temps je sens ma poitrine agitée ; mon cœur palpite au seul aspect d'une femme ; les mots *amour* et *volupté* le font tressaillir et le troublent. Enfin le besoin de dire à quelqu'un *je vous aime* est devenu pour moi si pressant, que je le dis tout seul, en courant dans le parc, à ta maîtresse, à toi, aux arbres, aux nuages, au vent qui les emporte avec mes paroles perdues. — Hier je rencontrai Marceline...

SUZANNE, *riant.* — Ah, ah, ah, ah!

CHÉRUBIN. — Pourquoi non? elle est femme! elle est fille! une fille! une femme! ah que ces noms sont doux! qu'ils sont intéressants!

SUZANNE. — Il devient fou!

CHÉRUBIN. — Fanchette est douce ; elle m'écoute au moins ; tu ne l'es pas, toi!

SUZANNE. — C'est bien dommage ; écoutez donc Monsieur! *(Elle veut arracher le ruban.)*

CHÉRUBIN *tourne en fuyant.* — Ah! ouiche! on ne l'aura, vois-tu, qu'avec ma vie. Mais, si tu n'es pas contente du prix, j'y joindrai mille baisers. *(Il lui donne chasse à son tour.)*

SUZANNE *tourne en fuyant.* — Mille soufflets, si vous approchez. Je vais m'en plaindre à ma maîtresse ; et, loin de supplier pour vous, je dirai moi-même à Monseigneur : « C'est bien fait, Monseigneur ; chassez-nous ce petit voleur ; renvoyez à ses parents un petit mauvais sujet qui se donne les airs d'aimer Madame, et qui veut toujours m'embrasser par contre-coup. »

CHÉRUBIN *voit le Comte entrer ; il se jette derrière le fauteuil avec effroi.* — Je suis perdu!

SUZANNE. — Quelle frayeur?

SCÈNE VIII

SUZANNE, LE COMTE, CHÉRUBIN, *caché.*

SUZANNE *aperçoit le Comte.* — Ah!... *(Elle s'approche du fauteuil pour masquer Chérubin.)*

LE COMTE *s'avance.* — Tu es émue, Suzon! tu parlais seule, et ton petit cœur paraît dans une agitation... bien pardonnable, au reste, un jour comme celui-ci.

SUZANNE, *troublée.* — Monseigneur, que me voulez-vous? Si l'on vous trouvait avec moi...

LE COMTE. — Je serais désolé qu'on m'y surprît ;

mais tu sais tout l'intérêt que je prends à toi. Bazile ne t'a pas laissé ignorer mon amour. Je n'ai qu'un instant pour t'expliquer mes vues ; écoute. *(Il s'assied dans le fauteuil.)*

SUZANNE, *vivement.* — Je n'écoute rien.

LE COMTE *lui prend la main.* — Un seul mot. Tu sais que le Roi m'a nommé son ambassadeur à Londres. J'emmène avec moi Figaro : je lui donne un excellent poste ; et comme le devoir d'une femme est de suivre son mari...

SUZANNE. — Ah, si j'osais parler!

LE COMTE *la rapproche de lui.* — Parle, parle, ma chère ; use aujourd'hui d'un droit que tu prends sur moi pour la vie.

SUZANNE, *effrayée.* — Je n'en veux point, Monseigneur, je n'en veux point. Quittez-moi, je vous prie.

LE COMTE. — Mais dis auparavant.

SUZANNE, *en colère.* — Je ne sais plus ce que je disais.

LE COMTE. — Sur le devoir des femmes.

SUZANNE. — Eh bien! lorsque Monseigneur enleva la sienne de chez le Docteur, et qu'il l'épousa par amour, lorsqu'il abolit pour elle un certain affreux droit du seigneur...

LE COMTE, *gaiement.* — Qui faisait bien de la peine aux filles! ah Suzette! ce droit charmant! Si tu venais en jaser sur la brune au jardin, je mettrais un tel prix à cette légère faveur...

BAZILE *parle en dehors.* — Il n'est pas chez lui, Monseigneur.

LE COMTE *se lève.* — Quelle est cette voix?

SUZANNE. — Que je suis malheureuse!

LE COMTE. — Sors, pour qu'on n'entre pas.

SUZANNE, *troublée.* — Que je vous laisse ici?

BAZILE *crie en dehors.* — Monseigneur était chez Madame, il en est sorti : je vais voir.

LE COMTE. — Et pas un lieu pour se cacher! ah! derrière ce fauteuil... assez mal ; mais renvoie-le bien vite. *(Suzanne lui barre le chemin ; il la pousse doucement, elle recule, et se met ainsi entre lui et le petit page ; mais pendant que le Comte s'abaisse et prend sa place, Chérubin tourne et se jette effrayé sur le fauteuil à genoux, et s'y blottit. Suzanne prend la robe qu'elle apportait, en couvre le page, et se met devant le fauteuil.)*

SCÈNE IX

LE COMTE *et* CHÉRUBIN, *cachés*, SUZANNE, BAZILE.

BAZILE. — N'auriez-vous pas vu Monseigneur, Mademoiselle ?

SUZANNE, *brusquement*. — Hé pourquoi l'aurais-je vu ? Laissez-moi.

BAZILE *s'approche*. — Si vous étiez plus raisonnable, il n'y aurait rien d'étonnant à ma question. C'est Figaro qui le cherche.

SUZANNE. — Il cherche donc l'homme qui lui veut le plus de mal après vous ?

LE COMTE, *à part*. — Voyons un peu comme il me sert.

BAZILE. — Désirer du bien à une femme, est-ce vouloir du mal à son mari ?

SUZANNE. — Non, dans vos affreux principes, agent de corruption.

BAZILE. — Que vous demande-t-on ici que vous n'alliez prodiguer à un autre ? Grâce à la douce cérémonie, ce qu'on vous défendait hier, on vous le prescrira demain.

SUZANNE. — Indigne !

BAZILE. — De toutes les choses sérieuses, le mariage étant la plus bouffonne, j'avais pensé...

SUZANNE, *outrée*. — Des horreurs ! Qui vous permet d'entrer ici ?

BAZILE. — Là, là, mauvaise ! Dieu vous apaise ! il n'en sera que ce que vous voulez : mais ne croyez pas non plus que je regarde Monsieur Figaro comme l'obstacle qui nuit à Monseigneur ; et sans le petit page...

SUZANNE, *timidement*. — Don Chérubin ?

BAZILE *la contrefait*. — *Cherubino di amore*, qui tourne autour de vous sans cesse, et qui, ce matin encore, rôdait ici pour y entrer, quand je vous ai quittée ; dites que cela n'est pas vrai ?

SUZANNE. — Quelle imposture ! Allez-vous-en, méchant homme !

BAZILE. — On est un méchant homme, parce qu'on y voit clair. N'est-ce pas pour vous aussi cette romance dont il fait mystère ?

SUZANNE, *en colère*. — Ah ! oui, pour moi !...

BAZILE. — A moins qu'il ne l'ait composée pour Madame ! en effet, quand il sert à table on dit qu'il la regarde avec des yeux !... mais, peste, qu'il ne s'y joue pas ; Monseigneur est *brutal* sur l'article.

SUZANNE, *outrée*. — Et vous bien scélérat, d'aller semant de pareils bruits pour perdre un malheureux enfant tombé dans la disgrâce de son maître.

BAZILE. — L'ai-je inventé? Je le dis, parce que tout le monde en parle.

LE COMTE *se lève*. — Comment, tout le monde en parle!

SUZANNE*. — Ah Ciel!

BAZILE. — Ha, ha!

LE COMTE. — Courez Bazile, et qu'on le chasse.

BAZILE. — Ah, que je suis fâché d'être entré !

SUZANNE, *troublée*. — Mon Dieu! Mon Dieu!

LE COMTE, *à Bazile*. — Elle est saisie. Asseyons-la dans ce fauteuil.

SUZANNE *le repousse vivement*. — Je ne veux pas m'asseoir. Entrer ainsi librement, c'est indigne!

LE COMTE. — Nous sommes deux avec toi, ma chère. Il n'y a plus le moindre danger!

BAZILE. — Moi je suis désolé de m'être égayé sur le page, puisque vous l'entendiez. Je n'en usais ainsi, que pour pénétrer ses sentiments ; car au fond...

LE COMTE. — Cinquante pistoles, un cheval, et qu'on le renvoie à ses parents.

BAZILE. — Monseigneur, pour un badinage?

LE COMTE. — Un joli libertin que j'ai surpris encore hier avec la fille du jardinier.

BAZILE. — Avec Fanchette?

LE COMTE. — Et dans sa chambre.

SUZANNE, *outrée*. — Où Monseigneur avait sans doute affaire aussi!

LE COMTE, *gaiement*. — J'en aime assez la remarque.

BAZILE. — Elle est d'un bon augure.

LE COMTE, *gaiement*. — Mais non ; j'allais chercher ton oncle Antonio, mon ivrogne de jardinier, pour lui donner des ordres. Je frappe, on est longtemps à m'ouvrir ; ta cousine a l'air empêtré, je prends un soupçon, je lui parle, et, tout en causant, j'examine. Il y avait derrière la porte une espèce de rideau, de portemanteau, de je ne sais pas quoi, qui couvrait des hardes ; sans faire semblant de rien, je vais doucement, doucement lever ce rideau. *(Pour imiter le geste il lève la robe du fauteuil.)* et je vois... *(Il aperçoit le page.)* Ah...

* Chérubin dans le fauteuil, le Comte, Suzanne, Bazile.

BAZILE*. — Ha, ha!

LE COMTE. — Ce tour-ci vaut l'autre.

BAZILE. — Encore mieux.

LE COMTE, *à Suzanne.* — A merveilles, Mademoiselle : à peine fiancée vous faites de ces apprêts? C'était pour recevoir mon page que vous désiriez d'être seule? Et vous, Monsieur, qui ne changez point de conduite, il vous manquait de vous adresser, sans respect pour votre marraine, à sa première camariste, à la femme de votre ami! mais je ne souffrirai point que Figaro, qu'un homme que j'estime, et que j'aime, soit victime d'une pareille tromperie : était-il avec vous, Bazile?

SUZANNE, *outrée.* — Il n'y a tromperie, ni victime ; il était là lorsque vous me parliez.

LE COMTE, *emporté.* — Puisses-tu mentir en le disant! son plus cruel ennemi n'oserait lui souhaiter ce malheur.

SUZANNE. — Il me priait d'engager Madame à vous demander sa grâce. Votre arrivée l'a si fort troublé, qu'il s'est masqué de ce fauteuil.

LE COMTE, *en colère.* — Ruse d'enfer! je m'y suis assis en entrant.

CHÉRUBIN. — Hélas, Monseigneur, j'étais tremblant derrière.

LE COMTE. — Autre fourberie! je viens de m'y placer moi-même.

CHÉRUBIN. — Pardon, mais c'est alors que je me suis blotti dedans.

LE COMTE, *plus outré.* — C'est donc une couleuvre, que ce petit... serpent-là! Il nous écoutait!

CHÉRUBIN. — Au contraire, Monseigneur, j'ai fait ce que j'ai pu pour ne rien entendre.

LE COMTE. — O perfidie! *(A Suzanne.)* Tu n'épouseras pas Figaro.

BAZILE. — Contenez-vous, on vient.

LE COMTE, *tirant Chérubin du fauteuil et le mettant sur ses pieds.* — Il resterait là devant toute la terre!

SCÈNE X

CHÉRUBIN, SUZANNE, FIGARO, LA COMTESSE, LE COMTE, FANCHETTE, BAZILE ; BEAUCOUP DE VALETS, PAYSANNES, PAYSANS, *vêtus de blanc.*

FIGARO, *tenant une toque de femme, garnie de plumes blanches et de rubans blancs, parle à la Comtesse.* — Il

* Suzanne, Chérubin dans le fauteuil, le Comte, Bazile.

n'y a que vous, Madame, qui puissiez nous obtenir cette faveur.

LA COMTESSE. — Vous les voyez, Monsieur le Comte, ils me supposent un crédit que je n'ai point : mais comme leur demande n'est pas déraisonnable...

LE COMTE, *embarrassé.* — Il faudrait qu'elle le fût beaucoup...

FIGARO, *bas à Suzanne.* — Soutiens bien mes efforts.

SUZANNE, *bas à Figaro.* — Qui ne mèneront à rien.

FIGARO, *bas.* — Va toujours.

LE COMTE, *à Figaro.* — Que voulez-vous ?

FIGARO. — Monseigneur, vos vassaux touchés de l'abolition d'un certain droit fâcheux, que votre amour pour Madame...

LE COMTE. — Hé bien, ce droit n'existe plus, que veux-tu dire ?

FIGARO, *malignement.* — Qu'il est bien temps que la vertu d'un si bon maître éclate ; elle m'est d'un tel avantage aujourd'hui, que je désire être le premier à la célébrer à mes noces.

LE COMTE, *plus embarrassé.* — Tu te moques, ami ! l'abolition d'un droit honteux n'est que l'acquit d'une dette envers l'honnêteté. Un Espagnol peut vouloir conquérir la beauté par des soins ; mais en exiger le premier, le plus doux emploi, comme une servile redevance, ah, c'est la tyrannie d'un Vandale, et non le droit avoué d'un noble Castillan.

FIGARO, *tenant Suzanne par la main.* — Permettez donc que cette jeune créature, de qui votre sagesse à préservé l'honneur, reçoive de votre main, publiquement, la toque virginale, ornée de plumes et de rubans blancs, symbole de la pureté de vos intentions : — adoptez-en la cérémonie pour tous les mariages, et qu'un quatrain chanté en chœur rappelle à jamais le souvenir...

LE COMTE, *embarrassé.* — Si je ne savais pas qu'amoureux, poète et musicien sont trois titres d'indulgence pour toutes les folies...

FIGARO. — Joignez-vous à moi, mes amis !

TOUS ENSEMBLE. — Monseigneur ! Monseigneur !

SUZANNE, *au Comte.* — Pourquoi fuir un éloge que vous méritez si bien ?

LE COMTE, *à part.* — La perfide !

FIGARO. — Regardez-la donc, Monseigneur ; jamais

plus jolie fiancée ne montrera mieux la grandeur de votre sacrifice.

SUZANNE. — Laissez là ma figure, et ne vantons que sa vertu.

LE COMTE, *à part.* — C'est un jeu que tout ceci.

LA COMTESSE. — Je me joins à eux, Monsieur le Comte ; et cette cérémonie me sera toujours chère, puisqu'elle doit son motif à l'amour charmant que vous aviez pour moi.

LE COMTE. — Que j'ai toujours, Madame ; et c'est à ce titre que je me rends.

TOUS ENSEMBLE. — Vivat!

LE COMTE, *à part.* — Je suis pris ; *(Haut.)* pour que la cérémonie eût un peu plus d'éclat, je voudrais seulement, qu'on la remît à tantôt. *(A part.)* Faisons vite chercher Marceline.

FIGARO, *à Chérubin.* — Eh bien, espiègle! vous n'applaudissez pas?

SUZANNE. — Il est au désespoir ; Monseigneur le renvoie.

LA COMTESSE. — Ah! Monsieur, je demande sa grâce.

LE COMTE. — Il ne la mérite point.

LA COMTESSE. — Hélas! il est si jeune!

LE COMTE. — Pas tant que vous le croyez.

CHÉRUBIN, *tremblant.* — Pardonner généreusement n'est pas le droit du seigneur auquel vous avez renoncé en épousant Madame.

LA COMTESSE. — Il n'a renoncé qu'à celui qui vous affligeait tous.

SUZANNE. — Si Monseigneur avait cédé le droit de pardonner, ce serait sûrement le premier qu'il voudrait racheter en secret.

LE COMTE, *embarrassé.* — Sans doute.

LA COMTESSE. — Et pourquoi le racheter?

CHÉRUBIN, *au Comte.* — Je fus léger dans ma conduite, il est vrai, Monseigneur ; mais jamais la moindre indiscrétion dans mes paroles...

LE COMTE, *embarrassé.* — Eh bien, c'est assez...

FIGARO. — Qu'entend-il?

LE COMTE, *vivement.* — C'est assez, c'est assez, tout le monde exige son pardon, je l'accorde, et j'irai plus loin : je lui donne une compagnie dans ma légion.

TOUS ENSEMBLE. — Vivat!

LE COMTE. — Mais c'est à condition qu'il partira sur-le-champ pour joindre en Catalogne.

FIGARO. — Ah ! Monseigneur, demain.

LE COMTE *insiste.* — Je le veux.

CHÉRUBIN. — J'obéis.

LE COMTE. — Saluez votre marraine, et demandez sa protection. *(Chérubin met un genou en terre devant la Comtesse, et ne peut parler.)*

LA COMTESSE, *émue.* — Puisqu'on ne peut vous garder seulement aujourd'hui, partez, jeune homme. Un nouvel état vous appelle ; allez le remplir dignement. Honorez votre bienfaiteur. Souvenez-vous de cette maison, où votre jeunesse a trouvé tant d'indulgence. Soyez soumis, honnête et brave ; nous prendrons part à vos succès. *(Chérubin se relève, et retourne à sa place.)*

LE COMTE. — Vous êtes bien émue, Madame !

LA COMTESSE. — Je ne m'en défends pas. Qui sait le sort d'un enfant jeté dans une carrière aussi dangereuse ! Il est allié de mes parents ; et de plus, il est mon filleul.

LE COMTE, *à part.* — Je vois que Bazile avait raison. *(Haut.)* Jeune homme, embrassez Suzanne... pour la dernière fois.

FIGARO. — Pourquoi cela, Monseigneur ? Il viendra passer ses hivers. Baise-moi donc aussi, Capitaine ! *(Il l'embrasse.)* Adieu, mon petit Chérubin. Tu vas mener un train de vie bien différent, mon enfant : dame ! tu ne rôderas plus tout le jour au quartier des femmes ; plus d'échaudés, de goûters à la crème ; plus de main-chaude ou de colin-maillard. De bons soldats, morbleu ! basanés, mal vêtus ; un grand fusil bien lourd ; tourne à droite, tourne à gauche, en avant, marche à la gloire ; et ne va pas broncher en chemin ; à moins qu'un bon coup de feu...

SUZANNE. — Fi donc, l'horreur !

LA COMTESSE. — Quel pronostic !

LE COMTE. — Où donc est Marceline ? Il est bien singulier qu'elle ne soit pas des vôtres !

FANCHETTE. — Monseigneur, elle a pris le chemin du bourg, par le petit sentier de la ferme.

LE COMTE. — Et elle en reviendra ?...

BAZILE. — Quand il plaira à Dieu.

FIGARO. — S'il lui plaisait qu'il ne lui plût jamais.

FANCHETTE. — Monsieur le Docteur lui donnait le bras.

LE COMTE, *vivement.* — Le Docteur est ici ?

BAZILE. — Elle s'en est d'abord emparée...

LE COMTE, *à part*. — Il ne pouvait venir plus à propos.

FANCHETTE. — Elle avait l'air bien échauffée, elle parlait tout haut en marchant, puis elle s'arrêtait, et faisait comme ça, de grands bras... et Monsieur le Docteur lui faisait, comme ça, de la main, en l'apaisant : elle paraissait si courroucée ! elle nommait mon cousin Figaro.

LE COMTE *lui prend le menton*. — Cousin... futur.

FANCHETTE, *montrant Chérubin*. — Monseigneur, nous avez-vous pardonné d'hier ?...

LE COMTE *interrompt*. — Bonjour, bonjour, petite.

FIGARO. — C'est son chien d'amour qui la berce ; elle aurait troublé notre fête.

LE COMTE, *à part*. — Elle la troublera, je t'en réponds. *(Haut.)* Allons, Madame, entrons. Bazile, vous passerez chez moi.

SUZANNE, *à Figaro*. — Tu me rejoindras, mon fils ?

FIGARO, *bas à Suzanne*. — Est-il bien enfilé ?

SUZANNE, *bas*. — Charmant garçon !

Ils sortent tous.

SCÈNE XI

CHÉRUBIN, FIGARO, BAZILE.

Pendant qu'on sort, Figaro les arrête tous deux et les ramène.

FIGARO. — Ah çà, vous autres ! la cérémonie adoptée, ma fête de ce soir en est la suite ; il faut bravement nous recorder : ne faisons point comme ces acteurs qui ne jouent jamais si mal que le jour où la critique est la plus éveillée. Nous n'avons point de lendemain qui nous excuse, nous. Sachons bien nos rôles aujourd'hui.

BAZILE, *malignement*. — Le mien est plus difficile que tu ne crois.

FIGARO, *faisant, sans qu'il le voie, le geste de le rosser*. — Tu es loin aussi de savoir tout le succès qu'il te vaudra.

CHÉRUBIN. — Mon ami, tu oublies que je pars.

FIGARO. — Et toi, tu voudrais bien rester !

CHÉRUBIN. — Ah ! si je le voudrais !

FIGARO. — Il faut ruser. Point de murmure à ton départ. Le manteau de voyage à l'épaule ; arrange ouvertement ta trousse, et qu'on voie ton cheval à la grille ; un temps de galop jusqu'à la ferme ; reviens à pied par les derrières ; Monseigneur te croira parti ; tiens-toi seulement hors de sa vue ; je me charge de l'apaiser après la fête.

CHÉRUBIN. — Mais Fanchette qui ne sait pas son rôle !

BAZILE. — Que diable lui apprenez-vous donc, depuis huit jours que vous ne la quittez pas ?

FIGARO. — Tu n'as rien à faire aujourd'hui, donne-lui par grâce une leçon.

BAZILE. — Prenez garde, jeune homme, prenez garde ! le père n'est pas satisfait; la fille a été souffletée ; elle n'étudie pas avec vous : Chérubin ! Chérubin ! vous lui causerez des chagrins ! *tant va la cruche à l'eau... !*

FIGARO. — Ah ! voilà notre imbécile, avec ses vieux proverbes ! Hé bien ! pédant ! que dit la sagesse des nations ? *tant va la cruche à l'eau, qu'à la fin...*

BAZILE. — Elle s'emplit.

FIGARO, *en s'en allant.* — Pas si bête, pourtant, pas si bête !

ACTE II

Le théâtre représente une chambre à coucher superbe, un grand lit en alcôve, une estrade au devant. La porte pour entrer s'ouvre et se ferme à la troisième coulisse à droite ; celle d'un cabinet, à la première coulisse à gauche. Une porte dans le fond va chez les femmes. Une fenêtre s'ouvre de l'autre côté.

SCÈNE PREMIÈRE

SUZANNE, LA COMTESSE *entrent par la porte à droite.*

LA COMTESSE *se jette dans une bergère.* — Ferme la porte, Suzanne, et conte-moi tout, dans le plus grand détail.

SUZANNE. — Je n'ai rien caché à Madame.

LA COMTESSE. — Quoi, Suzon, il voulait te séduire?

SUZANNE. — Oh! que non. Monseigneur n'y met pas tant de façon avec sa servante : il voulait m'acheter.

LA COMTESSE. — Et le petit page était présent?

SUZANNE. — C'est-à-dire, caché derrière le grand fauteuil. Il venait me prier de vous demander sa grâce.

LA COMTESSE. — Eh! pourquoi ne pas s'adresser à moi-même ; est-ce que je l'aurais refusé, Suzon?

SUZANNE. — C'est ce que j'ai dit : mais ses regrets de partir, et surtout de quitter Madame! *Ah ! Suzon, qu'elle est noble et belle ! mais qu'elle est imposante !*

LA COMTESSE. — Est-ce que j'ai cet air-là, Suzon? moi qui l'ai toujours protégé.

SUZANNE. — Puis il a vu votre ruban de nuit que je tenais, il s'est jeté dessus...

LA COMTESSE, *souriant.* — Mon ruban?... quelle enfance!

SUZANNE. — J'ai voulu le lui ôter ; Madame, c'était un lion ; ses yeux brillaient... Tu ne l'auras qu'avec ma vie, disait-il, en forçant sa petite voix douce et grêle.

LA COMTESSE, *rêvant.* — Eh bien, Suzon?

SUZANNE. — Eh bien, Madame, est-ce qu'on peut faire finir ce petit démon-là? Ma marraine par-ci ; je voudrais bien par l'autre ; et parce qu'il n'oserait seulement baiser la robe de Madame, il voudrait toujours m'embrasser, moi.

LA COMTESSE, *rêvant.* — Laissons... laissons ces folies. Enfin, ma pauvre Suzanne, mon époux a fini par te dire ?

SUZANNE. — Que si je ne voulais pas l'entendre, il allait protéger Marceline.

LA COMTESSE *se lève et se promène, en se servant fortement de l'éventail.* — Il ne m'aime plus du tout.

SUZANNE. — Pourquoi tant de jalousie ?

LA COMTESSE. — Comme tous les maris, ma chère ! uniquement par orgueil. Ah, je l'ai trop aimé ! je l'ai lassé de mes tendresses, et fatigué de mon amour ; voilà mon seul tort avec lui : mais je n'entends pas que cet honnête aveu te nuise, et tu épouseras Figaro. Lui seul peut nous y aider : viendra-t-il ?

SUZANNE. — Dès qu'il verra partir la chasse.

LA COMTESSE, *se servant de l'éventail.* — Ouvre un peu la croisée sur le jardin. Il fait une chaleur ici !...

SUZANNE. — C'est que Madame parle et marche avec action. *(Elle va ouvrir la croisée du fond.)*

LA COMTESSE, *rêvant longtemps.* — Sans cette constance à me fuir... Les hommes sont bien coupables !

SUZANNE *crie de la fenêtre.* — Ah ! voilà Monseigneur qui traverse à cheval le grand potager, suivi de Pédrille, avec deux, trois, quatre lévriers.

LA COMTESSE. — Nous avons du temps devant nous. *(Elle s'assied.)* On frappe, Suzon ?

SUZANNE *court ouvrir en chantant.* — Ah, c'est mon Figaro ! ah, c'est mon Figaro !

SCÈNE II

FIGARO, SUZANNE, LA COMTESSE, *assise.*

SUZANNE. — Mon cher ami ! viens donc. Madame est dans une impatience !...

FIGARO. — Et toi, ma petite Suzanne ? — Madame n'en doit prendre aucune. Au fait, de quoi s'agit-il ? d'une misère. Monsieur le Comte trouve notre jeune femme aimable, il voudrait en faire sa maîtresse ; et c'est bien naturel.

SUZANNE. — Naturel ?

FIGARO. — Puis il m'a nommé courrier de dépêches, et

Suzon conseiller d'ambassade. Il n'y a pas là d'étourderie.

SUZANNE. — Tu finiras?

FIGARO. — Et parce que Suzanne, ma fiancée, n'accepte pas le diplôme, il va favoriser les vues de Marceline ; quoi de plus simple encore? Se venger de ceux qui nuisent à nos projets en renversant les leurs : c'est ce que chacun fait ; ce que nous allons faire nous-mêmes. Eh bien, voilà tout pourtant.

LA COMTESSE. — Pouvez-vous, Figaro, traiter si légèrement un dessein qui nous coûte à tous le bonheur?

FIGARO. — Qui dit cela, Madame?

SUZANNE. — Au lieu de t'affliger de nos chagrins...

FIGARO. — N'est-ce pas assez que je m'en occupe? Or, pour agir aussi méthodiquement que lui, tempérons d'abord son ardeur de nos possessions, en l'inquiétant sur les siennes.

LA COMTESSE. — C'est bien dit ; mais comment?

FIGARO. — C'est déjà fait, Madame ; un faux avis donné sur vous...

LA COMTESSE. — Sur moi! la tête vous tourne!

FIGARO. — Oh! c'est à lui qu'elle doit tourner.

LA COMTESSE. — Un homme aussi jaloux!...

FIGARO. — Tant mieux : pour tirer parti des gens de ce caractère, il ne faut qu'un peu leur fouetter le sang ; c'est ce que les femmes entendent si bien! Puis, les tient-on fâchés tout rouge, avec un brin d'intrigue on les mène où l'on veut, par le nez, dans le Guadalquivir. Je vous ai fait rendre à Bazile un billet inconnu, lequel avertit Monseigneur qu'un galant doit chercher à vous voir aujourd'hui pendant le bal.

LA COMTESSE. — Et vous vous jouez ainsi de la vérité sur le compte d'une femme d'honneur!...

FIGARO. — Il y en a peu, Madame, avec qui je l'eusse osé, crainte de rencontrer juste.

LA COMTESSE. — Il faudra que je l'en remercie!

FIGARO. — Mais dites-moi s'il n'est pas charmant de lui avoir taillé ses morceaux de la journée, de façon qu'il passe à rôder, à jurer après sa dame, le temps qu'il destinait à se complaire avec la nôtre? Il est déjà tout dérouté : galopera-t-il celle-ci? surveillera-t-il celle-là? dans son trouble d'esprit, tenez, tenez, le voilà qui court la plaine, et force un lièvre qui n'en peut mais. L'heure du mariage arrive en poste ; il n'aura pas pris de parti contre ; et jamais il n'osera s'y opposer devant Madame.

SUZANNE. — Non ; mais Marceline, le bel esprit, osera le faire, elle.

FIGARO. — Brr. Cela m'inquiète bien, ma foi! Tu feras dire à Monseigneur que tu te rendras sur la brune au jardin.

SUZANNE. — Tu comptes sur celui-là?

FIGARO. — Oh dame! écoutez donc ; les gens qui ne veulent rien faire de rien, n'avancent rien, et ne sont bons à rien. Voilà mon mot.

SUZANNE. — Il est joli!

LA COMTESSE. — Comme son idée : vous consentiriez qu'elle s'y rendît?

FIGARO. — Point du tout. Je fais endosser un habit de Suzanne à quelqu'un : surpris par nous au rendez-vous, le Comte pourra-t-il s'en dédire?

SUZANNE. — A qui mes habits?

FIGARO. — Chérubin.

LA COMTESSE. — Il est parti.

FIGARO. — Non pas pour moi : veut-on me laisser faire?

SUZANNE. — On peut s'en fier à lui pour mener une intrigue.

FIGARO. — Deux, trois, quatre à la fois ; bien embrouillées, qui se croisent. J'étais né pour être courtisan.

SUZANNE. — On dit que c'est un métier si difficile!

FIGARO. — Recevoir, prendre, et demander, voilà le secret en trois mots.

LA COMTESSE. — Il a tant d'assurance, qu'il finit par m'en inspirer.

FIGARO. — C'est mon dessein.

SUZANNE. — Tu disais donc?

FIGARO. — Que, pendant l'absence de Monseigneur, je vais vous envoyer le Chérubin : coiffez-le, habillez-le ; je le renferme et l'endoctrine ; et puis dansez, Monseigneur. *(Il sort.)*

SCÈNE III

SUZANNE, LA COMTESSE, *assise.*

LA COMTESSE, *tenant sa boîte à mouches.* — Mon Dieu, Suzon, comme je suis faite!... ce jeune homme qui va venir!...

SUZANNE. — Madame ne veut donc pas qu'il en réchappe?

LA COMTESSE *rêve devant sa petite glace.* — Moi?... tu verras comme je vais le gronder.

SUZANNE. — Faisons-lui chanter sa romance. *(Elle la met sur la Comtesse.)*

LA COMTESSE. — Mais, c'est qu'en vérité, mes cheveux sont dans un désordre...

SUZANNE, *riant.* — Je n'ai qu'à reprendre ces deux boucles, Madame le grondera bien mieux.

LA COMTESSE, *revenant à elle.* — Qu'est-ce vous dites donc, Mademoiselle?

SCÈNE IV

CHÉRUBIN, *l'air honteux,* SUZANNE, LA COMTESSE, *assise.*

SUZANNE. — Entrez, Monsieur l'officier ; on est visible.

CHÉRUBIN *avance en tremblant.* — Ah, que ce nom m'afflige, Madame! il m'apprend qu'il faut quitter des lieux..., une marraine si... bonne!...

SUZANNE. — Et si belle!

CHÉRUBIN, *avec un soupir.* — Ah! oui.

SUZANNE *le contrefait.* — *Ah! oui.* Le bon jeune homme! avec ses longues paupières hypocrites. Allons, bel oiseau bleu, chantez la romance à Madame.

LA COMTESSE *la déplie.* — De qui... dit-on qu'elle est?

SUZANNE. — Voyez la rougeur du coupable : en a-t-il un pied sur les joues?

CHÉRUBIN. — Est-ce qu'il est défendu... de chérir...

SUZANNE *lui met le poing sous le nez.* — Je dirai tout, vaurien!

LA COMTESSE. — Là... chante-t-il?

CHÉRUBIN. — Oh! Madame, je suis si tremblant!...

SUZANNE, *en riant.* — Et gnian, gnian, gnian, gnian, gnian, gnian, gnian ; dès que Madame le veut, modeste auteur! Je vais l'accompagner.

LA COMTESSE. — Prends ma guitare. *(La Comtesse, assise, tient le papier pour suivre. Suzanne est derrière son fauteuil, et prélude en regardant la musique par-dessus sa maîtresse. Le petit page est devant elle, les yeux baissés. Ce tableau est juste la belle estampe d'après Vanloo, appelée* la Conversation espagnole*.)*

* Chérubin, la Comtesse, Suzanne.

ROMANCE

(*Air :* Malbrough s'en va-t-en guerre.)

Premier couplet

Mon coursier hors d'haleine,
(Que mon cœur, mon cœur a de peine !)
J'errais de plaine en plaine,
Au gré du destrier.

IIe couplet

Au gré du destrier,
Sans varlet, n'écuyer,
* *Là près d'une fontaine,*
(Que mon cœur, mon cœur a de peine !)
Songeant à ma marraine,
Sentais mes pleurs couler.

IIIe couplet

Sentais mes pleurs couler,
Prêt à me désoler ;
Je gravais sur un frêne,
(Que mon cœur, mon cœur a de peine !)
Sa lettre sans la mienne ;
Le roi vint à passer.

IVe couplet

Le roi vint à passer.
Ses barons, son clergier.
— Beau page, dit la reine,
(Que mon cœur, mon cœur a de peine !)
Qui vous met à la gêne ?
Qui vous fait tant plorer ?

V^e couplet

Qui vous fait tant plorer ?
Nous faut le déclarer.
— Madame et Souveraine,
(Que mon cœur, mon cœur a de peine !)
J'avais une marraine,
*Que toujours adorai.***

VIe couplet

Que toujours adorai :
Je sens que j'en mourrai.

* Au spectacle, on a commencé la romance à ce vers, en disant : *Auprès* d'une fontaine.

** Ici, la Comtesse arrête le page en fermant le papier. Le reste ne se chante pas au théâtre.

— Beau page, dit la reine,
(Que mon cœur, mon cœur a de peine !)
N'est-il qu'une marraine ?
Je vous en servirai.

VIIe couplet

Je vous en servirai ;
Mon page vous ferai ;
Puis à ma jeune Hélène,
(Que mon cœur, mon cœur a de peine !)
Fille d'un capitaine,
Un jour vous marîrai.

VIIIe couplet

Un jour vous marîrai.
— Nenni, n'en faut parler ;
Je veux, traînant ma chaîne,
(Que mon cœur, mon cœur a de peine !)
Mourir de cette peine,
Mais non m'en consoler.

LA COMTESSE. — Il y a de la naïveté..., du sentiment même.

SUZANNE *va poser la guitare sur un fauteuil**. — Oh! pour du sentiment, c'est un jeune homme qui... Ah çà, Monsieur l'officier, vous a-t-on dit que pour égayer la soirée, nous voulons savoir d'avance si un de mes habits vous ira passablement?

LA COMTESSE. — J'ai peur que non.

SUZANNE *se mesure avec lui.* — Il est de ma grandeur. Otons d'abord le manteau. *(Elle le détache.)*

LA COMTESSE. — Et si quelqu'un entrait?

SUZANNE. — Est-ce que nous faisons du mal donc? Je vais fermer la porte ; *(Elle court.)* mais c'est la coiffure que je veux voir.

LA COMTESSE. — Sur ma toilette, une baigneuse à moi.

Suzanne entre dans le cabinet dont la porte est au bord du théâtre.

SCÈNE V

CHÉRUBIN, LA COMTESSE, *assise.*

LA COMTESSE. — Jusqu'à l'instant du bal, le Comte ignorera que vous soyez au château. Nous lui dirons

* Chérubin, Suzanne, la Comtesse.

après, que le temps d'expédier votre brevet nous a fait naître l'idée...

CHÉRUBIN, *le lui montrant.* — Hélas, Madame, le voici ; Bazile me l'a remis de sa part.

LA COMTESSE. — Déjà? l'on a craint d'y perdre une minute. *(Elle lit.)* Ils se sont tant pressés, qu'ils ont oublié d'y mettre son cachet. *(Elle le lui rend.)*

SCÈNE VI

CHÉRUBIN, LA COMTESSE, SUZANNE.

SUZANNE *entre avec un grand bonnet.* — Le cachet, à quoi?

LA COMTESSE. — A son brevet.

SUZANNE. — Déjà?

LA COMTESSE. — C'est ce que je disais. Est-ce là ma baigneuse?

SUZANNE *s'assied près de la Comtesse**. — Et la plus belle de toutes. *(Elle chante avec des épingles dans sa bouche.)*

Tournez-vous donc envers ici,
Jean de Lyra, mon bel ami.

(Elle le coiffe.) Madame, il est charmant!

LA COMTESSE. — Arrange son collet, d'un air un peu plus féminin.

SUZANNE *l'arrange.* — Là... mais voyez donc ce morveux, comme il est joli en fille! j'en suis jalouse, moi! *(Elle lui prend le menton.)* Voulez-vous bien n'être pas joli comme ça?

LA COMTESSE. — Qu'elle est folle! Il faut relever la manche, afin que l'amadis prenne mieux... *(Elle le retrousse.)* Qu'est-ce qu'il a donc au bras? un ruban!

SUZANNE. — Et un ruban à vous. Je suis bien aise que Madame l'ait vu. Je lui avais dit que je le dirais, déjà! Oh! si Monseigneur n'était pas venu, j'aurais bien repris le ruban ; car je suis presque aussi forte que lui.

LA COMTESSE. — Il y a du sang! *(Elle détache le ruban.)*

CHÉRUBIN, *honteux.* — Ce matin, comptant partir, j'arrangeais la gourmette de mon cheval ; il a donné de la tête, et la bossette m'a effleuré le bras.

* Chérubin, Suzanne, la Comtesse.

LA COMTESSE. — On n'a jamais mis un ruban...

SUZANNE. — Et surtout un ruban volé. — Voyons donc ce que la bossette, la courbette! la cornette du cheval! Je n'entends rien à tous ces noms-là. — Ah! qu'il a le bras blanc! c'est comme une femme! plus blanc que le mien! regardez donc, Madame! *(Elle les compare.)*

LA COMTESSE, *d'un ton glacé.* — Occupez-vous plutôt de m'avoir du taffetas gommé, dans ma toilette.

Suzanne lui pousse la tête, en riant ; il tombe sur les deux mains. Elle entre dans le cabinet au bord du théâtre.

SCÈNE VII

CHÉRUBIN, *à genoux*, LA COMTESSE, *assise.*

LA COMTESSE *reste un moment sans parler, les yeux sur son ruban. Chérubin la dévore de ses regards.* — Pour mon ruban, Monsieur,... comme c'est celui dont la couleur m'agrée le plus,... j'étais fort en colère de l'avoir perdu.

SCÈNE VIII

CHÉRUBIN, *à genoux*, LA COMTESSE, *assise*, SUZANNE.

SUZANNE, *revenant.* — Et la ligature à son bras? *(Elle remet à la Comtesse du taffetas gommé et des ciseaux.)*

LA COMTESSE. — En allant lui chercher tes hardes, prends le ruban d'un autre bonnet.

Suzanne sort par la porte du fond, en emportant le manteau du page.

SCÈNE IX

CHÉRUBIN, *à genoux*, LA COMTESSE, *assise.*

CHÉRUBIN, *les yeux baissés.* — Celui qui m'est ôté m'aurait guéri en moins de rien.

LA COMTESSE. — Par quelle vertu? *(Lui montrant le taffetas.)* Ceci vaut mieux.

CHÉRUBIN, *hésitant.* — Quand un ruban... a serré la tête... ou touché la peau d'une personne...

LA COMTESSE, *coupant la phrase.* — ... Étrangère! il devient bon pour les blessures? J'ignorais cette propriété. Pour l'éprouver, je garde celui-ci qui vous a serré le bras. A la première égratignure... de mes femmes, j'en ferai l'essai.

CHÉRUBIN, *pénétré.* — Vous le gardez, et moi, je pars.

LA COMTESSE. — Non pour toujours.

CHÉRUBIN. — Je suis si malheureux!

LA COMTESSE, *émue.* — Il pleure à présent! c'est ce vilain Figaro avec son pronostic!

CHÉRUBIN, *exalté.* — Ah! je voudrais toucher au terme qu'il m'a prédit! sûr de mourir à l'instant, peut-être ma bouche oserait...

LA COMTESSE *l'interrompt, et lui essuie les yeux avec son mouchoir.* — Taisez-vous, taisez-vous, enfant. Il n'y a pas un brin de raison dans tout ce que vous dites. *(On frappe à la porte, elle élève la voix.)* Qui frappe ainsi chez moi?

SCÈNE X

CHÉRUBIN, LA COMTESSE ; LE COMTE, *en dehors.*

LE COMTE, *en dehors.* — Pourquoi donc enfermée?

LA COMTESSE, *troublée, se lève.* — C'est mon époux! grands dieux!... *(A Chérubin qui s'est levé aussi.)* Vous sans manteau, le col et les bras nus! seul avec moi! cet air de désordre, un billet reçu, sa jalousie!...

LE COMTE, *en dehors.* — Vous n'ouvrez pas?

LA COMTESSE. — C'est que... je suis seule.

LE COMTE, *en dehors.* — Seule! Avec qui parlez-vous donc?

LA COMTESSE, *cherchant.* — ... Avec vous sans doute.

CHÉRUBIN, *à part.* — Après les scènes d'hier, et de ce matin ; il me tuerait sur place! *(Il court vers le cabinet de toilette, y entre, et tire la porte sur lui.)*

SCÈNE XI

LA COMTESSE, *seule, en ôte la clef, et court ouvrir au Comte.*

Ah! quelle faute! quelle faute!

SCÈNE XII

LE COMTE, LA COMTESSE.

LE COMTE, *un peu sévère.* — Vous n'êtes pas dans l'usage de vous enfermer!

LA COMTESSE, *troublée.* — Je... je chiffonnais... oui, je chiffonnais avec Suzanne ; elle est passée un moment chez elle.

LE COMTE *l'examine.* — Vous avez l'air et le ton bien altérés!

LA COMTESSE. — Ceci n'est pas étonnant... pas étonnant du tout... je vous assure... nous parlions de vous... elle est passée, comme je vous dis...

LE COMTE. — Vous parliez de moi!... Je suis ramené par l'inquiétude ; en montant à cheval, un billet qu'on m'a remis, mais auquel je n'ajoute aucune foi, m'a... pourtant agité.

LA COMTESSE. — Comment, Monsieur?... quel billet?

LE COMTE. — Il faut avouer, Madame, que vous ou moi sommes entourés d'êtres... bien méchants! On me donne avis que, dans la journée, quelqu'un que je crois absent doit chercher à vous entretenir.

LA COMTESSE. — Quel que soit cet audacieux, il faudra qu'il pénètre ici ; car mon projet est de ne pas quitter ma chambre de tout le jour.

LE COMTE. — Ce soir, pour la noce de Suzanne?

LA COMTESSE. — Pour rien au monde ; je suis très incommodée.

LE COMTE. — Heureusement le Docteur est ici. *(Le page fait tomber une chaise dans le cabinet.)* Quel bruit entends-je?

LA COMTESSE, *plus troublée.* — Du bruit?

LE COMTE. — On a fait tomber un meuble.

LA COMTESSE. — Je... je n'ai rien entendu, pour moi.

LE COMTE. — Il faut que vous soyez furieusement préoccupée!

LA COMTESSE. — Préoccupée! de quoi?

LE COMTE. — Il y a quelqu'un dans ce cabinet, Madame.

LA COMTESSE. — Hé... qui voulez-vous qu'il y ait, Monsieur?

LE COMTE. — C'est moi qui vous le demande ; j'arrive.

LA COMTESSE. — Hé mais... Suzanne apparemment qui range.

LE COMTE. — Vous avez dit qu'elle était passée chez elle!

LA COMTESSE. — Passée... ou entrée là ; je ne sais lequel.

LE COMTE. — Si c'est Suzanne, d'où vient le trouble où je vous vois?

LA COMTESSE. — Du trouble pour ma camariste?

LE COMTE. — Pour votre camariste, je ne sais ; mais pour du trouble, assurément.

LA COMTESSE. — Assurément, Monsieur, cette fille vous trouble, et vous occupe beaucoup plus que moi.

LE COMTE, *en colère.* — Elle m'occupe à tel point, Madame, que je veux la voir à l'instant.

LA COMTESSE. — Je crois en effet, que vous le voulez souvent ; mais voilà bien les soupçons les moins fondés...

SCÈNE XIII

LE COMTE, LA COMTESSE, SUZANNE *entre avec des hardes et pousse la porte du fond.*

LE COMTE. — Ils en seront plus aisés à détruire. *(Il parle au cabinet.)* Sortez, Suzon ; je vous l'ordonne. *(Suzanne s'arrête auprès de l'alcôve dans le fond.)*

LA COMTESSE. — Elle est presque nue, Monsieur ; vient-on troubler ainsi des femmes dans leur retraite? Elle essayait des hardes que je lui donne en la mariant ; elle s'est enfuie quand elle vous a entendu.

LE COMTE. — Si elle craint tant de se montrer, au moins elle peut parler. *(Il se tourne vers la porte du cabinet.)* Répondez-moi, Suzanne ; êtes-vous dans ce cabinet? *(Suzanne, restée au fond, se jette dans l'alcôve, et s'y cache.)*

LA COMTESSE, *vivement, tournée vers le cabinet.* — Suzon, je vous défends de répondre. *(Au Comte.)* On n'a jamais poussé si loin la tyrannie!

LE COMTE *s'avance vers le cabinet.* — Oh bien! puisqu'elle ne parle pas, vêtue ou non, je la verrai.

LA COMTESSE *se met au devant.* — Partout ailleurs je ne puis l'empêcher ; mais j'espère aussi que chez moi...

LE COMTE. — Et moi j'espère savoir dans un moment quelle est cette Suzanne mystérieuse. Vous demander la clef serait, je le vois, inutile! mais il est un moyen sûr de jeter en dedans cette légère porte. Holà, quelqu'un!

LA COMTESSE. — Attirer vos gens, et faire un scandale public d'un soupçon qui nous rendrait la fable du château ?

LE COMTE. — Fort bien, Madame ; en effet, j'y suffirai ; je vais à l'instant prendre chez moi ce qu'il faut... *(Il marche pour sortir et revient.)* Mais pour que tout reste au même état, voudrez-vous bien m'accompagner sans scandale et sans bruit, puisqu'il vous déplaît tant ?... une chose aussi simple, apparemment, ne me sera pas refusée !

LA COMTESSE, *troublée*. — Eh ! Monsieur, qui songe à vous contrarier ?

LE COMTE. — Ah ! j'oubliais la porte qui va chez vos femmes ; il faut que je la ferme aussi, pour que vous soyez pleinement justifiée. *(Il va fermer la porte du fond et en ôte la clef.)*

LA COMTESSE, *à part*. — O Ciel ! étourderie funeste !

LE COMTE, *revenant à elle*. — Maintenant que cette chambre est close, acceptez mon bras, je vous prie ; *(Il élève la voix.)* et quant à la Suzanne du cabinet, il faudra qu'elle ait la bonté de m'attendre, et le moindre mal qui puisse lui arriver à mon retour...

LA COMTESSE. — En vérité, Monsieur, voilà bien la plus odieuse aventure...

Le Comte l'emmène et ferme la porte à la clef.

SCÈNE XIV

SUZANNE, CHÉRUBIN.

SUZANNE *sort de l'alcôve, accourt vers le cabinet et parle à travers la serrure*. — Ouvrez, Chérubin, ouvrez vite, c'est Suzanne ; ouvrez et sortez.

CHÉRUBIN *sort**. — Ah ! Suzon, quelle horrible scène !

SUZANNE. — Sortez, vous n'avez pas une minute.

CHÉRUBIN, *effrayé*. — Et par où sortir ?

SUZANNE. — Je n'en sais rien, mais sortez.

CHÉRUBIN. — S'il n'y a pas d'issue ?

SUZANNE. — Après la rencontre de tantôt, il vous écraserait, et nous serions perdues. — Courez conter à Figaro...

CHÉRUBIN. — La fenêtre du jardin n'est peut-être pas bien haute. *(Il court y regarder.)*

* Chérubin, Suzanne.

SUZANNE, *avec effroi.* — Un grand étage! impossible! Ah ma pauvre maîtresse! et mon mariage, ô Ciel!

CHÉRUBIN *revient.* — Elle donne sur la melonnière ; quitte à gâter une couche ou deux...

SUZANNE *le retient et s'écrie :* — Il va se tuer!

CHÉRUBIN, *exalté.* — Dans un gouffre allumé, Suzon! oui, je m'y jetterais, plutôt que de lui nuire... Et ce baiser va me porter bonheur. *(Il l'embrasse et court sauter par la fenêtre.)*

SCÈNE XV

SUZANNE, *seule, un cri de frayeur.*

Ah!... *(Elle tombe assise un moment. Elle va péniblement regarder à la fenêtre et revient.)* Il est déjà bien loin. Oh! le petit garnement! aussi leste que joli! si celui-là manque de femmes... Prenons sa place au plus tôt. *(En entrant dans le cabinet.)* Vous pouvez à présent, Monsieur le Comte, rompre la cloison, si cela vous amuse ; au diantre qui répond un mot! *(Elle s'y enferme.)*

SCÈNE XVI

LE COMTE, LA COMTESSE *rentrent dans la chambre.*

LE COMTE, *une pince à la main, qu'il jette sur le fauteuil.* — Tout est bien comme je l'ai laissé. Madame, en m'exposant à briser cette porte, réfléchissez aux suites : encore une fois, voulez-vous l'ouvrir?

LA COMTESSE. — Eh, Monsieur, quelle horrible humeur peut altérer ainsi les égards entre deux époux? Si l'amour vous dominait au point de vous inspirer ces fureurs, malgré leur déraison je les excuserais ; j'oublierais peut-être, en faveur du motif, ce qu'elles ont d'offensant pour moi. Mais la seule vanité peut-elle jeter dans cet excès un galant homme?

LE COMTE. — Amour ou vanité, vous ouvrirez la porte ; ou je vais à l'instant...

LA COMTESSE, *au-devant.* — Arrêtez, Monsieur, je vous prie. Me croyez-vous capable de manquer à ce que je me dois?

LE COMTE. — Tout ce qu'il vous plaira, Madame, mais je verrai qui est dans ce cabinet.

LA COMTESSE, *effrayée.* — Hé bien, Monsieur, vous le verrez. Écoutez-moi... tranquillement.

LE COMTE. — Ce n'est donc pas Suzanne?

LA COMTESSE, *timidement.* — Au moins n'est-ce pas non plus une personne... dont vous deviez rien redouter... nous disposions une plaisanterie... bien innocente en vérité, pour ce soir... et je vous jure...

LE COMTE. — Et vous me jurez?

LA COMTESSE. — Que nous n'avions pas plus de dessein de vous offenser l'un que l'autre.

LE COMTE, *vite.* — L'un que l'autre? c'est un homme?

LA COMTESSE. — Un enfant, Monsieur.

LE COMTE. — Hé qui donc?

LA COMTESSE. — A peine osé-je le nommer!

LE COMTE, *furieux.* — Je le tuerai.

LA COMTESSE. — Grands dieux!

LE COMTE. — Parlez donc.

LA COMTESSE. — Ce jeune... Chérubin...

LE COMTE. — Chérubin! l'insolent! Voilà mes soupçons et le billet expliqués.

LA COMTESSE, *joignant les mains.* — Ah! Monsieur, gardez de penser...

LE COMTE, *frappant du pied, à part.* — Je trouverai partout ce maudit page! *(Haut.)* Allons, Madame, ouvrez ; je sais tout maintenant. Vous n'auriez pas été si émue en le congédiant ce matin ; il serait parti quand je l'ai ordonné ; vous n'auriez pas mis tant de fausseté dans votre conte de Suzanne ; il ne se serait pas si soigneusement caché, s'il n'y avait rien de criminel.

LA COMTESSE. — Il a craint de vous irriter en se montrant.

LE COMTE, *hors de lui, et criant, tourné vers le cabinet.* — Sors donc, petit malheureux!

LA COMTESSE *le prend à bras-le-corps, en l'éloignant.* — Ah! Monsieur, Monsieur, votre colère me fait trembler pour lui. N'en croyez pas un injuste soupçon, de grâce ; et que le désordre, où vous l'allez trouver...

LE COMTE. — Du désordre!

LA COMTESSE. — Hélas oui ; prêt à s'habiller en femme, une coiffure à moi sur la tête, en veste et sans manteau, le col ouvert, les bras nus ; il allait essayer...

LE COMTE. — Et vous vouliez garder votre chambre! Indigne épouse! ah! vous la garderez... longtemps ; mais il faut avant que j'en chasse un insolent, de manière à ne plus le rencontrer nulle part.

LA COMTESSE *se jette à genoux, les bras élevés.* — Monsieur le Comte, épargnez un enfant ; je ne me consolerais pas d'avoir causé...

LE COMTE. — Vos frayeurs aggravent son crime.

LA COMTESSE. — Il n'est pas coupable, il partait : c'est moi qui l'ai fait appeler.

LE COMTE, *furieux*. — Levez-vous. Otez-vous... Tu es bien audacieuse d'oser me parler pour un autre!

LA COMTESSE. — Eh bien! je m'ôterai, Monsieur, je me lèverai; je vous remettrai même la clef du cabinet ; mais, au nom de votre amour...

LE COMTE. — De mon amour! Perfide!

LA COMTESSE *se lève et lui présente la clef*. — Promettez-moi que vous laisserez aller cet enfant, sans lui faire aucun mal ; et puisse, après tout, votre courroux tomber sur moi, si je ne vous convaincs pas...

LE COMTE, *prenant la clef*. — Je n'écoute plus rien.

LA COMTESSE *se jette sur une bergère, un mouchoir sur les yeux*. — Oh ciel! il va périr.

LE COMTE *ouvre la porte et recule*. — C'est Suzanne!

SCÈNE XVII

LA COMTESSE, LE COMTE, SUZANNE.

SUZANNE *sort en riant*. — *Je le tuerai, je le tuerai*. Tuez-le donc, ce méchant page!

LE COMTE, *à part*. — Ah! quelle école! *(Regardant la Comtesse qui est restée stupéfaite.)* Et vous aussi, vous jouez l'étonnement?... Mais peut-être elle n'y est pas seule. *(Il entre.)*

SCÈNE XVIII

LA COMTESSE, *assise*, SUZANNE.

SUZANNE *accourt à sa maîtresse*. — Remettez-vous, Madame, il est bien loin, il a fait un saut...

LA COMTESSE. — Ah, Suzon, je suis morte.

SCÈNE XIX

LA COMTESSE, *assise*, SUZANNE, LE COMTE.

LE COMTE *sort du cabinet d'un air confus. Après un court silence*. — Il n'y a personne, et pour le coup j'ai tort. — Madame?... vous jouez fort bien la comédie.

SUZANNE, *gaiement*. — Et moi, Monseigneur? *(La*

*Comtesse, son mouchoir sur sa bouche pour se remettre, ne parle pas**.*)*

LE COMTE *s'approche.* — Quoi, Madame, vous plaisantiez ?

LA COMTESSE, *se remettant un peu.* — Et pourquoi non, Monsieur ?

LE COMTE. — Quel affreux badinage ! et quel motif, je vous prie ?...

LA COMTESSE. — Vos folies méritent-elles de la pitié ?

LE COMTE. — Nommer folies ce qui touche à l'honneur !

LA COMTESSE, *assurant son ton par degrés.* — Me suis-je unie à vous pour être éternellement dévouée à l'abandon et à la jalousie, que vous seul osez concilier ?

LE COMTE. — Ah ! Madame, c'est sans ménagement.

SUZANNE. — Madame n'avait qu'à vous laisser appeler les gens.

LE COMTE. — Tu as raison, et c'est à moi de m'humilier... Pardon, je suis d'une confusion !...

SUZANNE. — Avouez, Monseigneur, que vous la méritez un peu !

LE COMTE. — Pourquoi donc ne sortais-tu pas, lorsque je t'appelais ? Mauvaise !

SUZANNE. — Je me rhabillais de mon mieux, à grand renfort d'épingles et Madame, qui me le défendait, avait bien ses raisons pour le faire.

LE COMTE. — Au lieu de rappeler mes torts, aide-moi plutôt à l'apaiser.

LA COMTESSE. — Non, Monsieur ; un pareil outrage ne se couvre point. Je vais me retirer aux Ursulines, et je vois trop qu'il en est temps.

LE COMTE. — Le pourriez-vous sans quelques regrets ?

SUZANNE. — Je suis sûre, moi, que le jour du départ serait la veille des larmes.

LA COMTESSE. — Eh ! quand cela serait, Suzon ; j'aime mieux le regretter, que d'avoir la bassesse de lui pardonner ; il m'a trop offensée.

LE COMTE. — Rosine !...

LA COMTESSE. — Je ne la suis plus, cette Rosine que vous avez tant poursuivie ! Je suis la pauvre Comtesse Almaviva ; la triste femme délaissée, que vous n'aimez plus.

SUZANNE. — Madame !

* Suzanne, la Comtesse assise, le Comte.

LE COMTE, *suppliant*. — Par pitié.

LA COMTESSE. — Vous n'en aviez aucune pour moi.

LE COMTE. — Mais aussi ce billet... Il m'a tourné le sang!

LA COMTESSE. — Je n'avais pas consenti qu'on l'écrivît.

LE COMTE. — Vous le saviez?

LA COMTESSE. — C'est cet étourdi de Figaro...

LE COMTE. — Il en était?

LA COMTESSE. — ... Qui l'a remis à Bazile.

LE COMTE. — Qui m'a dit le tenir d'un paysan. O perfide chanteur! lame à deux tranchants! c'est toi qui payeras pour tout le monde.

LA COMTESSE. — Vous demandez pour vous un pardon que vous refusez aux autres : voilà bien les hommes! Ah! si jamais je consentais à pardonner en faveur de l'erreur où vous a jeté ce billet, j'exigerais que l'amnistie fût générale.

LE COMTE. — Hé bien, de tout mon cœur, Comtesse. Mais comment réparer une faute aussi humiliante?

LA COMTESSE *se lève*. — Elle l'était pour tous deux.

LE COMTE. — Ah! dites pour moi seul. — Mais je suis encore à concevoir comment les femmes prennent si vite et si juste, l'air et le ton des circonstances. Vous rougissiez, vous pleuriez, votre visage était défait... D'honneur il l'est encore.

LA COMTESSE, *s'efforçant de sourire*. — Je rougissais... du ressentiment de vos soupçons. Mais les hommes sont-ils assez délicats pour distinguer l'indignation d'une âme honnête outragée, d'avec la confusion qui naît d'une accusation méritée?

LE COMTE, *souriant*. — Et ce page en désordre, en veste et presque nu...

LA COMTESSE, *montrant Suzanne*. — Vous le voyez devant vous. N'aimez-vous pas mieux l'avoir trouvé que l'autre? en général, vous ne haïssez pas de rencontrer celui-ci.

LE COMTE, *riant plus fort*. — Et ces prières, ces larmes feintes...

LA COMTESSE. — Vous me faites rire, et j'en ai peu d'envie.

LE COMTE. — Nous croyons valoir quelque chose en politique, et nous ne sommes que des enfants. C'est vous, c'est vous, Madame, que le Roi devrait envoyer en ambassade à Londres! Il faut que votre sexe ait fait une étude bien réfléchie de l'art de se composer pour réussir à ce point!

LA COMTESSE. — C'est toujours vous qui nous y forcez.

SUZANNE. — Laissez-nous prisonniers sur parole, et vous verrez si nous sommes gens d'honneur.

LA COMTESSE. — Brisons là, Monsieur le Comte. J'ai peut-être été trop loin ; mais mon indulgence en un cas aussi grave doit au moins m'obtenir la vôtre.

LE COMTE. — Mais vous répéterez que vous me pardonnez.

LA COMTESSE. — Est-ce que je l'ai dit, Suzon?

SUZANNE. — Je ne l'ai pas entendu, Madame.

LE COMTE. — Eh bien, que ce mot vous échappe.

LA COMTESSE. — Le méritez-vous, ingrat?

LE COMTE. — Oui, par mon repentir.

SUZANNE. — Soupçonner un homme dans le cabinet de Madame!

LE COMTE. — Elle m'en a si sévèrement puni!

SUZANNE. — Ne pas s'en fier à elle, quand elle dit que c'est sa camariste!

LE COMTE. — Rosine, êtes-vous donc implacable?

LA COMTESSE. — Ah! Suzon! que je suis faible! quel exemple je te donne! *(Tendant la main au Comte.)* On ne croira plus à la colère des femmes.

SUZANNE. — Bon! Madame, avec eux, ne faut-il pas toujours en venir là?

Le Comte baise ardemment la main de sa femme.

SCÈNE XX

SUZANNE, FIGARO, LA COMTESSE, LE COMTE.

FIGARO, *arrivant tout essoufflé.* — On disait Madame incommodée. Je suis vite accouru... je vois avec joie qu'il n'en est rien.

LE COMTE, *sèchement.* — Vous êtes fort attentif!

FIGARO. — Et c'est mon devoir. Mais puisqu'il n'en est rien, Monseigneur, tous vos jeunes vassaux des deux sexes sont en bas avec les violons et les cornemuses, attendant, pour m'accompagner, l'instant où vous permettrez que je mène ma fiancée...

LE COMTE. — Et qui surveillera la Comtesse au château?

FIGARO. — La veiller! elle n'est pas malade.

LE COMTE. — Non ; mais cet homme absent qui doit l'entretenir?

FIGARO. — Quel homme absent?

LE COMTE. — L'homme du billet que vous avez remis à Bazile.

FIGARO. — Qui dit cela?

LE COMTE. — Quand je ne le saurais pas d'ailleurs, fripon! ta physionomie qui t'accuse me prouverait déjà que tu mens.

FIGARO. — S'il est ainsi, ce n'est pas moi qui mens, c'est ma physionomie.

SUZANNE. — Va, mon pauvre Figaro, n'use pas ton éloquence en défaites ; nous avons tout dit.

FIGARO. — Et quoi dit? vous me traitez comme un Bazile!

SUZANNE. — Que tu avais écrit le billet de tantôt pour faire accroire à Monseigneur, quand il entrerait, que le petit page était dans ce cabinet, où je me suis enfermée.

LE COMTE. — Qu'as-tu à répondre?

LA COMTESSE. — Il n'y a plus rien à cacher, Figaro ; le badinage est consommé.

FIGARO, *cherchant à deviner.* — Le badinage... est consommé?

LE COMTE. — Oui, consommé. Que dis-tu là-dessus?

FIGARO. — Moi! je dis, que je voudrais bien qu'on en pût dire autant de mon mariage ; et si vous l'ordonnez...

LE COMTE. — Tu conviens donc enfin du billet?

FIGARO. — Puisque Madame le veut, que Suzanne le veut, que vous le voulez vous-même, il faut bien que je le veuille aussi : mais à votre place, en vérité, Monseigneur, je ne croirais pas un mot de tout ce que nous vous disons.

LE COMTE. — Toujours mentir contre l'évidence! à la fin, cela m'irrite.

LA COMTESSE, *en riant.* — Eh! ce pauvre garçon! pourquoi voulez-vous, Monsieur, qu'il dise une fois la vérité?

FIGARO, *bas à Suzanne.* — Je l'avertis de son danger ; c'est tout ce qu'un honnête homme peut faire.

SUZANNE, *bas.* — As-tu vu le petit page?

FIGARO, *bas.* — Encore tout froissé.

SUZANNE, *bas.* — Ah, pécaïre!

LA COMTESSE. — Allons, Monsieur le Comte, ils brûlent de s'unir : leur impatience est naturelle! entrons pour la cérémonie.

LE COMTE, *à part.* — Et Marceline, Marceline... *(Haut.)* Je voudrais être... au moins vêtu.

LA COMTESSE. — Pour nos gens! Est-ce que je le suis?

SCÈNE XXI

FIGARO, SUZANNE, LA COMTESSE, LE COMTE, ANTONIO.

ANTONIO, *demi-gris, tenant un pot de giroflées écrasées.* — Monseigneur! Monseigneur!

LE COMTE. — Que veux-tu, Antonio?

ANTONIO. — Faites donc une fois griller les croisées qui donnent sur mes couches. On jette toutes sortes de choses par ces fenêtres ; et tout à l'heure encore on vient d'en jeter un homme.

LE COMTE. — Par ces fenêtres?

ANTONIO. — Regardez comme on arrange mes giroflées!

SUZANNE, *bas à Figaro.* — Alerte, Figaro! alerte.

FIGARO. — Monseigneur, il est gris dès le matin.

ANTONIO. — Vous n'y êtes pas. C'est un petit reste d'hier. Voilà comme on fait des jugements... ténébreux.

LE COMTE, *avec feu.* — Cet homme! cet homme! où est-il?

ANTONIO. — Où il est?

LE COMTE. — Oui.

ANTONIO. — C'est ce que je dis. Il faut me le trouver déjà. Je suis votre domestique ; il n'y a que moi qui prends soin de votre jardin ; il y tombe un homme, et vous sentez... que ma réputation en est effleurée.

SUZANNE, *bas à Figaro.* — Détourne, détourne.

FIGARO. — Tu boiras donc toujours?

ANTONIO. — Et si je ne buvais pas, je deviendrais enragé.

LA COMTESSE. — Mais en prendre ainsi sans besoin...

ANTONIO. — Boire sans soif et faire l'amour en tout temps, Madame, il n'y a que ça qui nous distingue des autres bêtes.

LE COMTE, *vivement.* — Réponds-moi donc, ou je vais te chasser.

ANTONIO. — Est-ce que je m'en irais?

LE COMTE. — Comment donc?

ANTONIO, *se touchant le front.* — Si vous n'avez pas assez de ça pour garder un bon domestique, je ne suis pas assez bête, moi, pour renvoyer un si bon maître.

LE COMTE *le secoue avec colère.* — On a, dis-tu, jeté un homme par cette fenêtre?

ANTONIO. — Oui, mon Excellence ; tout à l'heure, en veste blanche, et qui s'est enfui, jarni, courant...

LE COMTE, *impatienté.* — Après?

ANTONIO. — J'ai bien voulu courir après ; mais je me suis donné contre la grille une si fière gourde à la main, que je ne peux plus remuer ni pied ni patte de ce doigt-là. *(Levant le doigt.)*

LE COMTE. — Au moins tu reconnaîtrais l'homme?

ANTONIO. — Oh! que oui-da!... si je l'avais vu pourtant!

SUZANNE, *bas à Figaro.* — Il ne l'a pas vu.

FIGARO. — Voilà bien du train pour un pot de fleurs! combien te faut-il, pleurard, avec ta giroflée? Il est inutile de chercher, Monseigneur, c'est moi qui ai sauté.

LE COMTE. — Comment, c'est vous!

ANTONIO. — *Combien te faut-il, pleurard?* Votre corps a donc bien grandi depuis ce temps-là ; car je vous ai trouvé beaucoup plus moindre et plus fluet!

FIGARO. — Certainement ; quand on saute, on se pelotonne...

ANTONIO. — M'est avis que c'était plutôt... qui dirait le gringalet de page.

LE COMTE. — Chérubin, tu veux dire?

FIGARO. — Oui, revenu tout exprès avec son cheval, de la porte de Séville, où peut-être il est déjà.

ANTONIO. — Oh! non, je ne dis pas ça, je ne dis pas ça ; je n'ai pas vu sauter de cheval, car je le dirais de même.

LE COMTE. — Quelle patience!

FIGARO. — J'étais dans la chambre des femmes en veste blanche : il fait un chaud!... J'attendais là ma Suzannette, quand, j'ai ouï tout à coup la voix de Monseigneur, et le grand bruit qui se faisait : je ne sais quelle crainte m'a saisi à l'occasion de ce billet ; et s'il faut avouer ma bêtise, j'ai sauté sans réflexion sur les couches, où je me suis même un peu foulé le pied droit. *(Il frotte son pied.)*

ANTONIO. — Puisque c'est vous, il est juste de vous rendre ce brimborion de papier qui a coulé de votre veste en tombant.

LE COMTE *se jette dessus.* — Donne-le-moi. *(Il ouvre le papier et le referme.)*

FIGARO, *à part.* — Je suis pris.

LE COMTE, *à Figaro.* — La frayeur ne vous aura pas fait oublier ce que contient ce papier, ni comment il se trouvait dans votre poche ?

FIGARO, *embarrassé, fouille dans ses poches et en tire des papiers.* — Non sûrement... Mais c'est que j'en ai tant. Il faut répondre à tout... *(Il regarde un des papiers.)* Ceci ? ah ! c'est une lettre de Marceline, en quatre pages ; elle est belle... ! Ne serait-ce pas la requête de ce pauvre braconnier en prison ?... non, la voici... J'avais l'état des meubles du petit château dans l'autre poche. *(Le Comte rouvre le papier qu'il tient.)*

LA COMTESSE, *bas à Suzanne.* — Ah dieux ! Suzon, c'est le brevet d'officier.

SUZANNE, *bas à Figaro.* — Tout est perdu, c'est le brevet.

LE COMTE *replie le papier.* — Eh bien ! l'homme aux expédients, vous ne devinez pas ?

ANTONIO, *s'approchant de Figaro*.* — Monseigneur dit si vous ne devinez pas ?

FIGARO *le repousse.* — Fi donc ! vilain qui me parle dans le nez !

LE COMTE. — Vous ne vous rappelez pas ce que ce peut être ?

FIGARO. — A, a, a, ah ! *Povero !* ce sera le brevet de ce malheureux enfant, qu'il m'avait remis ; et que j'ai oublié de lui rendre. O, o, o, oh ! étourdi que je suis ! que fera-t-il sans son brevet ? Il faut courir...

LE COMTE. — Pourquoi vous l'aurait-il remis ?

FIGARO, *embarrassé.* — Il... désirait qu'on y fît quelque chose.

LE COMTE *regarde son papier.* — Il n'y manque rien.

LA COMTESSE, *bas à Suzanne.* — Le cachet.

SUZANNE, *bas à Figaro.* — Le cachet manque.

LE COMTE, *à Figaro.* — Vous ne répondez pas ?

FIGARO. — C'est... qu'en effet il y manque peu de chose. Il dit que c'est l'usage...

LE COMTE. — L'usage ! l'usage ! l'usage de quoi ?

FIGARO. — D'y apposer le sceau de vos armes. Peut-être aussi que cela ne valait pas la peine.

LE COMTE *rouvre le papier et le chiffonne de colère.* —

* Antonio, Figaro, Suzanne, la Comtesse, le Comte.

Allons, il est écrit que je ne saurai rien *(A part.)* C'est ce Figaro qui les mène, et je ne m'en vengerais pas! *(Il veut sortir avec dépit.)*

FIGARO, *l'arrêtant.* — Vous sortez sans ordonner mon mariage?

SCÈNE XXII

BAZILE, BARTHOLO, MARCELINE, FIGARO, LE COMTE, GRIPE-SOLEIL, LA COMTESSE, SUZANNE, ANTONIO ; VALETS DU COMTE ; SES VASSAUX.

MARCELINE, *au Comte.* — Ne l'ordonnez pas, Monseigneur! Avant de lui faire grâce, vous nous devez justice. Il a des engagements avec moi.

LE COMTE, *à part.* — Voilà ma vengeance arrivée.

FIGARO. — Des engagements! de quelle nature? Expliquez-vous.

MARCELINE. — Oui, je m'expliquerai, malhonnête! *(La Comtesse s'assied sur une bergère. Suzanne est derrière elle.)*

LE COMTE. — De quoi s'agit-il, Marceline?

MARCELINE. — D'une obligation de mariage.

FIGARO. — Un billet, voilà tout, pour de l'argent prêté.

MARCELINE, *au Comte.* — Sous condition de m'épouser. Vous êtes un grand seigneur, le premier juge de la province...

LE COMTE. — Présentez-vous au tribunal ; j'y rendrai justice à tout le monde.

BAZILE, *montrant Marceline.* — En ce cas, Votre Grandeur permet que je fasse aussi valoir mes droits sur Marceline?

LE COMTE, *à part.* — Ah! voilà mon fripon du billet.

FIGARO. — Autre fou de la même espèce!

LE COMTE, *en colère, à Bazile.* — Vos droits! vos droits! Il vous convient bien de parler devant moi, maître sot!

ANTONIO, *frappant dans sa main.* — Il ne l'a, ma foi, pas manqué du premier coup : c'est son nom.

LE COMTE. — Marceline, on suspendra tout jusqu'à l'examen de vos titres, qui se fera publiquement dans la grande salle d'audience. Honnête Bazile! agent fidèle et sûr! allez au bourg chercher les gens du siège.

BAZILE. — Pour son affaire?

LE COMTE. — Et vous m'amènerez le paysan du billet.

BAZILE. — Est-ce que je le connais?

LE COMTE. — Vous résistez!

BAZILE. — Je ne suis pas entré au château pour en faire les commissions.

LE COMTE. — Quoi donc?

BAZILE. — Homme à talent sur l'orgue du village, je montre le clavecin à Madame, à chanter à ses femmes, la mandoline aux pages ; et mon emploi surtout est d'amuser votre compagnie avec ma guitare, quand il vous plaît me l'ordonner.

GRIPE-SOLEIL *s'avance.* — J'irai bien, Monsigneu, si cela vous plaira.

LE COMTE. — Quel est ton nom, et ton emploi?

GRIPE-SOLEIL. — Je suis Gripe-Soleil, mon bon Signeu ; le petit patouriau des chèvres, commandé pour le feu d'artifice. C'est fête aujourd'hui dans le troupiau ; et je sais oùs-ce qu'est toute l'enragée boutique à procès du pays.

LE COMTE. — Ton zèle me plaît ; vas-y : mais vous *(A Bazile.)*, accompagnez Monsieur en jouant de la guitare, et chantant pour l'amuser en chemin. Il est de ma compagnie.

GRIPE-SOLEIL, *joyeux.* — Oh! moi, je suis de la...? *(Suzanne l'apaise de la main, en lui montrant la Comtesse.)*

BAZILE, *surpris.* — Que j'accompagne Gripe-Soleil en jouant?...

LE COMTE. — C'est votre emploi : Partez, ou je vous chasse. *(Il sort.)*

SCÈNE XXIII

LES ACTEURS PRÉCÉDENTS, *excepté le Comte.*

BAZILE, *à lui-même.* — Ah! je n'irai pas lutter contre le pot de fer, moi qui ne suis...

FIGARO. — Qu'une cruche.

BAZILE, *à part.* — Au lieu d'aider à leur mariage, je m'en vais assurer le mien avec Marceline. *(A Figaro.)* Ne conclus rien, crois-moi, que je ne sois de retour. *(Il va prendre la guitare sur le fauteuil du fond.)*

FIGARO *le suit.* — Conclure! oh va, ne crains rien ; quand même tu ne reviendrais jamais... Tu n'as pas l'air en train de chanter ; veux-tu que je commence?...

allons gai, haut la-mi-la, pour ma fiancée. *(Il se met en marche à reculons, danse en chantant la séguedille suivante. Bazile accompagne, et tout le monde le suit.)*

SÉGUEDILLE. (Air noté.)

Je préfère à richesse,
La sagesse
De ma Suzon ;
Zon, zon, zon,
Zon, zon, zon,
Zon, zon, zon,
Zon, zon, zon.
Aussi sa gentillesse
Est maîtresse
De ma raison ;
Zon, zon, zon,
Zon, zon, zon,
Zon, zon, zon,
Zon, zon, zon.

(Le bruit s'éloigne, on n'entend pas le reste.)

SCÈNE XXIV

SUZANNE, LA COMTESSE.

LA COMTESSE, *dans sa bergère.* — Vous voyez, Suzanne, la jolie scène que votre étourdi m'a value avec son billet.

SUZANNE. — Ah! Madame, quand je suis rentrée du cabinet, si vous aviez vu votre visage! il s'est terni tout à coup : mais ce n'a été qu'un nuage ; et par degrés vous êtes devenue rouge, rouge! rouge!

LA COMTESSE. — Il a donc sauté par la fenêtre?

SUZANNE. — Sans hésiter, le charmant enfant! léger... comme une abeille!

LA COMTESSE. — Ah! ce fatal jardinier! Tout cela m'a remuée au point... que je ne pouvais rassembler deux idées.

SUZANNE. — Ah! Madame, au contraire ; et c'est là que j'ai vu combien l'usage du grand monde donne d'aisance aux dames comme il faut, pour mentir sans qu'il y paraisse.

LA COMTESSE. — Crois-tu que le Comte en soit la dupe? et s'il trouvait cet enfant au château!

SUZANNE. — Je vais recommander de le cacher si bien...

LA COMTESSE. — Il faut qu'il parte. Après ce qui vient d'arriver, vous croyez bien que je ne suis pas tentée de l'envoyer au jardin à votre place.

SUZANNE. — Il est certain que je n'irai pas non plus. Voilà donc mon mariage encore une fois...

LA COMTESSE *se lève.* — Attends... Au lieu d'un autre, ou de toi, si j'y allais moi-même ?

SUZANNE. — Vous, Madame ?

LA COMTESSE. — Il n'y aurait personne d'exposé... Le Comte alors ne pourrait nier... Avoir puni sa jalousie, et lui prouver son infidélité, cela serait... Allons : le bonheur d'un premier hasard m'enhardit à tenter le second. Fais-lui savoir promptement que tu te rendras au jardin. Mais surtout que personne...

SUZANNE. — Ah ! Figaro.

LA COMTESSE. — Non, non. Il voudrait mettre ici du sien... Mon masque de velours et ma canne ; que j'aille y rêver sur la terrasse.

Suzanne entre dans le cabinet de toilette.

SCÈNE XXV

LA COMTESSE, *seule.*

Il est assez effronté, mon petit projet ! *(Elle se retourne.)* Ah ! le ruban ! mon joli ruban ! je t'oubliais ! *(Elle le prend sur sa bergère et le roule.)* Tu ne me quitteras plus... tu me rappelleras la scène où ce malheureux enfant... ah ! Monsieur le Comte, qu'avez-vous fait ?... et moi ! que fais-je en ce moment ?...

SCÈNE XXVI

LA COMTESSE, SUZANNE.

La Comtesse met furtivement le ruban dans son sein.

SUZANNE. — Voici la canne et votre loup.

LA COMTESSE. — Souviens-toi que je t'ai défendu d'en dire un mot à Figaro.

SUZANNE, *avec joie.* — Madame, il est charmant votre projet. Je viens d'y réfléchir. Il rapproche tout, termine tout, embrasse tout ; et, quelque chose qui arrive, mon mariage est maintenant certain. *(Elle baise la main de sa Maîtresse. Elles sortent.)*

Pendant l'entracte, des valets arrangent la salle d'audience : on apporte les deux banquettes à dossier des avocats, que l'on place aux deux côtés du théâtre, de façon que le passage soit libre par derrière. On pose une estrade à deux marches dans le milieu du théâtre, vers le fond, sur laquelle on place le fauteuil du Comte. On met la table du greffier et son tabouret de côté sur le devant, et des sièges pour Brid'oison et d'autres juges, des deux côtés de l'estrade du Comte.

ACTE III

Le théâtre représente une salle du château, appelée salle du trône et servant de salle d'audience, ayant sur le côté une impériale en dais et, dessous, le portrait du Roi.

SCÈNE PREMIÈRE

LE COMTE, PÉDRILLE, *en veste, botté, tenant un paquet cacheté.*

LE COMTE, *vite.* — M'as-tu bien entendu ?
PÉDRILLE. — Excellence, oui *(Il sort.)*

SCÈNE II

LE COMTE, *seul, criant.*

Pédrille ?

SCÈNE III

LE COMTE, PÉDRILLE *revient.*

PÉDRILLE. — Excellence ?
LE COMTE. — On ne t'a pas vu ?
PÉDRILLE. — Ame qui vive.
LE COMTE. — Prenez le cheval barbe.
PÉDRILLE. — Il est à la grille du potager, tout sellé.
LE COMTE. — Ferme, d'un trait, jusqu'à Séville.
PÉDRILLE. — Il n'y a que trois lieues, elles sont bonnes.
LE COMTE. — En descendant, sachez si le page est arrivé.
PÉDRILLE. — Dans l'hôtel ?
LE COMTE. — Oui ; surtout depuis quel temps ?
PÉDRILLE. — J'entends.
LE COMTE. — Remets-lui son brevet, et reviens vite.
PÉDRILLE. — Et s'il n'y était pas ?
LE COMTE. — Revenez plus vite, et m'en rendez compte. Allez.

SCÈNE IV

LE COMTE, *seul, marche en rêvant.*

J'ai fait une gaucherie en éloignant Bazile!... la colère n'est bonne à rien. — Ce billet remis par lui, qui m'avertit d'une entreprise sur la Comtesse ; la camariste enfermée quand j'arrive, la maîtresse affectée d'une terreur fausse ou vraie ; un homme qui saute par la fenêtre, et l'autre après qui avoue... ou qui prétend que c'est lui... Le fil m'échappe. Il y a là-dedans une obscurité... Des libertés chez mes vassaux ; qu'importe à gens de cette étoffe? Mais la Comtesse! si quelque insolent attentait... où m'égaré-je? En vérité, quand la tête se monte, l'imagination la mieux réglée devient folle comme un rêve! — Elle s'amusait ; ces ris étouffés, cette joie mal éteinte! — Elle se respecte ; et mon honneur... où diable on l'a placé! De l'autre part, où suis-je? cette friponne de Suzanne a-t-elle trahi mon secret?... Comme il n'est pas encore le sien!... Qui donc m'enchaîne à cette fantaisie? j'ai voulu vingt fois y renoncer... Étrange effet de l'irrésolution! si je la voulais sans débat, je la désirerais mille fois moins. — Ce Figaro se fait bien attendre! il faut le sonder adroitement, *(Figaro paraît dans le fond ; il s'arrête.)* et tâcher dans la conversation que je vais avoir avec lui, de démêler d'une manière détournée s'il est instruit ou non de mon amour pour Suzanne.

SCÈNE V

LE COMTE, FIGARO.

FIGARO, *à part.* — Nous y voilà.

LE COMTE. — ... S'il en sait par elle un seul mot...

FIGARO, *à part.* — Je m'en suis douté.

LE COMTE. — ...Je lui fais épouser la vieille.

FIGARO, *à part.* — Les amours de Monsieur Bazile?

LE COMTE. — ...Et voyons ce que nous ferons de la jeunesse.

FIGARO, *à part.* — Ah! ma femme, s'il vous plaît.

LE COMTE *se retourne.* — Hein? quoi? qu'est-ce que c'est?

FIGARO *s'avance.* — Moi, qui me rends à vos ordres.

LE COMTE. — Et pourquoi ces mots?

FIGARO. — Je n'ai rien dit.

LE COMTE *répète.* — *Ma femme, s'il vous plaît ?*

FIGARO. — C'est... la fin d'une réponse que je faisais : *Allez le dire à ma femme, s'il vous plaît.*

LE COMTE *se promène.* — *Sa femme !...* Je voudrais bien savoir quelle affaire peut arrêter Monsieur, quand je le fais appeler ?

FIGARO, *feignant d'assurer son habillement.* — Je m'étais sali sur ces couches, en tombant ; je me changeais.

LE COMTE. — Faut-il une heure ?

FIGARO. — Il faut le temps.

LE COMTE. — Les domestiques ici... sont plus longs à s'habiller que les maîtres !

FIGARO. — C'est qu'ils n'ont point de valets pour les y aider.

LE COMTE. — ...Je n'ai pas trop compris ce qui vous avait forcé tantôt de courir un danger inutile, en vous jetant...

FIGARO. — Un danger ! on dirait que je me suis engouffré tout vivant...

LE COMTE. — Essayez de me donner le change en feignant de le prendre, insidieux valet ! vous entendez fort bien que ce n'est pas le danger qui m'inquiète, mais le motif.

FIGARO. — Sur un faux avis, vous arrivez furieux, renversant tout, comme le torrent de la Morena ; vous cherchez un homme, il vous le faut, ou vous allez briser les portes, enfoncer les cloisons ! je me trouve là par hasard, qui sait dans votre emportement si...

LE COMTE, *interrompant.* — Vous pouviez fuir par l'escalier.

FIGARO. — Et vous, me prendre au corridor.

LE COMTE, *en colère.* — Au corridor ! *(A part.)* Je m'emporte, et nuis à ce que je veux savoir.

FIGARO, *à part.* — Voyons-le venir, et jouons serré.

LE COMTE, *radouci.* — Ce n'est pas ce que je voulais dire, laissons cela. J'avais... oui, j'avais quelque envie de t'emmener à Londres, courrier de dépêches... mais toutes réflexions faites...

FIGARO. — Monseigneur a changé d'avis ?

LE COMTE. — Premièrement, tu ne sais pas l'anglais.

FIGARO. — Je sais *God-dam.*

LE COMTE. — Je n'entends pas.

FIGARO. — Je dis que je sais *God-dam.*

LE COMTE. — Hé bien ?

FIGARO. — Diable! c'est une belle langue que l'anglais ; il en faut peu pour aller loin. Avec *God-dam* en Angleterre, on ne manque de rien nulle part. — Voulez-vous tâter d'un bon poulet gras? entrez dans une taverne, et faites seulement ce geste au garçon *(Il tourne la broche.)*, *God-dam!* on vous apporte un pied de bœuf salé sans pain. C'est admirable! Aimez-vous à boire un coup d'excellent bourgogne ou de clairet? rien que celui-ci *(Il débouche une bouteille.)*, *God-dam!* on vous sert un pot de bière, en bel étain, la mousse aux bords. Quelle satisfaction! Rencontrez-vous une de ces jolies personnes qui vont trottant menu, les yeux baissés, coudes en arrière, et tortillant un peu des hanches? mettez mignardement tous les doigts unis sur la bouche. Ah! *God-dam!* elle vous sangle un soufflet de crocheteur. Preuve qu'elle entend. Les Anglais, à la vérité, ajoutent par ci, par là quelques autres mots en conversant ; mais il est bien aisé de voir que *God-dam* est le fond de la langue ; et si Monseigneur n'a pas d'autre motif de me laisser en Espagne...

LE COMTE, *à part.* — Il veut venir à Londres ; elle n'a pas parlé.

FIGARO, *à part.* — Il croit que je sais rien ; travaillons-le un peu, dans son genre.

LE COMTE. — Quel motif avait la Comtesse, pour me jouer un pareil tour?

FIGARO. — Ma foi, Monseigneur, vous le savez mieux que moi.

LE COMTE. — Je la préviens sur tout, et la comble de présents.

FIGARO. — Vous lui donnez, mais vous êtes infidèle. Sait-on gré du superflu, à qui nous prive du nécessaire?

LE COMTE. — ...Autrefois tu me disais tout.

FIGARO. — Et maintenant je ne vous cache rien.

LE COMTE. — Combien la Comtesse t'a-t-elle donné pour cette belle association?

FIGARO. — Combien me donnâtes-vous pour la tirer des mains du Docteur? tenez, Monseigneur, n'humilions pas l'homme qui nous sert bien, crainte d'en faire un mauvais valet.

LE COMTE. — Pourquoi faut-il qu'il y ait toujours du louche en ce que tu fais?

FIGARO. — C'est qu'on en voit partout quand on cherche des torts.

LE COMTE. — Une réputation détestable !

FIGARO. — Et si je vaux mieux qu'elle ? y a-t-il beaucoup de seigneurs qui puissent en dire autant ?

LE COMTE. — Cent fois je t'ai vu marcher à la fortune, et jamais aller droit.

FIGARO. — Comment voulez-vous ? la foule est là : chacun veut courir, on se presse, on pousse, on coudoie, on renverse, arrive qui peut ; le reste est écrasé. Aussi c'est fait ; pour moi, j'y renonce.

LE COMTE. — A la fortune ? *(A part.)* Voici du neuf.

FIGARO, *à part.* — A mon tour maintenant. *(Haut.)* Votre Excellence m'a gratifié de la conciergerie du château ; c'est un fort joli sort ; à la vérité je ne serai pas le courrier étrenné des nouvelles intéressantes ; mais en revanche, heureux avec ma femme au fond de l'Andalousie...

LE COMTE. — Qui t'empêcherait de l'emmener à Londres ?

FIGARO. — Il faudrait la quitter si souvent, que j'aurais bientôt du mariage par-dessus la tête.

LE COMTE. — Avec du caractère et de l'esprit, tu pourrais un jour t'avancer dans les bureaux.

FIGARO. — De l'esprit pour s'avancer ? Monseigneur se rit du mien. Médiocre et rampant, et l'on arrive à tout.

LE COMTE. — ...Il ne faudrait qu'étudier un peu sous moi la politique.

FIGARO. — Je la sais.

LE COMTE. — Comme l'anglais, le fond de la langue !

FIGARO. — Oui, s'il y avait ici de quoi se vanter. Mais, feindre d'ignorer ce qu'on sait, de savoir tout ce qu'on ignore ; d'entendre ce qu'on ne comprend pas, de ne point ouïr ce qu'on entend ; surtout de pouvoir au-delà de ses forces ; avoir souvent pour grand secret de cacher qu'il n'y en a point ; s'enfermer pour tailler des plumes, et paraître profond, quand on n'est, comme on dit, que vide et creux ; jouer bien ou mal un personnage ; répandre des espions et pensionner des traîtres ; amollir des cachets ; intercepter des lettres ; et tâcher d'ennoblir la pauvreté des moyens par l'importance des objets : voilà toute la politique, ou je meure !

LE COMTE. — Eh ! c'est l'intrigue que tu définis !

FIGARO. — La politique, l'intrigue, volontiers ; mais comme je les crois un peu germaines, en fasse qui voudra. *J'aime mieux ma mie, ô gué!* comme dit la chanson du bon Roi.

LE COMTE, *à part.* — Il veut rester. J'entends... Suzanne m'a trahi.

FIGARO, *à part.* — Je l'enfile et le paye en sa monnaie.

LE COMTE. — Ainsi tu espères gagner ton procès contre Marceline?

FIGARO. — Me feriez-vous un crime de refuser une vieille fille, quand Votre Excellence se permet de nous souffler toutes les jeunes?

LE COMTE, *raillant.* — Au tribunal, le magistrat s'oublie, et ne voit plus que l'ordonnance.

FIGARO. — Indulgente aux grands, dure aux petits...

LE COMTE. — Crois-tu que je plaisante?

FIGARO. — Eh! qui le sait, Monseigneur? *Tempo e galant'uomo*, dit l'Italien ; il dit toujours la vérité : c'est lui qui m'apprendra qui me veut du mal, ou du bien.

LE COMTE, *à part.* — Je vois qu'on lui a tout dit ; il épousera la duègne.

FIGARO, *à part.* — Il a joué au fin avec moi ; qu'a-t-il appris?

SCÈNE VI

LE COMTE, UN LAQUAIS, FIGARO.

LE LAQUAIS, *annonçant.* — Don Gusman Brid'oison.

LE COMTE. — Brid'oison?

FIGARO. — Eh! sans doute. C'est le juge ordinaire, le lieutenant du siège, votre prud'homme.

LE COMTE. — Qu'il attende.

Le laquais sort.

SCÈNE VII

LE COMTE, FIGARO.

FIGARO *reste un moment à regarder le Comte qui rêve.* — ...Est-ce là ce que Monseigneur voulait?

LE COMTE, *revenant à lui.* — Moi?... je disais d'arranger ce salon pour l'audience publique.

FIGARO. — Hé, qu'est-ce qu'il manque? le grand fauteuil pour vous, de bonnes chaises aux prud'hommes, le tabouret du greffier, deux banquettes aux avocats, le plancher pour le beau monde, et la canaille derrière. Je vais renvoyer les frotteurs. *(Il sort.)*

SCÈNE VIII

LE COMTE, *seul.*

Le maraud m'embarrassait! en disputant, il prend son avantage, il vous serre, vous enveloppe... Ah! friponne et fripon! vous vous entendez pour me jouer? soyez amis, soyez amants, soyez ce qu'il vous plaira, j'y consens ; mais, parbleu, pour époux...

SCÈNE IX

SUZANNE, LE COMTE.

SUZANNE, *essoufflée.* — Monseigneur... pardon, Monseigneur.

LE COMTE, *avec humeur.* — Qu'est-ce qu'il y a, Mademoiselle?

SUZANNE. — Vous êtes en colère!

LE COMTE. — Vous voulez quelque chose apparemment?

SUZANNE, *timidement.* — C'est que ma maîtresse a ses vapeurs. J'accourais vous prier de nous prêter votre flacon d'éther. Je l'aurais rapporté dans l'instant.

LE COMTE *le lui donne.* — Non, non, gardez-le pour vous-même. Il ne tardera pas à vous être utile.

SUZANNE. — Est-ce que les femmes de mon état ont des vapeurs, donc? c'est un mal de condition, qu'on ne prend que dans les boudoirs.

LE COMTE. — Une fiancée bien éprise, et qui perd son futur...

SUZANNE. — En payant Marceline, avec la dot que vous m'avez promise...

LE COMTE. — Que je vous ai promise, moi?

SUZANNE, *baissant les yeux.* — Monseigneur, j'avais cru l'entendre.

LE COMTE. — Oui, si vous consentiez à m'entendre vous-même.

SUZANNE, *les yeux baissés.* — Et n'est-ce pas mon devoir d'écouter Son Excellence?

LE COMTE. — Pourquoi donc, cruelle fille! ne me l'avoir pas dit plus tôt?

SUZANNE. — Est-il jamais trop tard pour dire la vérité?

LE COMTE. — Tu te rendrais sur la brune au jardin?

SUZANNE. — Est-ce que je ne m'y promène pas tous les soirs?

LE COMTE. — Tu m'as traité ce matin si durement!

SUZANNE. — Ce matin? — et le page derrière le fauteuil?

LE COMTE. — Elle a raison ; je l'oubliais. Mais pourquoi ce refus obstiné, quand Bazile, de ma part?...

SUZANNE. — Quelle nécessité qu'un Bazile?...

LE COMTE. — Elle a toujours raison. Cependant il y a un certain Figaro à qui je crains bien que vous n'ayez tout dit!

SUZANNE. — Dame! oui, je lui dis tout — hors ce qu'il faut lui taire.

LE COMTE, *en riant.* — Ah, charmante! Et, tu me le promets? Si tu manquais à ta parole, entendons-nous, mon cœur : point de rendez-vous, point de dot, point de mariage.

SUZANNE, *faisant la révérence.* — Mais aussi point de mariage, point de droit du Seigneur, Monseigneur.

LE COMTE. — Où prend-elle ce qu'elle dit? d'honneur j'en raffollerai! Mais ta maîtresse attend le flacon...

SUZANNE, *riant et rendant le flacon.* — Aurais-je pu vous parler sans un prétexte?

LE COMTE *veut l'embrasser.* — Délicieuse créature!

SUZANNE *s'échappe.* — Voilà du monde.

LE COMTE, *à part.* — Elle est à moi. *(Il s'enfuit.)*

SUZANNE. — Allons vite rendre compte à Madame.

SCÈNE X

SUZANNE, FIGARO.

FIGARO. — Suzanne, Suzanne! où cours-tu donc si vite en quittant Monseigneur?

SUZANNE. — Plaide à présent, si tu le veux ; tu viens de gagner ton procès. *(Elle s'enfuit.)*

FIGARO *la suit.* — Ah! mais, dis donc...

SCÈNE XI

LE COMTE *rentre seul.*

Tu viens de gagner ton procès ! — je donnais là dans un bon piège! O mes chers insolents! je vous punirai de façon... Un bon arrêt, bien juste... mais s'il allait payer la duègne... avec quoi?... s'il payait... Eeeeh! n'ai-je pas le fier Antonio, dont le noble orgueil dédaigne, en Figaro, un inconnu pour sa nièce? En caressant cette manie... pourquoi non? dans le vaste champ de l'intrigue, il faut savoir tout cultiver, jusqu'à la vanité d'un sot. *(Il appelle.)* Anto... *(Il voit entrer Marceline, etc. Il sort.)*

SCÈNE XII

BARTHOLO, MARCELINE, BRID'OISON.

MARCELINE, *à Brid'oison.* — Monsieur, écoutez mon affaire.

BRID'OISON, *en robe, et bégayant un peu.* — Eh bien! pa-arlons-en verbalement.

BARTHOLO. — C'est une promesse de mariage.

MARCELINE. — Accompagnée d'un prêt d'argent.

BRID'OISON. — J'en-entends, et cætera, le reste.

MARCELINE. — Non, Monsieur, point d'*et cætera.*

BRID'OISON. — J'en-entends : vous avez la somme!

MARCELINE. — Non, Monsieur, c'est moi qui l'ai prêtée.

BRID'OISON. — J'en-entends bien, vou-ous redemandez l'argent?

MARCELINE. — Non, Monsieur ; je demande qu'il m'épouse.

BRID'OISON. — Eh mais, j'en-entends fort bien; et lui veu-eut-il vous épouser?

MARCELINE. — Non, Monsieur ; voilà tout le procès!

BRID'OISON. — Croyez-vous que je ne l'entende pas, le procès?

MARCELINE. — Non, Monsieur ; *(A Bartholo.)* où sommes-nous? *(A Brid'oison)* Quoi! c'est vous qui nous jugerez?

BRID'OISON. — Est-ce que j'ai acheté ma charge pour autre chose?

MARCELINE, *en soupirant.* — C'est un grand abus que de les vendre!

BRID'OISON. — Oui, l'on-on ferait mieux de nous les donner pour rien. Contre qui plai-aidez-vous?

SCÈNE XIII

BARTHOLO, MARCELINE, BRID'OISON, FIGARO *rentre en se frottant les mains.*

MARCELINE, *montrant Figaro.* — Monsieur, contre ce malhonnête homme.

FIGARO, *très gaiement, à Marceline.* — Je vous gêne peut-être. — Monseigneur revient dans l'instant, Monsieur le Conseiller.

BRID'OISON. — J'ai vu ce ga-arçon-là quelque part?

FIGARO. — Chez Madame votre femme, à Séville, pour la servir, Monsieur le Conseiller.

BRID'OISON. — Dan-ans quel temps?

FIGARO. — Un peu moins d'un an avant la naissance de Monsieur votre fils le cadet, qui est un bien joli enfant, je m'en vante.

BRID'OISON. — Oui, c'est le plus jo-oli de tous. On dit que tu-u fais ici des tiennes?

FIGARO. — Monsieur est bien bon. Ce n'est là qu'une misère.

BRID'OISON. — Une promesse de mariage! A-ah, le pauvre benêt.

FIGARO. — Monsieur...

BRID'OISON. — A-t-il vu mon-on secrétaire, ce bon garçon?

FIGARO. — N'est-ce pas Double-Main, le greffier?

BRID'OISON. — Oui, c'è-est qu'il mange à deux râteliers.

FIGARO. — Manger! je suis garant qu'il dévore. Oh! que oui, je l'ai vu, pour l'extrait, et pour le supplément d'extrait; comme cela se pratique, au reste.

BRID'OISON. — On-on doit remplir les formes.

FIGARO. — Assurément, Monsieur : si le fond des procès appartient aux plaideurs, on sait bien que la forme est le patrimoine des tribunaux.

BRID'OISON. — Ce garçon-là n'è-est pas si niais que je l'avais cru d'abord. Hé bien, l'ami, puisque tu en sais tant, nou-ous aurons soin de ton affaire.

FIGARO. — Monsieur, je m'en rapporte à votre équité, quoique vous soyez de notre Justice.

BRID'OISON. — Hein?... Oui, je suis de la-a Justice. Mais si tu dois, et que tu-u ne payes pas?

FIGARO. — Alors Monsieur voit bien que c'est comme si je ne devais pas.

BRID'OISON. — San-ans doute. — Hé mais qu'est-ce donc qu'il dit?

SCÈNE XIV

BARTHOLO, MARCELINE, LE COMTE, BRID'OISON, FIGARO, UN HUISSIER.

L'HUISSIER, *précédent le Comte, crie.* — Monseigneur, Messieurs.

LE COMTE. — En robe ici, Seigneur Brid'oison! ce n'est qu'une affaire domestique. L'habit de ville était trop bon.

BRID'OISON. — C'è-est vous qui l'êtes, Monsieur le Comte. Mais je ne vais jamais sans-ans elle ; parce que la forme, voyez-vous, la forme! Tel rit d'un juge en habit court, qui-i tremble au seul aspect d'un procureur en robe. La forme, la-a forme!

LE COMTE, *à l'huissier*. — Faites entrer l'audience.

L'HUISSIER *va ouvrir en glapissant*. — L'audience!

SCÈNE XV

LES ACTEURS PRÉCÉDENTS, ANTONIO, LES VALETS DU CHATEAU, LES PAYSANS ET PAYSANNES *en habits de fête* ; LE COMTE *s'assied sur le grand fauteuil*, BRID'OISON *sur une chaise à côté* ; LE GREFFIER, *sur le tabouret derrière sa table* ; LES JUGES, LES AVOCATS, *sur les banquettes* ; MARCELINE, *à côté de* BARTHOLO ; FIGARO, *sur l'autre banquette* ; LES PAYSANS *et* LES VALETS *debout derrière*.

BRID'OISON, *à Double-Main*. — Double-Main, a-appelez les causes.

DOUBLE-MAIN *lit un papier*. — Noble, très noble, infiniment noble, Dom Pedro George, Hidalgo, Baron de Los altos, y montes fieros, y otros montes ; contre Alonzo Calderon, jeune auteur dramatique. Il est question d'une comédie mort-née, que chacun désavoue, et rejette sur l'autre.

LE COMTE. — Ils ont raison tous deux. Hors de cour. S'ils font ensemble un autre ouvrage, pour qu'il marque un peu dans le grand monde, ordonné que le noble y mettra son nom, le poète son talent.

DOUBLE-MAIN *lit un autre papier*. — André Petrutchio, laboureur ; contre le receveur de la province. Il s'agit d'un forcement arbitraire.

LE COMTE. — L'affaire n'est pas de mon ressort. Je servirai mieux mes vassaux en les protégeant près du Roi. Passez.

DOUBLE-MAIN *en prend un troisième. Bartholo et Figaro se lèvent*. — Barbe-Agar-Raab-Madeleine-Nicole-Marceline de Verte-Allure, fille majeure *(Marceline se lève et salue)* ; contre *Figaro*... nom de baptême en blanc?

FIGARO. — Anonyme.

BRID'OISON. — A-anonyme! Què-el patron est-ce là?

FIGARO. — C'est le mien.

DOUBLE-MAIN *écrit.* — Contre Anonyme Figaro. Qualités?

FIGARO. — Gentilhomme.

LE COMTE. — Vous êtes gentilhomme? *(Le greffier écrit.)*

FIGARO. — Si le Ciel l'eût voulu, je serais le fils d'un prince.

LE COMTE, *au greffier.* — Allez.

L'HUISSIER, *glapissant.* — Silence, Messieurs.

DOUBLE-MAIN *lit.* — ...Pour cause d'opposition faite au mariage dudit Figaro par ladite de Verte-Allure. Le Docteur Bartholo plaidant pour la demanderesse, et ledit Figaro pour lui-même, si la Cour le permet, contre le vœu de l'usage, et la jurisprudence du siège.

FIGARO. — L'usage, Maître Double-Main, est souvent un abus ; le client un peu instruit sait toujours mieux sa cause que certains avocats qui, suant à froid, criant à tue-tête, et connaissant tout, hors le fait, s'embarrassent aussi peu de ruiner le plaideur, que d'ennuyer l'auditoire, et d'endormir Messieurs : plus boursouflés après que s'ils eussent composé l'*Oratio pro Murena* ; moi je dirai le fait en peu de mots, Messieurs...

DOUBLE-MAIN. — En voilà beaucoup d'inutiles, car vous n'êtes pas demandeur, et n'avez que la défense : avancez, Docteur, et lisez la promesse.

FIGARO. — Oui, promesse!

BARTHOLO, *mettant ses lunettes.* — Elle est précise.

BRID'OISON. — I-il faut la voir.

DOUBLE-MAIN. — Silence donc, Messieurs.

L'HUISSIER, *glapissant.* — Silence.

BARTHOLO *lit.* — « *Je soussigné reconnais avoir reçu de Damoiselle, etc... Marceline de Verte-Allure, dans le château d'Aguas-Frescas, la somme de deux mille piastres fortes cordonnées ; laquelle somme je lui rendrai à sa réquisition, dans ce château ; et je l'épouserai, par forme de reconnaissance, etc.* Signé *Figaro*, tout court. » Mes conclusions sont au payement du billet, et à l'exécution de la promesse, avec dépens. *(Il plaide.)* Messieurs... jamais cause plus intéressante ne fut soumise au jugement de la cour! et depuis Alexandre le Grand, qui promit mariage à la belle Thalestris...

LE COMTE, *interrompant.* — Avant d'aller plus loin, avocat, convient-on de la validité du titre ?

BRID'OISON, *à Figaro.* — Qu'oppo... qu'oppo-osez-vous à cette lecture ?

FIGARO. — Qu'il y a, Messieurs, malice, erreur, ou distraction dans la manière dont on a lu la pièce ; car il n'est pas dit dans l'écrit : *laquelle somme je lui rendrai, ET je l'épouserai ;* mais *laquelle somme je lui rendrai, OU je l'épouserai ;* ce qui est bien différent.

LE COMTE. — Y a-t-il ET dans l'acte ; ou bien OU ?

BARTHOLO. — Il y a ET.

FIGARO. — Il y a OU.

BRID'OISON. — Dou-ouble-Main, lisez vous-même.

DOUBLE-MAIN, *prenant le papier.* — Et c'est le plus sûr ; car souvent les parties déguisent en lisant. *(Il lit.)* E. e. e. *Damoiselle* e. e. e. de *Verte-Allure* e. e. e. Ha ! *laquelle somme je lui rendrai à sa réquisition, dans ce château...* ET... OU... ET... OU... Le mot est si mal écrit... il y a un pâté.

BRID'OISON. — Un pâ-âté ? je sais ce que c'est.

BARTHOLO, *plaidant.* — Je soutiens, moi, que c'est la conjonction copulative ET qui lie les membres corrélatifs de la phrase ; je payerai la demoiselle, ET je l'épouserai.

FIGARO, *plaidant.* — Je soutiens, moi, que c'est la conjonction alternative OU, qui sépare lesdits membres ; je payerai la donzelle, OU, je l'épouserai : à pédant, pédant et demi ; qu'il s'avise de parler latin, j'y suis grec ; je l'extermine.

LE COMTE. — Comment juger pareille question ?

BARTHOLO. — Pour la trancher, Messieurs, et ne plus chicaner sur un mot, nous passons qu'il y ait OU.

FIGARO. — J'en demande acte.

BARTHOLO. — Et nous y adhérons. Un si mauvais refuge ne sauvera pas le coupable : examinons le titre en ce sens. *(Il lit.) Laquelle somme je lui rendrai dans ce château où je l'épouserai.* C'est ainsi qu'on dirait, Messieurs : *vous vous ferez saigner dans ce lit* où *vous resterez chaudement* ; c'est « dans lequel ». *Il prendra deux grains de rhubarbe* où *vous mêlerez un peu de tamarin* ; dans lesquels on mêlera. Ainsi *château* où *je l'épouserai*, Messieurs, c'est *château dans lequel...*

FIGARO. — Point du tout : la phrase est dans le sens de celle-ci : ou *la maladie vous tuera*, ou *ce sera le médecin* ; ou bien *le médecin*, c'est incontestable. Autre exemple : ou *vous n'écrirez rien qui plaise*, ou *les sots vous dénigreront* ; ou bien *les sots*, le sens est clair ; car, audit cas, *sots* ou *méchants*, sont le substantif qui gouverne. Maître Bartholo croit-il donc que j'aie oublié ma syntaxe ? Ainsi, je la paierai dans ce château, *virgule* ; ou je l'épouserai...

BARTHOLO, *vite*. — Sans virgule.

FIGARO, *vite*. — Elle y est. C'est *virgule*, Messieurs, ou bien je l'épouserai.

BARTHOLO, *regardant le papier vite*. — Sans virgule, Messieurs.

FIGARO, *vite*. — Elle y était, Messieurs. D'ailleurs, l'homme qui épouse est-il tenu de rembourser ?

BARTHOLO, *vite*. — Oui ; nous nous marions séparés de biens.

FIGARO, *vite*. — Et nous de corps, dès que mariage n'est pas quittance. *(Les juges se lèvent et opinent tout bas.)*

BARTHOLO. — Plaisant acquittement !

DOUBLE-MAIN. — Silence, Messieurs.

L'HUISSIER, *glapissant*. — Silence.

BARTHOLO. — Un pareil fripon appelle cela payer ses dettes !

FIGARO. — Est-ce votre cause, avocat, que vous plaidez ?

BARTHOLO. — Je défends cette demoiselle.

FIGARO. — Continuez à déraisonner ; mais cessez d'injurier. Lorsque, craignant l'emportement des plaideurs, les tribunaux ont toléré qu'on appelât des tiers, ils n'ont pas entendu que ces défenseurs modérés deviendraient impunément des insolents privilégiés. C'est dégrader le plus noble institut. *(Les juges continuent d'opiner bas.)*

ANTONIO, *à Marceline, montrant les juges*. — Qu'ont-ils tant à balbucifier ?

MARCELINE. — On a corrompu le grand juge, il corrompt l'autre, et je perds mon procès.

BARTHOLO, *bas, d'un ton sombre*. — J'en ai peur.

FIGARO, *gaiement*. — Courage, Marceline !

DOUBLE-MAIN, *se lève ; à Marceline*. — Ah ! c'est trop fort ! je vous dénonce, et, pour l'honneur du tribunal, je demande qu'avant faire droit sur l'autre affaire, il soit prononcé sur celle-ci.

LE COMTE *s'assied*. — Non, greffier, je ne prononcerai point sur mon injure personnelle : un juge espagnol n'aura point à rougir d'un excès digne au plus des tribunaux asiatiques : c'est assez des autres abus! J'en vais corriger un second, en vous motivant mon arrêt : tout juge qui s'y refuse est un grand ennemi des lois! Que peut requérir la demanderesse? mariage à défaut de payement ; les deux ensemble impliqueraient.

DOUBLE-MAIN. — Silence, Messieurs.

L'HUISSIER, *glapissant.* — Silence.

LE COMTE. — Que nous répond le défendeur? qu'il veut garder sa personne ; à lui permis.

FIGARO, *avec joie.* — J'ai gagné!

LE COMTE. — Mais comme le texte dit : *laquelle somme je payerai à la première réquisition, ou bien j'épouserai, etc.*, la cour condamne le défendeur à payer deux mille piastres fortes, à la demanderesse ; ou bien à l'épouser dans le jour. *(Il se lève.)*

FIGARO, *stupéfait.* — J'ai perdu.

ANTONIO, *avec joie.* — Superbe arrêt.

FIGARO. — En quoi superbe?

ANTONIO. — En ce que tu n'es plus mon neveu. Grand merci, Monseigneur.

L'HUISSIER, *glapissant.* — Passez, Messieurs. *(Le peuple sort.)*

ANTONIO. — Je m'en vas tout conter à ma nièce. *(Il sort.)*

SCÈNE XVI

LE COMTE, *allant de côté et d'autre* ; MARCELINE, BARTHOLO, FIGARO, BRID'OISON.

MARCELINE *s'assied.* — Ah! je respire.

FIGARO. — Et moi, j'étouffe.

LE COMTE, *à part.* — Au moins je suis vengé, cela soulage.

FIGARO, *à part.* — Et ce Bazile qui devait s'opposer au mariage de Marceline ; voyez comme il revient! — *(Au Comte qui sort.)* Monseigneur, vous nous quittez?

LE COMTE. — Tout est jugé.

FIGARO, *à Brid'oison.* — C'est ce gros enflé de conseiller...

BRID'OISON. — Moi, gro-os enflé!

FIGARO. — Sans doute. Et je ne l'épouserai pas : je suis gentilhomme une fois. *(Le Comte s'arrête.)*

BARTHOLO. — Vous l'épouserez.

FIGARO. — Sans l'aveu de mes nobles parents?

BARTHOLO. — Nommez-les, montrez-les.

FIGARO. — Qu'on me donne un peu de temps : je suis bien près de les revoir ; il y a quinze ans que je les cherche.

BARTHOLO. — Le fat! c'est quelque enfant trouvé!

FIGARO. — Enfant perdu, Docteur; ou plutôt enfant volé.

LE COMTE *revient.* — *Volé, perdu,* la preuve? il crierait qu'on lui fait injure!

FIGARO. — Monseigneur, quand les langes à dentelles, tapis brodés et joyaux d'or trouvés sur moi par les brigands n'indiqueraient pas ma haute naissance, la précaution qu'on avait prise de me faire des marques distinctives témoigneraient assez combien j'étais un fils précieux : et cet hiéroglyphe à mon bras... *(Il veut se dépouiller le bras droit.)*

MARCELINE, *se levant vivement.* — Une spatule à ton bras droit?

FIGARO. — D'où savez-vous que je dois l'avoir?

MARCELINE. — Dieux! c'est lui!

FIGARO. — Oui, c'est moi.

BARTHOLO, *à Marceline.* — Et qui? lui!

MARCELINE, *vivement.* — C'est Emmanuel.

BARTHOLO, *à Figaro.* — Tu fus enlevé par des bohémiens?

FIGARO, *exalté.* — Tout près d'un château. Bon Docteur, si vous me rendez à ma noble famille, mettez un prix à ce service ; des monceaux d'or n'arrêteront pas mes illustres parents.

BARTHOLO, *montrant Marceline.* — Voilà ta mère.

FIGARO. — ... Nourrice?

BARTHOLO. — Ta propre mère.

LE COMTE. — Sa mère!

FIGARO. — Expliquez-vous.

MARCELINE, *montrant Bartholo.* — Voilà ton père.

FIGARO, *désolé.* — O o oh! aye de moi!

MARCELINE. — Est-ce que la nature ne te l'a pas dit mille fois?

FIGARO. — Jamais.

LE COMTE, *à part.* — Sa mère!

BRID'OISON. — C'est clair, i-il ne l'épousera pas.

☛ *BARTHOLO. — Ni moi non plus.

* Ce qui suit, enfermé entre ces deux index, a été retranché par les Comédiens-Français aux représentations de Paris.

MARCELINE. — Ni vous! et votre fils? vous m'aviez juré...

BARTHOLO. — J'étais fou. Si pareils souvenirs engageaient, on serait tenu d'épouser tout le monde.

BRID'OISON. — E-et si l'on y regardait de si près, per-ersonne n'épouserait personne.

BARTHOLO. — Des fautes si connues! une jeunesse déplorable!

MARCELINE, *s'échauffant par degrés.* — Oui, déplorable, et plus qu'on ne croit! Je n'entends pas nier mes fautes, ce jour les a trop bien prouvées! mais qu'il est dur de les expier après trente ans d'une vie modeste! J'étais née, moi, pour être sage, et je la suis devenue sitôt qu'on m'a permis d'user de ma raison. Mais dans l'âge des illusions, de l'inexpérience et des besoins, où les séducteurs nous assiègent, pendant que la misère nous poignarde, que peut opposer une enfant à tant d'ennemis rassemblés? Tel nous juge si sévèrement, qui peut-être en sa vie a perdu dix infortunées!

FIGARO. — Les plus coupables sont les moins généreux ; c'est la règle.

MARCELINE, *vivement.* — Hommes plus qu'ingrats, qui flétrissez par le mépris les jouets de vos passions, vos victimes! c'est vous qu'il faut punir des erreurs de notre jeunesse ; vous et vo magistrats, si vains du droit de nous juger, et qui nous laissent enlever, par leur coupable négligence, tout honnête moyen de subsister. Est-il un seul état pour les malheureuses filles? Elles avaient un droit naturel à toute la parure des femmes : on y laisse former mille ouvriers de l'autre sexe.

FIGARO, *en colère.* — Ils font broder jusqu'aux soldats!

MARCELINE, *exaltée.* — Dans les rangs même plus élevés, les femmes n'obtiennent de vous qu'une considération dérisoire ; leurrées de respects apparents, dans une servitude réelle ; traitées en mineures pour nos biens, punies en majeures pour nos fautes : ah, sous tous les aspects, votre conduite avec nous fait horreur, ou pitié!

FIGARO. — Elle a raison!

LE COMTE, *à part.* — Que trop raison!

BRID'OISON. — Elle a, mon-on Dieu! raison.

MARCELINE. — Mais que nous font, mon fils, les refus d'un homme injuste? ne regarde pas d'où tu viens, vois où tu vas ; cela seul importe à chacun. Dans quelques mois ta fiancée ne dépendra plus que d'elle-même ; elle t'acceptera, j'en réponds : vis entre une épouse, une mère tendres, qui te chériront à qui mieux mieux. Sois indulgent pour elles, heureux pour toi, mon fils ; gai, libre et bon pour tout le monde : il ne manquera rien à ta mère.

FIGARO. — Tu parles d'or, maman, et je me tiens à ton avis. Qu'on est sot, en effet! il y a des mille et mille ans que le monde roule, t dans cet océan de durée, où j'ai par hasard attrapé quelques chétifs trente ans qui ne reviendront plus, j'irais me tourmenter pour savoir à qui je les dois! tant pis pour qui s'en inquiète. Passer ainsi la vie à chamailler, c'est peser sur le collier sans relâche, comme les malheureux chevaux de la remonte des fleuves, qui ne reposent pas, même quand ils s'arrêtent, et qui tirent toujours quoiqu'ils cessent de marcher. Nous attendrons.

LE COMTE. — Sot événement qui me dérange!

BRID'OISON, *à Figaro.* — Et la noblesse et le château? vous impo-osez à la justice.

FIGARO. — Elle allait me faire faire une belle sottise, la justice! après que j'ai manqué, pour ces maudits cent écus, d'assommer vingt fois Monsieur, qui se trouve aujourd'hui mon père! Mais, puisque le Ciel a sauvé ma vertu de ces dangers, mon père, agréez mes excuses... Et vous, ma mère, embrassez-moi... le plus maternellement que vous pourrez.

Marceline lui saute au cou.

SCÈNE XVII

BARTHOLO, FIGARO, MARCELINE, BRID'OISON, SUZANNE, ANTONIO, LE COMTE.

SUZANNE, *accourant, une bourse à la main.* — Monseigneur, arrêtez ; qu'on ne les marie pas : je viens payer Madame avec la dot que ma maîtresse me donne.

LE COMTE, *à part.* — Au diable la maîtresse! Il semble que tout conspire... *(Il sort.)*

SCÈNE XVIII

BARTHOLO, ANTONIO, SUZANNE, FIGARO, MARCELINE, BRID'OISON.

ANTONIO, *voyant Figaro embrasser sa mère, dit à Suzanne* : — Ah oui, payer! Tiens, tiens.

SUZANNE *se retourne.* — J'en vois assez : sortons, mon oncle.

FIGARO, *l'arrêtant.* — Non, s'il vous plaît. Que vois-tu donc?

SUZANNE. — Ma bêtise et ta lâcheté.

FIGARO. — Pas plus de l'une que de l'autre.

SUZANNE, *en colère.* — Et que tu l'épouses à gré, puisque tu la caresses.

FIGARO, *gaiement.* — Je la caresse, mais je ne l'épouse pas. *(Suzanne veut sortir, Figaro la retient.)*

SUZANNE *lui donne un soufflet.* — Vous êtes bien insolent d'oser me retenir!

FIGARO, *à la compagnie.* — C'est-il ça de l'amour? Avant de nous quitter, je t'en supplie, envisage bien cette chère femme-là.

SUZANNE. — Je la regarde.

FIGARO. — Et tu la trouves?

SUZANNE. — Affreuse.

FIGARO. — Et vive la jalousie! elle ne vous marchande pas.

MARCELINE, *les bras ouverts.* — Embrasse ta mère, ma jolie Suzannette. Le méchant qui te tourmente est mon fils.

SUZANNE *court à elle.* — Vous, sa mère! *(Elles restent dans les bras l'une de l'autre.)*

ANTONIO. — C'est donc de tout à l'heure?

FIGARO. — ...Que je le sais.

MARCELINE, *exaltée.* — Non, mon cœur entraîné vers lui ne se trompait que de motif ; c'était le sang qui me parlait.

FIGARO. — Et moi le bon sens, ma mère, qui me servait d'instinct quand je vous refusais, car j'étais loin de vous haïr ; témoin l'argent...

MARCELINE *lui remet un papier.* — Il est à toi : reprends ton billet, c'est ta dot.

SUZANNE *lui jette la bourse.* — Prends encore celle-ci.

FIGARO. — Grand merci.

MARCELINE, *exaltée.* — Fille assez malheureuse, j'allais devenir la plus misérable des femmes, et je suis la plus fortunée des mères! Embrassez-moi, mes deux enfants ; j'unis en vous toutes mes tendresses. Heureuse autant que je puis l'être, ah! mes enfants, combien je vais aimer!

FIGARO, *attendri, avec vivacité.* — Arrête donc, chère mère! arrête donc! voudrais-tu voir se fondre en eau mes yeux noyés des premières larmes que je connaisse? elles sont de joie, au moins. Mais quelle stupidité! j'ai manqué d'en être honteux : je les sentais couler entre mes doigts, regarde *(Il montre ses doigts écartés.)* ; et je les retenais bêtement! va te promener, la honte! je veux rire et pleurer en même temps ; on ne sent pas deux fois ce que j'éprouve. *(Il embrasse sa mère d'un côté, Suzanne de l'autre.)*

MARCELINE*. — O mon ami!

SUZANNE. — Mon cher ami!

BRID'OISON, *s'essuyant les yeux d'un mouchoir.* — Eh bien! moi! je suis donc bê-ête aussi!

FIGARO, *exalté.* — Chagrin, c'est maintenant que je puis te défier : atteins-moi, si tu l'oses, entre ces deux femmes chéries.

ANTONIO, *à Figaro.* — Pas tant de cajoleries, s'il vous plaît. En fait de mariage dans les familles, celui des parents va devant, savez. Les vôtres se baillent-ils la main?

BARTHOLO. — Ma main! puisse-t-elle se dessécher et tomber, si jamais je la donne à la mère d'un tel drôle!

ANTONIO, *à Bartholo.* — Vous n'êtes donc qu'un père marâtre? *(A Figaro.)* En ce cas, not'galant, plus de parole.

SUZANNE. — Ah, mon oncle...

ANTONIO. — Irai-je donner l'enfant de not'sœur à sti qui n'est l'enfant de personne?

BRID'OISON. — Est-ce que cela-a se peut, imbécile? on-on est toujours l'enfant de quelqu'un.

ANTONIO. — Tarare!... Il ne l'aura jamais. *(Il sort.)*

SCÈNE XIX

BARTHOLO, SUZANNE, FIGARO, MARCELINE, BRID'OISON.

BARTHOLO, *à Figaro.* — Et cherche à présent qui t'adopte. *(Il veut sortir.)*

MARCELINE, *courant prendre Bartholo à bras-le-corps, le ramène.* — Arrêtez, Docteur, ne sortez pas!

FIGARO, *à part.* — Non, tous les sots d'Andalousie sont, je crois, déchaînés contre mon pauvre mariage!

SUZANNE, *à Bartholo***. — Bon petit papa, c'est votre fils.

* Bartholo, Antonio, Suzanne, Figaro, Marceline, Brid'oison.

** Suzanne, Bartholo, Marceline, Figaro, Brid'oison.

MARCELINE, *à Bartholo.* — De l'esprit, des talents, de la figure.

FIGARO, *à Bartholo.* — Et qui ne vous a pas coûté une obole.

BARTHOLO. — Et les cent écus qu'il m'a pris ?

MARCELINE, *le caressant.* — Nous aurons tant de soin de vous, papa !

SUZANNE, *le caressant.* — Nous vous aimerons tant, petit papa !

BARTHOLO, *attendri.* — Papa ! bon papa ! petit papa ! voilà que je suis plus bête encore que Monsieur, moi *(Montrant Brid'oison.)*. Je me laisse aller comme un enfant. *(Marceline et Suzanne l'embrassent.)* Oh ! non, je n'ai pas dit oui. *(Il se retourne.)* Qu'est donc devenu Monseigneur ?

FIGARO. — Courons le joindre ; arrachons-lui son dernier mot. S'il machinait quelque autre intrigue, il faudrait tout recommencer.

TOUS ENSEMBLE. — Courons, courons. *(Ils entraînent Bartholo dehors.)*

SCÈNE XX

BRID'OISON, *seul.*

Plus bê-ête encore que Monsieur ! On peut se dire à soi-même ces-es sortes de choses-là, mais... I-ils ne sont pas polis du tout dan-ans cet endroit-ci. *(Il sort.)*

ACTE IV

Le théâtre représente une galerie ornée de candélabres, de lustres allumés, de fleurs, de guirlandes, en un mot préparée pour donner une fête. Sur le devant à droite est une table avec une écritoire, un fauteuil derrière.

SCÈNE PREMIÈRE

FIGARO, SUZANNE.

FIGARO, *la tenant à bras-le-corps.* — Hé bien! amour, es-tu contente? elle a converti son Docteur, cette fine langue dorée de ma mère! malgré sa répugnance, il l'épouse et ton bourru d'oncle est bridé ; il n'y a que Monseigneur qui rage, car enfin notre hymen va devenir le prix du leur. Ris donc un peu de ce bon résultat.

SUZANNE. — As-tu rien vu de plus étrange?

FIGARO. — Ou plutôt d'aussi gai. Nous ne voulions qu'une dot arrachée à l'Excellence ; en voilà deux dans nos mains, qui ne sortent pas des siennes. Une rivale acharnée te poursuivait ; j'étais tourmenté par une furie! tout cela s'est changé, pour nous, dans *la plus bonne* des mères. Hier j'étais comme seul au monde ; et voilà que j'ai tous mes parents ; pas si magnifiques, il est vrai, que je me les étais galonnés ; mais assez bien pour nous, qui n'avons pas la vanité des riches.

SUZANNE. — Aucune des choses que tu avais disposées, que nous attendions, mon ami, n'est pourtant arrivée!

FIGARO. — Le hasard a mieux fait que nous tous, ma petite : ainsi va le monde ; on travaille, on projette, on arrange d'un côté ; la fortune accomplit de l'autre : et depuis l'affamé conquérant qui voudrait avaler la Terre, jusqu'au paisible aveugle qui se laisse mener par son chien, tous sont le jouet de ses caprices ; encore l'aveugle au chien est-il souvent mieux conduit, moins trompé dans ses vues, que l'autre aveugle avec son entourage. — Pour cet aimable aveugle qu'on nomme amour... *(Il la reprend tendrement à bras-le-corps.)*

SUZANNE. — Ah! c'est le seul qui m'intéresse!

FIGARO. — Permets donc que, prenant l'emploi de la folie, je sois le bon chien qui le mène à ta jolie mignonne porte ; et nous voilà logés pour la vie.

SUZANNE, *riant*. — L'amour et toi ?

FIGARO. — Moi et l'amour.

SUZANNE. — Et vous ne chercherez pas d'autre gîte ?

FIGARO. — Si tu m'y prends, je veux bien que mille millions de galants...

SUZANNE. — Tu vas exagérer : dis ta bonne vérité.

FIGARO. — Ma vérité la plus vraie !

SUZANNE. — Fi donc, vilain ! en a-t-on plusieurs ?

FIGARO. — Oh ! que oui. Depuis qu'on a remarqué qu'avec le temps vieilles folies deviennent sagesse, et qu'anciens petits mensonges assez mal plantés ont produit de grosses, grosses vérités, on en a de mille espèces ! Et celles qu'on sait, sans oser les divulguer : car toute vérité n'est pas bonne à dire ; et celles qu'on vante, sans y ajouter foi : car toute vérité n'est pas bonne à croire ; et les serments passionnés, les menaces des mères, les protestations des buveurs, les promesses des gens en place, le dernier mot de nos marchands ; cela ne finit pas. Il n'y a que mon amour pour Suzon qui soit une vérité de bon aloi.

SUZANNE. — J'aime ta joie, parce qu'elle est folle ; elle annonce que tu es heureux. Parlons du rendez-vous du Comte.

FIGARO. — Ou plutôt n'en parlons jamais ; il a failli me coûter Suzanne.

SUZANNE. — Tu ne veux donc plus qu'il ait lieu ?

FIGARO. — Si vous m'aimez, Suzon, votre parole d'honneur sur ce point : qu'il s'y morfonde ; et c'est sa punition.

SUZANNE. — Il m'en a plus coûté de l'accorder, que je n'ai de peine à le rompre : il n'en sera plus question.

FIGARO. — Ta bonne vérité !

SUZANNE. — Je ne suis pas comme vous autres savants ; moi, je n'en ai qu'une.

FIGARO. — Et tu m'aimeras un peu ?

SUZANNE. — Beaucoup.

FIGARO. — Ce n'est guère.

SUZANNE. — Et comment ?

FIGARO. — En fait d'amour, vois-tu, trop n'est pas même assez.

SUZANNE. — Je n'entends pas toutes ces finesses ; mais je n'aimerai que mon mari.

FIGARO. — Tiens parole, et tu feras une belle exception à l'usage. *(Il veut l'embrasser.)*

SCÈNE II

FIGARO, SUZANNE, LA COMTESSE.

LA COMTESSE. — Ah! j'avais raison de le dire ; en quelque endroit qu'ils soient, croyez qu'ils sont ensemble. Allons donc, Figaro, c'est voler l'avenir, le mariage et vous-même, que d'usurper un tête-à-tête. On vous attend, on s'impatiente.

FIGARO. — Il est vrai, Madame, je m'oublie. Je vais leur montrer mon excuse. *(Il veut emmener Suzanne.)*

LA COMTESSE *la retient.* — Elle vous suit.

SCÈNE III

SUZANNE, LA COMTESSE.

LA COMTESSE. — As-tu ce qu'il nous faut pour troquer de vêtement?

SUZANNE. — Il ne faut rien, Madame ; le rendez-vous ne tiendra pas.

LA COMTESSE. — Ah! vous changez d'avis?

SUZANNE. — C'est Figaro.

LA COMTESSE. — Vous me trompez.

SUZANNE. — Bonté divine!

LA COMTESSE. — Figaro n'est pas homme à laisser échapper une dot.

SUZANNE. — Madame! eh, que croyez-vous donc?

LA COMTESSE. — Qu'enfin, d'accord avec le Comte, il vous fâche à présent de m'avoir confié ses projets. Je vous sais par cœur. Laissez-moi. *(Elle veut sortir.)*

SUZANNE *se jette à genoux.* — Au nom du Ciel, espoir de tous! vous ne savez pas, Madame, le mal que vous faites à Suzanne! après vos bontés continuelles et la dot que vous me donnez!

LA COMTESSE *la relève.* — Hé mais... je ne sais ce que je dis! En me cédant ta place au jardin, tu n'y vas pas, mon cœur ; tu tiens parole à ton mari ; tu m'aides à ramener le mien.

SUZANNE. — Comme vous m'avez affligée!

LA COMTESSE. — C'est que je ne suis qu'une étourdie. *(Elle la baise au front.)* Où est ton rendez-vous?

SUZANNE *lui baise la main.* — Le mot de jardin m'a seul frappée.

LA COMTESSE, *montrant la table.* — Prends cette plume, et fixons un endroit.

SUZANNE. — Lui écrire!

LA COMTESSE. — Il le faut.

SUZANNE. — Madame! au moins, c'est vous...

LA COMTESSE. — Je mets tout sur mon compte. *(Suzanne s'assied, la Comtesse dicte.) Chanson nouvelle, sur l'air : ... Qu'il fera beau, ce soir, sous les grands marronniers... Qu'il fera beau, ce soir...*

SUZANNE *écrit.* — *Sous les grands marronniers...* après?

LA COMTESSE. — Crains-tu qu'il ne t'entende pas?

SUZANNE *relit.* — C'est juste. *(Elle plie le billet.)* Avec quoi cacheter?

LA COMTESSE. — Une épingle, dépêche : elle servira de réponse. Écris sur le revers : *Renvoyez-moi le cachet.*

SUZANNE *écrit en riant.* — Ah! *le cachet!...* Celui-ci, Madame, est plus gai que celui du brevet.

LA COMTESSE, *avec un souvenir douloureux.* — Ah!

SUZANNE *cherche sur elle.* — Je n'ai pas d'épingle à présent!

LA COMTESSE *détache sa lévite.* — Prends celle-ci. *(Le ruban du page tombe de son sein à terre.)* Ah, mon ruban!

SUZANNE *le ramasse.* — C'est celui du petit voleur! vous avez eu la cruauté...?

LA COMTESSE. — Faut-il le laisser à son bras? c'eût été joli. Donnez donc!

SUZANNE. — Madame ne le portera plus, taché du sang de ce jeune homme.

LA COMTESSE *le reprend.* — Excellent pour Fanchette... Le premier bouquet qu'elle m'apportera...

SCÈNE IV

UNE JEUNE BERGÈRE, CHÉRUBIN *en fille,* FANCHETTE *et beaucoup de jeunes filles habillées comme elles, et tenant des bouquets* ; LA COMTESSE, SUZANNE.

FANCHETTE. — Madame, ce sont les filles du bourg qui viennent vous présenter des fleurs.

LA COMTESSE, *serrant vite son ruban.* — Elles sont charmantes : je me reproche, mes belles petites de ne pas vous connaître toutes. *(Montrant Chérubin.)* Quelle est cette aimable enfant qui a l'air si modeste?

UNE BERGÈRE. — C'est une cousine à moi, Madame, qui n'est ici que pour la noce.

LA COMTESSE. — Elle est jolie. Ne pouvant porter vingt bouquets, faisons honneur à l'étrangère. *(Elle prend le bouquet de Chérubin et le baise au front.)* Elle en rougit! *(A Suzanne.)* Ne trouves-tu pas, Suzon,... qu'elle ressemble à quelqu'un?

SUZANNE. — A s'y méprendre, en vérité.

CHÉRUBIN, *à part, les mains sur son cœur.* — Ah! Ce baiser-là m'a été bien loin!

SCÈNE V

LES JEUNES FILLES, CHÉRUBIN *au milieu d'elles*; FANCHETTE, ANTONIO, LE COMTE, LA COMTESSE, SUZANNE.

ANTONIO. — Moi je vous dis, Monseigneur, qu'il y est; elles l'ont habillé chez ma fille; toutes ses hardes y sont encore, et voilà son chapeau d'ordonnance que j'ai retiré du paquet. *(Il s'avance, et regardant toutes les filles il reconnaît Chérubin, lui enlève son bonnet de femme, ce qui fait retomber ses longs cheveux en cadenette. Il lui met sur la tête le chapeau d'ordonnance, et dit :)* Eh, parguenne! v'là notre officier.

LA COMTESSE *recule.* — Ah, Ciel!

SUZANNE. — Ce friponneau!

ANTONIO. — Quand je disais là-haut que c'était lui!...

LE COMTE, *en colère.* — Hé bien, Madame?

LA COMTESSE. — Hé bien, Monsieur! vous me voyez plus surprise que vous, et, pour le moins, aussi fâchée.

LE COMTE. — Oui; mais tantôt, ce matin?

LA COMTESSE. — Je serais coupable, en effet, si je dissimulais encore. Il était descendu chez moi. Nous entamions le badinage que ces enfants viennent d'achever; vous nous avez surprises l'habillant : votre premier mouvement est si vif! il s'est sauvé, je me suis troublée, l'effroi général a fait le reste.

LE COMTE, *avec dépit, à Chérubin.* — Pourquoi n'êtes-vous pas parti?

CHÉRUBIN, *ôtant son chapeau brusquement.* — Monseigneur...

LE COMTE. — Je punirai ta désobéissance.

FANCHETTE, *étourdiment.* — Ah! Monseigneur, entendez-moi! Toutes les fois que vous venez m'embrasser, vous savez bien que vous dites toujours : *Si tu veux m'aimer, petite Fanchette, je te donnerai ce que tu voudras.*

LE COMTE, *rougissant.* — Moi, j'ai dit cela?

FANCHETTE. — Oui, Monseigneur. Au lieu de punir Chérubin, donnez-le-moi en mariage et je vous aimerai à la folie.

LE COMTE, *à part.* — Être ensorcelé par un page!

LA COMTESSE. — Hé bien, Monsieur, à votre tour ; l'aveu de cette enfant, aussi naïf que le mien, atteste enfin deux vérités : que c'est toujours sans le vouloir, si je vous cause des inquiétudes, pendant que vous épuisez tout pour augmenter et justifier les miennes.

ANTONIO. — Vous aussi, Monseigneur? Dame! je vous la redresserai comme feu ma mère, qui est morte... Ce n'est pas pour la conséquence ; mais c'est que Madame sait bien que les petites filles, quand elles sont grandes...

LE COMTE, *déconcerté, à part.* — Il y a un mauvais génie qui tourne tout ici contre moi!

SCÈNE VI

LES JEUNES FILLES, CHÉRUBIN, ANTONIO, FIGARO, LE COMTE, LA COMTESSE, SUZANNE.

FIGARO. — Monseigneur, si vous retenez nos filles, on ne pourra commencer ni la fête, ni la danse.

LE COMTE. — Vous, danser! vous n'y pensez pas. Après votre chute de ce matin, qui vous a foulé le pied droit!

FIGARO, *remuant la jambe.* — Je souffre encore un peu ; ce n'est rien. *(Aux jeunes filles.)* Allons, mes belles, allons!

LE COMTE *le retourne.* — Vous avez été fort heureux que ces couches ne fussent que du terreau bien doux!

FIGARO. — Très heureux, sans doute ; autrement...

ANTONIO *le retourne.* — Puis il s'est pelotonné en tombant jusqu'en bas.

FIGARO. — Un plus adroit, n'est-ce pas, serait resté en l'air! *(Aux jeunes filles.)* Venez-vous, Mesdemoiselles?

ANTONIO *le retourne.* — Et pendant ce temps, le petit page galopait sur son cheval à Séville?

FIGARO. — Galopait, ou marchait au pas!...

LE COMTE *le retourne.* — Et vous aviez son brevet dans la poche?

FIGARO, *un peu étonné.* — Assurément, mais quelle enquête? *(Aux jeunes filles.)* Allons donc, jeunes filles!

ANTONIO, *attirant Chérubin par le bras.* — En voici une qui prétend que mon neveu futur n'est qu'un menteur.

FIGARO, *surpris.* — Chérubin!... *(A part.)* Peste du petit fat!

ANTONIO. — Y es-tu maintenant?

FIGARO, *cherchant.* — J'y suis... j'y suis... Hé, qu'est-ce qu'il chante?

LE COMTE, *sèchement.* — Il ne chante pas ; il dit que c'est lui qui a sauté sur les giroflées.

FIGARO, *rêvant.* — Ah! s'il le dit... cela se peut ; je ne dispute pas de ce que j'ignore.

LE COMTE. — Ainsi, vous et lui? ...

FIGARO. — Pourquoi non? la rage de sauter peut gagner : voyez les moutons de Panurge ; et quand vous êtes en colère, il n'y a personne qui n'aime mieux risquer...

LE COMTE. — Comment, deux à la fois!...

FIGARO. — On aurait sauté deux douzaines ; et qu'est-ce que cela fait, Monseigneur, dès qu'il n'y a personne de blessé? *(Aux jeunes filles.)* Ah çà, voulez-vous, venir, ou non?

LE COMTE, *outré.* — Jouons-nous une comédie? *(On entend un prélude de fanfare.)*

FIGARO. — Voilà le signal de la marche. A vos postes, les belles, à vos postes. Allons, Suzanne, donne-moi le bras.

Tous s'enfuient, Chérubin reste seul, la tête baissée.

SCÈNE VII

CHÉRUBIN, LE COMTE, LA COMTESSE.

LE COMTE, *regardant aller Figaro.* — En voit-on de plus audacieux? *(Au page.)* Pour vous, Monsieur le sournois, qui faites le honteux, allez vous rhabiller bien vite ; et que je ne vous rencontre nulle part de la soirée.

LA COMTESSE. — Il va bien s'ennuyer.

CHÉRUBIN, *étourdiment.* — M'ennuyer! j'emporte

à mon front du bonheur pour plus de cent années de prison. *(Il met son chapeau et s'enfuit.)*

SCÈNE VIII

LE COMTE, LA COMTESSE.

La Comtesse s'évente fortement sans parler.

LE COMTE. — Qu'a-t-il au front de si heureux?

LA COMTESSE, *avec embarras.* — Son... premier chapeau d'officier, sans doute ; aux enfants, tout sert de hochet. *(Elle veut sortir.)*

LE COMTE. — Vous ne nous restez pas, Comtesse?

LA COMTESSE. — Vous savez que je ne me porte pas bien.

LE COMTE. — Un instant pour votre protégée, ou je vous croirais en colère.

LA COMTESSE. — Voici les deux noces, asseyons-nous donc pour les recevoir.

LE COMTE, *à part.* — La noce! il faut souffrir ce qu'on ne peut empêcher. *(Le Comte et la Comtesse s'assoient vers un des côtés de la galerie.)*

SCÈNE IX

LE COMTE, LA COMTESSE, *assis* ; *l'on joue* les Folies d'Espagne *d'un mouvement de marche.* (Symphonie notée.)

MARCHE

LES GARDES-CHASSE, *fusil sur l'épaule.*

L'ALGUAZIL, LES PRUD'HOMMES, BRID'OISON.

LES PAYSANS et les PAYSANNES, *en habits de fête.*

DEUX JEUNES FILLES, *portant la toque virginale à plumes blanches ;*

DEUX AUTRES, *le voile blanc ;*

DEUX AUTRES, *les gants et le bouquet de côté.*

ANTONIO *donne la main à* SUZANNE, *comme étant celui qui la marie à Figaro.*

D'AUTRES JEUNES FILLES *portent une autre toque, un autre voile, un autre bouquet blanc, semblables aux premiers, pour Marceline.*

FIGARO *donne la main à* MARCELINE, *comme celui qui doit la remettre au* DOCTEUR, *lequel ferme la marche, un gros bouquet au côté. Les jeunes filles, en passant devant le Comte, remettent à ses valets tous les ajustement destinés à Suzanne et à Marceline.*

Les paysans et les paysannes, s'étant rangés sur deux colonnes à chaque côté du salon, on danse une reprise du fandango (Air noté.) *avec des castagnettes ; puis on joue la ritournelle du duo, pendant laquelle Antonio conduit Suzanne au Comte ; elle se met à genoux devant lui.*

Pendant que le Comte lui pose la toque, le voile, et lui donne le bouquet, DEUX JEUNES FILLES *chantent le duo suivant* (Air noté) :

Jeune épouse, chantez les bienfaits et la gloire
D'un maître qui renonce aux droits qu'il eut sur vous :
Préférant au plaisir la plus noble victoire,
Il vous rend chaste et pure aux mains de votre époux.

Suzanne est à genoux, et, pendant le dernier vers du duo, elle tire le Comte par son manteau et lui montre le billet qu'elle tient ; puis elle porte la main qu'elle a du côté des spectateurs à sa tête, ou le Comte a l'air d'ajuster sa toque ; elle lui donne le billet.

Le Comte le met furtivement dans son sein ; on achève de chanter le duo ; la fiancée se relève, et lui fait une grande révérence.

Figaro, vient la recevoir des mains du Comte et se retire avec elle, à l'autre côté du salon, près de Marceline.

On danse une autre reprise du fandango, pendant ce temps.

Le Comte, pressé de lire ce qu'il a reçu, s'avance au bord du théâtre et tire le papier de son sein ; mais en le sortant il fait le geste d'un homme qui s'est cruellement piqué le doigt ; il le secoue, le presse, le suce, et, regardant le papier cacheté d'une épingle, il dit :

LE COMTE *(Pendant qu'il parle, ainsi que Figaro, l'orchestre joue pianissimo.)* — Diantre soit des femmes, qui fourrent des épingles partout! *(Il la jette à terre, puis il lit le billet et le baise.)*

FIGARO, *qui a tout vu, dit à sa mère et à Suzanne* : — C'est un billet doux, qu'une fillette aura glissé dans sa main en passant. Il était cacheté d'une épingle, qui l'a outrageusement piqué.

La danse reprend : le Comte qui a lu le billet, le retourne, il y voit l'invitation de renvoyer le cachet pour réponse. Il cherche à terre, et retrouve enfin l'épingle, qu'il attache à sa manche.

FIGARO, *à Suzanne et à Marceline.* — D'un objet aimé tout est cher. Le voilà qui ramasse l'épingle. Ah, c'est une drôle de tête!

Pendant ce temps, Suzanne a des signes d'intelligence avec la Comtesse. La danse finit, la ritournelle du duo recommence.

Figaro conduit Marceline au Comte, ainsi qu'on a conduit Suzanne ; à l'instant où le comte prend la toque, et où l'on va chanter le duo, on est interrompu par les cris suivants :

L'HUISSIER, *criant à la porte.* — Arrêtez donc, Messieurs, vous ne pouvez entrer tous... Ici les gardes, les gardes! *(Les gardes vont vite à cette porte.)*

LE COMTE, *se levant.* — Qu'est-ce qu'il y a?

L'HUISSIER. — Monseigneur, c'est Monsieur Bazile entouré d'un village entier, parce qu'il chante en marchant.

LE COMTE. — Qu'il entre seul.

LA COMTESSE. — Ordonnez-moi de me retirer.

LE COMTE. — Je n'oublie pas votre complaisance.

LA COMTESSE. — Suzanne!... elle reviendra. *(A part, à Suzanne.)* Allons changer d'habits. *(Elle sort avec Suzanne.)*

MARCELINE. — Il n'arrive jamais que pour nuire.

FIGARO. — Ah! je m'en vais vous le faire déchanter!

SCÈNE X

TOUS LES ACTEURS PRÉCÉDENTS, *excepté la Comtesse et Suzanne* ; BAZILE, *tenant sa guitare* ; GRIPE-SOLEIL.

BAZILE *entre en chantant sur l'air du vaudeville de la fin.* (Air noté.)

Cœurs sensibles, cœurs fidèles,
Qui blâmez l'amour léger,
Cessez vos plaintes cruelles :
Est-ce un crime de changer ?
Si l'Amour porte des ailes,
N'est-ce pas pour voltiger ?
N'est-ce pas pour voltiger ?
N'est-ce pas pour voltiger ?

FIGARO *s'avance à lui.* — Oui, c'est pour cela justement qu'il a des ailes au dos ; notre ami, qu'entendez-vous par cette musique?

BAZILE, *montrant Gripe-Soleil.* — Qu'après avoir

prouvé mon obéissance à Monseigneur en amusant Monsieur, qui est de sa compagnie, je pourrai, à mon tour, réclamer sa justice.

GRIPE-SOLEIL. — Bah! Monseigneu, il ne m'a pas amusé du tout : avec leux guenilles d'ariettes...

LE COMTE. — Enfin que demandez-vous, Bazile?

BAZILE. — Ce qui m'appartient, Monseigneur, la main de Marceline ; et je viens m'opposer...

FIGARO *s'approche.* — Y a-t-il longtemps que Monsieur n'a vu la figure d'un fou?

BAZILE. — Monsieur, en ce moment même.

FIGARO. — Puisque mes yeux vous servent si bien de miroir, étudiez-y l'effet de ma prédiction. Si vous faites mine seulement d'approximer Madame...

BARTHOLO, *en riant.* — Eh, pourquoi? laisse-le parler.

BRID'OISON *s'avance entre deux.* — Fau-aut-il que deux amis...?

FIGARO. — Nous, amis!

BAZILE. — Quelle erreur!

FIGARO, *vite.* — Parce qu'il fait de plats airs de chapelle?

BAZILE, *vite.* — Et lui, des vers comme un journal?

FIGARO, *vite.* — Un musicien de guinguette!

BAZILE, *vite.* — Un postillon de gazette!

FIGARO, *vite.* — Cuistre d'oratorio!

BAZILE, *vite.* — Jockey diplomatique!

LE COMTE, *assis.* — Insolents tous les deux!

BAZILE. — Il me manque en toute occasion.

FIGARO. — C'est bien dit, si cela se pouvait!

BAZILE. — Disant partout que je ne suis qu'un sot.

FIGARO. — Vous me prenez donc pour un écho?

BAZILE. — Tandis qu'il n'est pas un chanteur que mon talent n'ait fait briller.

FIGARO. — Brailler.

BAZILE. — Il le répète!

FIGARO. — Et pourquoi non ; si cela est vrai? es-tu un prince, pour qu'on te flagorne? souffre la vérité, coquin! puisque tu n'as pas de quoi gratifier un menteur : ou si tu la crains de notre part, pourquoi viens-tu troubler nos noces?

BAZILE, *à Marceline.* — M'avez-vous promis, oui ou non, si dans quatre ans vous n'étiez pas pourvue, de me donner la préférence?

MARCELINE. — A quelle condition l'ai-je promis?

BAZILE. — Que si vous retrouviez un certain fils perdu, je l'adopterais par complaisance.

TOUS ENSEMBLE. — Il est trouvé.

BAZILE. — Qu'à cela ne tienne!

TOUS ENSEMBLE, *montrant Figaro.* — Et le voici.

BAZILE, *reculant de frayeur.* — J'ai vu le diable!

BRID'OISON, *à Bazile.* — Et vou-ous renoncez à sa chère mère!

BAZILE. — Qu'y aurait-il de plus fâcheux que d'être cru le père d'un garnement?

FIGARO. — D'en être cru le fils ; tu te moques de moi!

BAZILE, *montrant Figaro.* — Dès que Monsieur est quelque chose ici, je déclare moi, que je n'y suis plus de rien. *(Il sort.)*

SCÈNE XI

LES ACTEURS PRÉCÉDENTS, *excepté Bazile.*

BARTHOLO, *riant.* — Ah! ah! ah! ah!

FIGARO, *sautant de joie.* — Donc à la fin j'aurai ma femme!

LE COMTE, *à part.* — Moi, ma maîtresse. *(Il se lève.)*

BRID'OISON, *à Marceline.* — Et tou-out le monde est satisfait.

LE COMTE. — Qu'on dresse les deux contrats ; j'y signerai.

TOUS ENSEMBLE. — Vivat! *(Ils sortent.)*

LE COMTE. — J'ai besoin d'une heure de retraite *(Il veut sortir avec les autres.)*

SCÈNE XII

GRIPE-SOLEIL, FIGARO, MARCELINE, LE COMTE.

GRIPE-SOLEIL, *à Figaro.* — Et moi je vais aider à ranger le feu d'artifice sous les grands marronniers ; comme on l'a dit.

LE COMTE *revient en courant.* — Quel sot a donné un tel ordre?

FIGARO. — Où est le mal?

LE COMTE, *vivement.* — Et la Comtesse qui est incommodée, d'où le verra-t-elle, l'artifice? C'est sur la terrasse qu'il le faut, vis-à-vis son appartement.

FIGARO. — Tu l'entends, Gripe-Soleil? la terrasse.

LE COMTE. — Sous les grands marronniers! belle

idée! *(En s'en allant à part.)* Ils allaient incendier mon rendez-vous!

SCÈNE XIII

FIGARO, MARCELINE.

FIGARO. — Quel excès d'attention, pour sa femme! *(Il veut sortir.)*

MARCELINE *l'arrête.* — Deux mots, mon fils. Je veux m'acquitter avec toi. Un sentiment mal dirigé m'avait rendue injuste envers ta charmante femme : je la supposais d'accord avec le Comte, quoique j'eusse appris de Bazile, qu'elle l'avait toujours rebuté.

FIGARO. — Vous connaissez mal votre fils, de le croire ébranlé par ces impulsions féminines. Je puis défier la plus rusée de m'en faire accroire.

MARCELINE. — Il est toujours heureux de le penser, mon fils ; la jalousie...

FIGARO. — ... N'est qu'un sot enfant de l'orgueil, ou c'est la maladie d'un fou. Oh! j'ai là-dessus, ma mère, une philosophie... imperturbable ; et si Suzanne doit me tromper un jour, je le lui pardonne d'avance ; elle aura longtemps travaillé... *(Il se retourne et aperçoit Fanchette qui cherche de côté et d'autre.)*

SCÈNE XIV

FIGARO, FANCHETTE, MARCELINE.

FIGARO. — Eeeh..., ma petite cousine qui nous écoute!

FANCHETTE. — Oh! pour ça, non : on dit que c'est malhonnête.

FIGARO. — Il est vrai; mais comme cela est utile, on fait aller souvent l'un pour l'autre.

FANCHETTE. — Je regardais si quelqu'un était là.

FIGARO. — Déjà dissimulée, friponne! Vous savez bien qu'il n'y peut être.

FANCHETTE. — Et qui donc?

FIGARO. — Chérubin.

FANCHETTE. — Ce n'est pas lui que je cherche, car je sais fort bien où il est ; c'est ma cousine Suzanne.

FIGARO. — Et que lui veut ma petite cousine?

FANCHETTE. — À vous, petit cousin, je le dirai. — C'est... ce n'est qu'une épingle que je veux lui remettre.

FIGARO, *vivement.* — Une épingle! une épingle!... et de quelle part, coquine? à votre âge, vous faites déjà un mét... *(Il se reprend, et dit d'un ton doux.)* Vous faites déjà très bien tout ce que vous entreprenez, Fanchette ; et ma jolie cousine est si obligeante...

FANCHETTE. — A qui donc en a-t-il de se fâcher? je m'en vais.

FIGARO, *l'arrêtant.* — Non, non, je badine ; tiens, ta petite épingle est celle que Monseigneur t'a dit de remettre à Suzanne, et qui servait à cacheter un petit papier, qu'il tenait ; tu vois que je suis au fait.

FANCHETTE. — Pourquoi donc le demander, quand vous le savez si bien?

FIGARO, *cherchant.* — C'est qu'il est assez gai de savoir comment Monseigneur s'y est pris pour te donner la commission.

FANCHETTE, *naïvement.* — Pas autrement que vous le dites : *Tiens, petite Fanchette, rends cette épingle à ta belle cousine, et dis-lui seulement que c'est le cachet des grands marronniers.*

FIGARO. — Des grands...?

FANCHETTE. — *Marronniers.* Il est vrai qu'il a ajouté : *Prends garde que personne ne te voie.*

FIGARO. — Il faut obéir, ma cousine : heureusement personne ne vous a vue. Faites donc joliment votre commission ; et n'en dites pas plus à Suzanne que Monseigneur n'a ordonné.

FANCHETTE. — Et pourquoi lui en dirais-je? il me prend pour une enfant, mon cousin. *(Elle sort en sautant.)*

SCÈNE XV

FIGARO, MARCELINE.

FIGARO. — Hé bien, ma mère?

MARCELINE. — Hé bien, mon fils.

FIGARO, *comme étouffé.* — Pour celui-ci...! il y a réellement des choses...!

MARCELINE. — Il y a des choses! hé, qu'est-ce qu'il y a?

FIGARO, *les mains sur sa poitrine.* — Ce que je viens d'entendre, ma mère, je l'ai là comme du plomb.

MARCELINE, *riant.* — Ce cœur plein d'assurance, n'était donc qu'un ballon gonflé? une épingle a tout fait partir!

FIGARO, *furieux.* — Mais cette épingle, ma mère, est celle qu'il a ramassée!...

MARCELINE, *rappelant ce qu'il a dit.* — La jalousie! oh! j'ai là-dessus, ma mère, une philosophie... imperturbable ; et si Suzanne m'attrape un jour, je le lui pardonne...

FIGARO, *vivement.* — Oh! ma mère! on parle comme on sent : mettez le plus glacé des juges à plaider dans sa propre cause, et voyez-le expliquer la loi! — Je ne m'étonne plus qu'il avait tant d'humeur sur ce feu! — Pour la mignonne aux fines épingles, elle n'en est pas où elle le croit, ma mère, avec ses marronniers! Si mon mariage est assez fait pour légitimer ma colère, en revanche, il ne l'est pas assez pour que je n'en puisse épouser une autre, et l'abandonner...

MARCELINE. — Bien conclu! abîmons tout sur un soupçon. Qui t'a prouvé, dis-moi, que c'est toi qu'elle joue, et non le Comte? L'as-tu étudiée de nouveau, pour la condamner sans appel? Sais-tu si elle se rendra sous les arbres, à quelle intention elle y va ; ce qu'elle y dira, ce qu'elle y fera? Je te croyais plus fort en jugement!

FIGARO, *lui baisant la main avec transport.* — Elle a raison, ma mère, elle a raison, raison, toujours raison! Mais accordons, maman, quelque chose à la nature ; on en vaut mieux après. Examinons en effet avant d'accuser et d'agir. Je sais où est le rendez-vous. Adieu, ma mère. *(Il sort.)*

SCÈNE XVI

MARCELINE, *seule.*

Adieu : et moi aussi, je le sais. Après l'avoir arrêté, veillons sur les voies de Suzanne ; ou plutôt avertissons-la ; elle est si jolie créature! Ah! quand l'intérêt personnel ne nous arme point les unes contre les autres, nous sommes toutes portées à soutenir notre pauvre sexe opprimé, contre ce fier, ce terrible... *(En riant.)* et pourtant un peu nigaud de sexe masculin. *(Elle sort.)*

ACTE V

Le théâtre représente une salle de marronniers, dans un parc ; deux pavillons, kiosques, ou temples de jardins, sont à droite et à gauche ; le fond est une clairière ornée, un siège de gazon sur le devant. Le théâtre est obscur.

SCÈNE PREMIÈRE

FANCHETTE, *seule, tenant d'une main deux biscuits et une orange ; et de l'autre une lanterne de papier, allumée.*

Dans le pavillon à gauche, a-t-il dit. C'est celui-ci. — S'il allait ne pas venir à présent ; mon petit rôle... Ces vilaines gens de l'office qui ne voulaient pas seulement me donner une orange et deux biscuits ! — Pour qui, Mademoiselle ? — Eh bien, Monsieur, c'est pour quelqu'un. — Oh ! nous savons. — Et quand ça serait : parce que Monseigneur ne veut pas le voir, faut-il qu'il meure de faim ? — Tout ça pourtant m'a coûté un fier baiser sur la joue !... Que sait-on ? il me le rendra peut-être. *(Elle voit Figaro qui vient l'examiner ; elle fait un cri.)* Ah !... *(Elle s'enfuit, et elle entre dans le pavillon à sa gauche.)*

SCÈNE II

FIGARO, *un grand manteau sur les épaules, un large chapeau rabattu* ; BAZILE, ANTONIO, BARTHOLO, BRID'OISON, GRIPE-SOLEIL, TROUPE DE VALETS ET DE TRAVAILLEURS.

FIGARO, *d'abord seul.* — C'est Fanchette ! *(Il parcourt des yeux les autres à mesure qu'ils arrivent, et dit d'un ton farouche :)* Bonjour, Messieurs ; bonsoir : êtes-vous tous ici ?

BAZILE. — Ceux que tu as pressés d'y venir.

FIGARO. — Quelle heure est-il bien à peu près ?

ANTONIO *regarde en l'air.* — La lune devrait être levée.

BARTHOLO. — Eh ! quels noirs apprêts fais-tu donc ? Il a l'air d'un conspirateur !

FIGARO, *s'agitant.* — N'est-ce pas pour une noce, je vous prie, que vous êtes rassemblés au château?

BRID'OISON. — Cè-ertainement.

ANTONIO. — Nous allions là-bas, dans le parc, attendre un signal pour ta fête.

FIGARO. — Vous n'irez pas plus loin, Messieurs ; c'est ici, sous ces marronniers, que nous devons tous célébrer l'honnête fiancée que j'épouse, et le loyal seigneur qui se l'est destinée.

BAZILE, *se rappelant la journée.* — Ah! vraiment, je sais ce que c'est. Retirons-nous, si vous m'en croyez : il est question d'un rendez-vous ; je vous conterai cela près d'ici.

BRID'OISON, *à Figaro.* — Nou-ous reviendrons.

FIGARO. — Quand vous m'entendrez appeler, ne manquez pas d'accourir tous, et dites du mal de Figaro s'il ne vous fait voir une belle chose.

BARTHOLO. — Souviens-toi qu'un homme sage ne se fait point d'affaires avec les grands.

FIGARO. — Je m'en souviens.

BARTHOLO. — Qu'ils ont quinze et bisque sur nous, par leur état.

FIGARO. — Sans leur industrie, que vous oubliez. Mais souvenez-vous aussi que l'homme qu'on sait timide, est dans la dépendance de tous les fripons.

BARTHOLO. — Fort bien.

FIGARO. — Et que j'ai nom de Verte-Allure, du chef honoré de ma mère.

BARTHOLO. — Il a le diable au corps.

BRID'OISON. — I-il l'a.

BAZILE, *à part.* — Le Comte et sa Suzanne se sont arrangés sans moi? Je ne suis pas fâché de l'algarade.

FIGARO, *aux valets.* — Pour vous autres, coquins à qui j'ai donné l'ordre, illuminez-moi ces entours ; ou, par la mort que je voudrais tenir aux dents, si j'en saisis un par le bras... *(Il secoue le bras de Gripe-Soleil.)*

GRIPE-SOLEIL *s'en va en criant et pleurant.* — A, a, o, oh! Damné brutal!

BAZILE, *en s'en allant.* — Le Ciel vous tienne en joie, Monsieur du marié! *(Ils sortent.)*

SCÈNE III

FIGARO, *seul, se promenant dans l'obscurité, dit du ton le plus sombre :*

O femme! femme! femme! créature faible et décevante!... nul animal créé ne peut manquer à son instinct; le tien est-il donc de tromper?... Après m'avoir obstinément refusé quand je l'en pressais devant sa maîtresse ; à l'instant qu'elle me donne sa parole, au milieu même de la cérémonie... Il riait en lisant, le perfide! et moi comme un benêt...! non, Monsieur le Comte, vous ne l'aurez pas... vous ne l'aurez pas. Parce que vous êtes un grand seigneur, vous vous croyez un grand génie!... noblesse, fortune, un rang, des places ; tout cela rend si fier! Qu'avez-vous fait pour tant de biens! vous vous êtes donné la peine de naître, et rien de plus. Du reste homme assez ordinaire! tandis que moi, morbleu! perdu dans la foule obscure, il m'a fallu déployer plus de science et de calculs pour subsister seulement, qu'on n'en a mis depuis cent ans à gouverner toutes les Espagnes ; et vous voulez jouter... On vient... c'est elle... ce n'est personne. — La nuit est noire en diable, et me voilà faisant le sot métier de mari, quoique je ne le sois qu'à moitié! *(Il s'assied sur un banc.)* Est-il rien de plus bizarre que ma destinée! fils de je ne sais pas qui ; volé par des bandits, élevé dans leurs mœurs, je m'en dégoûte et veux courir une carrière honnête ; et partout je suis repoussé! J'apprends la chimie, la pharmacie, la chirurgie, et tout le crédit d'un grand seigneur peut à peine me mettre à la main une lancette vétérinaire! — Las d'attrister des bêtes malades, et pour faire un métier contraire, je me jette à corps perdu dans le théâtre ; me fussé-je mis une pierre au cou! Je broche une comédie dans les mœurs du sérail ; auteur espagnol, je crois pouvoir y fronder Mahomet sans scrupule : à l'instant un envoyé... de je ne sais où se plaint que j'offense dans mes vers la Sublime Porte, la Perse, une partie de la presqu'île de l'Inde, toute l'Égypte, les royaumes de Barca, de Tripoli, de Tunis, d'Alger et de Maroc : et voilà ma comédie flambée pour plaire aux princes mahométans, dont pas un, je crois, ne sait lire, et qui nous meurtrissent l'omoplate, en nous disant : *Chiens de chrétiens !* — Ne pouvant avilir l'esprit, on se venge en le maltraitant. — Mes joues creusaient ; mon terme était échu ; je voyais de loin arriver l'affreux recors, la plume fichée dans sa perruque ; en frémissant je m'évertue. Il s'élève une question sur la nature des richesses ; et comme il n'est pas nécessaire de tenir les choses pour en raisonner, n'ayant pas un sol, j'écris sur la valeur de l'argent et sur son produit net ; sitôt je vois, du fond d'un fiacre, baisser pour moi le pont d'un château fort, à l'entrée duquel je laissai l'espérance et la liberté. *(Il se lève.)* Que je voudrais bien tenir un de ces puissants de quatre jours, si légers sur le mal qu'ils ordonnent, quand une bonne disgrâce a cuvé son orgueil! je lui dirais... que les sottises imprimées n'ont d'importance, qu'aux lieux où l'on en gêne le cours ; que sans la liberté de blâmer, il n'est point d'éloge flatteur ; et qu'il n'y a que les petits hommes, qui redoutent les petits écrits. *(Il se rassied.)* Las de nourrir un obscur pensionnaire, on me met un jour dans la rue ; et comme il faut dîner, quoiqu'on ne soit plus en prison, je taille encore ma plume, et demande à chacun de quoi il est question : on me dit que, pendant ma retraite économique, il s'est établi dans Madrid un système de liberté sur la vente des productions, qui s'étend même à celles de la presse ; et que, pourvu que je ne parle en mes écrits, ni de l'autorité, ni du culte, ni de la politique, ni de la morale, ni des gens en place, ni des corps en crédit, ni de l'opéra, ni des autres spectacles, ni de personne qui tienne à quelque chose ; je puis tout imprimer librement, sous l'inspection de deux ou trois censeurs. Pour profiter de cette douce liberté, j'annonce un écrit périodique, et, croyant n'aller sur les brisées d'aucun autre, je le nomme *Journal inutile*. Pou-ou! je vois s'élever contre moi, mille pauvres diables à la feuille ; on me supprime ; et me voilà derechef sans emploi! — Le désespoir m'allait saisir ; on pense à moi pour une place, mais par malheur j'y étais propre : il fallait un calculateur, ce fut un danseur qui l'obtint. Il ne me restait plus qu'à voler ; je me fais banquier de pharaon : alors, bonnes gens! je soupe en ville, et les personnes dites *comme il faut* m'ouvrent poliment leur maison, en retenant pour elles les trois quarts du profit. J'aurais bien pu me remonter ; je commençais même a comprendre que pour gagner du bien, le savoir-faire vaut mieux que le savoir. Mais comme chacun pillait autour de moi, en exigeant que je fusse honnête, il fallut bien périr encore. Pour le coup je quittais le monde ; et vingt brasses d'eau m'en allaient séparer, lorsqu'un dieu bienfaisant m'appelle à mon premier état. Je reprends ma trousse et mon cuir anglais ; puis laissant la fumée aux sots qui s'en nourrissent, et la honte au milieu du chemin, comme trop lourde à un piéton, je vais rasant de ville en ville, et je vis enfin sans souci. Un grand seigneur passe à Séville ; il me reconnaît, je le marie ; et pour prix d'avoir eu par mes soins son épouse, il veut intercepter la mienne! intrigue, orage à ce sujet. Prêt à tomber dans un abîme, au moment d'épouser ma mère, mes parents m'arrivent à la file. *(Il se lève en s'échauffant.)* On se débat ; c'est vous, c'est lui, c'est moi, c'est toi ; non, ce n'est pas nous ; eh mais qui donc? *(Il retombe assis.)* O bizarre suite d'événements! Comment cela m'est-il arrivé? Pourquoi ces choses et non pas d'autres? Qui les a fixées sur ma tête? Forcé de parcourir la route où je suis entré sans le savoir, comme j'en sortirai sans le vouloir, je l'ai jonchée d'autant de fleurs que ma gaieté me l'a permis ; encore je dis ma gaieté, sans savoir si elle est à moi plus que le reste, ni même quel est ce *moi* dont je m'occupe : un assemblage informe de parties inconnues ; puis un chétif être imbécile ; un petit animal folâtre ; un jeune homme ardent au plaisir, ayant tous les goûts pour jouir, faisant tous les métiers pour vivre ; maître ici, valet là, selon qu'il plaît à la fortune! ambitieux par vanité, laborieux par nécessité, mais paresseux... avec délices! orateur selon le danger, poète par délassement, musicien par occasion, amoureux par folles bouffées, j'ai tout vu, tout fait, tout usé. Puis l'illusion s'est détruite et, trop désabusé... Désabusé!... Désabusé!... Suzon, Suzon, Suzon! que tu me donnes de tourments!... J'entends marcher... on vient. Voici l'instant de la crise. *(Il se retire près de la première coulisse à sa droite.)*

SCÈNE IV

FIGARO, LA COMTESSE *avec les habits de Suzon* ; SUZANNE *avec ceux de la Comtesse* ; MARCELINE.

SUZANNE, *bas à la Comtesse.* — Oui, Marceline m'a dit que Figaro y serait.

MARCELINE. — Il y est aussi ; baisse la voix.

SUZANNE. — Ainsi l'un nous écoute, et l'autre va venir me chercher ; commençons.

MARCELINE. — Pour n'en pas perdre un mot, je vais me cacher dans le pavillon. *(Elle entre dans le pavillon où est entrée Fanchette.)*

SCÈNE V

FIGARO, LA COMTESSE, SUZANNE.

SUZANNE, *haut.* — Madame tremble! est-ce qu'elle aurait froid?

LA COMTESSE, *haut.* — La soirée est humide, je vais me retirer.

SUZANNE, *haut.* — Si Madame n'avait pas besoin de moi, je prendrais l'air un moment, sous ces arbres.

LA COMTESSE, *haut.* — C'est le serein que tu prendras.

SUZANNE, *haut.* — J'y suis toute faite.

FIGARO, *à part.* — Ah oui, le serein!

Suzanne se retire près de la coulisse, du côté opposé à Figaro.

SCÈNE VI

FIGARO, CHÉRUBIN, LE COMTE, LA COMTESSE, SUZANNE.

Figaro et Suzanne retirés de chaque côté sur le devant.

CHÉRUBIN, *en habit d'officier, arrive en chantant gaiement la reprise de l'air de la romance.* — La, la, la, etc., etc.

J'avais une marraine,
Que toujours adorai.

LA COMTESSE, *à part.* — Le petit page!

CHÉRUBIN *s'arrête.* — On se promène ici ; gagnons vite mon asile, où la petite Fanchette... C'est une femme!

LA COMTESSE *écoute.* — Ah, grands dieux!

CHÉRUBIN, *se baisse en regardant de loin.* — Me trompé-je? à cette coiffure en plumes qui se dessine au loin dans le crépuscule, il me semble que c'est Suzon.

LA COMTESSE, *à part.* — Si le Comte arrivait!... *(Le Comte paraît dans le fond.)*

CHÉRUBIN *s'approche et prend la main de la Comtesse, qui se défend.* — Oui, c'est la charmante fille qu'on nomme Suzanne : eh! pourrais-je m'y méprendre à la douceur de cette main ; à ce petit tremblement qui l'a saisie ; surtout au battement de mon cœur! *(Il veut y appuyer le dos de la main de la Comtesse ; elle la retire.)*

LA COMTESSE, *bas.* — Allez-vous-en.

CHÉRUBIN. — Si la compassion t'avait conduite exprès dans cet endroit du parc, où je suis caché depuis tantôt?...

LA COMTESSE. — Figaro va venir.

LE COMTE, *s'avançant, dit à part* : — N'est-ce pas Suzanne que j'aperçois?

CHÉRUBIN, *à la Comtesse.* — Je ne crains point du tout Figaro, car ce n'est pas lui que tu attends.

LA COMTESSE. — Qui donc?

LE COMTE, *à part.* — Elle est avec quelqu'un.

CHÉRUBIN. — C'est Monseigneur, friponne, qui t'a demandé ce rendez-vous ce matin, quand j'étais derrière le fauteuil.

LE COMTE, *à part, avec fureur.* — C'est encore le page infernal!

FIGARO, *à part.* — On dit qu'il ne faut pas écouter!

SUZANNE, *à part.* — Petit bavard!

LA COMTESSE, *au page.* — Obligez-moi de vous retirer.

CHÉRUBIN. — Ce ne sera pas au moins sans avoir reçu le prix de mon obéissance.

LA COMTESSE, *effrayée.* — Vous prétendez...?

CHÉRUBIN, *avec feu.* — D'abord vingt baisers, pour ton compte, et puis cent pour ta belle maîtresse.

LA COMTESSE. — Vous oseriez?

CHÉRUBIN. — Oh! que oui, j'oserai ; tu prends sa place auprès de Monseigneur ; moi celle du Comte auprès de toi ; le plus attrapé, c'est Figaro.

FIGARO, *à part.* — Ce brigandeau!

SUZANNE, *à part.* — Hardi comme un page. *(Chérubin veut embrasser la Comtesse ; le Comte se met entre et reçoit le baiser.)*

LA COMTESSE, *se retirant.* — Ah, Ciel!

FIGARO, *à part, entendant le baiser.* — J'épousais une jolie mignonne! *(Il écoute.)*

CHÉRUBIN, *tâtant les habits du Comte, à part.* — C'est Monseigneur! *(Il s'enfuit dans le pavillon où sont entrées Fanchette et Marceline.)*

SCÈNE VII

FIGARO, LE COMTE, LA COMTESSE, SUZANNE.

FIGARO *s'approche.* — Je vais...

LE COMTE, *croyant parler au page.* — Puisque vous ne redoublez pas le baiser... *(Il croit lui donner un soufflet.)*

FIGARO, *qui est à portée, le reçoit.* — Ah!

LE COMTE. — ...Voilà toujours le premier payé.

FIGARO *s'éloigne en se frottant la joue ; à part.* — Tout n'est pas gain non plus en écoutant.

SUZANNE, *riant tout haut de l'autre côté.* — Ah! ah! ah! ah!

LE COMTE, *à la Comtesse, qu'il prend pour Suzanne.* — Entend-on quelque chose à ce page? il reçoit le plus rude soufflet, et s'enfuit en éclatant de rire.

FIGARO, *à part.* — S'il s'affligeait de celui-ci!...

LE COMTE. — Comment! je ne pourrai faire un pas... *(A la Comtesse.)* Mais laissons cette bizarrerie ; elle empoisonnerait le plaisir que j'ai de te trouver dans cette salle.

LA COMTESSE, *imitant le parler de Suzanne.* — L'espériez-vous?

LE COMTE. — Après ton ingénieux billet! *(Il lui prend la main.)* Tu trembles?

LA COMTESSE. — J'ai eu peur.

LE COMTE. — Ce n'est pas pour te priver du baiser, que je l'ai pris. *(Il la baise au front.)*

LA COMTESSE. — Des libertés!

FIGARO, *à part.* — Coquine!

SUZANNE, *à part.* — Charmante!

LE COMTE *prend la main de sa femme.* — Mais quelle peau fine et douce, et qu'il s'en faut que la Comtesse ait la main aussi belle!

LA COMTESSE, *à part.* — Oh! la prévention!

LE COMTE. — A-t-elle ce bras ferme et rondelet? ces jolis doigts pleins de grâce et d'espièglerie?

LA COMTESSE, *de la voix de Suzanne.* — Ainsi l'amour...?

LE COMTE. — L'amour... n'est que le roman du cœur : c'est le plaisir qui en est l'histoire ; il m'amène à tes genoux.

LA COMTESSE. — Vous ne l'aimez plus?

LE COMTE. — Je l'aime beaucoup ; mais trois ans d'union rendent l'hymen si respectable!

LA COMTESSE. — Que vouliez-vous en elle ?

LE COMTE, *la caressant.* — Ce que je trouve en toi, ma beauté...

LA COMTESSE. — Mais dites donc.

LE COMTE. — ...Je ne sais : moins d'uniformité peut-être, plus de piquant dans les manières ; un je ne sais quoi qui fait le charme ; quelquefois un refus, que sais-je ? Nos femmes croient tout accomplir en nous aimant : cela dit une fois, elles nous aiment, nous aiment ! (quand elles nous aiment) et sont si complaisantes, et si constamment obligeantes, et toujours, et sans relâche, qu'on est tout surpris, un beau soir, de trouver la satiété, où l'on recherchait le bonheur.

LA COMTESSE, *à part.* — Ah ! quelle leçon !

LE COMTE. — En vérité, Suzon, j'ai pensé mille fois que si nous poursuivons ailleurs ce plaisir qui nous fuit chez elles, c'est qu'elles n'étudient pas assez l'art de soutenir notre goût, de se renouveler à l'amour, de ranimer, pour ainsi dire, le charme de leur possession par celui de la variété.

LA COMTESSE, *piquée.* — Donc elles doivent tout ?...

LE COMTE, *riant.* — Et l'homme rien ? Changerons-nous la marche de la nature ? notre tâche à nous fut de les obtenir ; la leur...

LA COMTESSE. — La leur... ?

LE COMTE. — Est de nous retenir : on l'oublie trop.

LA COMTESSE. — Ce ne sera pas moi.

LE COMTE. — Ni moi.

FIGARO, *à part.* — Ni moi.

SUZANNE, *à part.* — Ni moi.

LE COMTE *prend la main de sa femme.* — Il y a de l'écho ici ; parlons plus bas. Tu n'as nul besoin d'y songer, toi que l'amour a faite et si vive et si jolie ! avec un grain de caprice, tu seras la plus agaçante maîtresse ! *(Il la baise au front.)* Ma Suzanne, un Castillan n'a que sa parole. Voici tout l'or promis pour le rachat du droit que je n'ai plus sur le délicieux moment que tu m'accordes. Mais comme la grâce que tu daignes y mettre est sans prix, j'y joindrai ce brillant, que tu porteras pour l'amour de moi.

LA COMTESSE, *avec révérence.* — Suzanne accepte tout.

FIGARO, *à part.* — On n'est pas plus coquine que cela.

SUZANNE, *à part.* — Voilà du bon bien qui nous arrive.

LE COMTE, *à part.* — Elle est intéressée ; tant mieux.

LA COMTESSE *regarde au fond.* — Je vois des flambeaux.

LE COMTE. — Ce sont les apprêts de ta noce : entrons-nous un moment dans l'un de ces pavillons, pour les laisser passer ?

LA COMTESSE. — Sans lumière ?

LE COMTE *l'entraîne doucement.* — A quoi bon ? nous n'avons rien à lire.

FIGARO, *à part.* — Elle y va, ma foi ! Je m'en doutais. *(Il s'avance.)*

LE COMTE *grossit sa voix en se retournant.* — Qui passe ici ?

FIGARO, *en colère.* — Passer ! on vient exprès.

LE COMTE, *bas, à la Comtesse.* — C'est Figaro !... *(Il s'enfuit.)*

LA COMTESSE. — Je vous suis. *(Elle entre dans le pavillon à sa droite, pendant que le comte se perd dans le bois, au fond.)*

SCÈNE VIII

FIGARO, SUZANNE, *dans l'obscurité.*

FIGARO *cherche à voir où vont le Comte et la Comtesse, qu'il prend pour Suzanne.* — Je n'entends plus rien ; ils sont entrés ; m'y voilà. *(D'un ton altéré.)* Vous autres époux maladroits, qui tenez des espions à gages, et tournez des mois entiers autour d'un soupçon sans l'asseoir, que ne m'imitez-vous ? Dès le premier jour je suis ma femme, et je l'écoute ; en un tour de main on est au fait : c'est charmant, plus de doutes ; on sait à quoi s'en tenir. *(Marchant vivement.)* Heureusement que je ne m'en soucie guère, et que sa trahison ne me fait plus rien du tout. Je les tiens donc enfin !

SUZANNE, *qui s'est avancée doucement dans l'obscurité.* — *(A part.)* Tu vas payer tes beaux soupçons. *(Du ton de voix de la Comtesse.)* Qui va là ?

FIGARO, *extravagant.* — *Qui va là ?* Celui qui voudrait de bon cœur que la peste eût étouffé en naissant...

SUZANNE, *du ton de la Comtesse.* — Eh ! mais, c'est Figaro !

FIGARO *regarde, et dit vivement* : — Madame la Comtesse !

SUZANNE. — Parlez bas.

FIGARO, *vite.* — Ah ! Madame, que le Ciel vous

amène à propos! Où croyez-vous qu'est Monseigneur?

SUZANNE. — Que m'importe un ingrat? Dis-moi...

FIGARO, *plus vite.* — Et Suzanne mon épousée, où croyez-vous qu'elle soit?

SUZANNE. — Mais parlez bas!

FIGARO, *très vite.* — Cette Suzon qu'on croyait si vertueuse, qui faisait de la réservée! Ils sont enfermés là-dedans. Je vais appeler.

SUZANNE, *lui fermant la bouche avec sa main, oublie de déguiser sa voix.* — N'appelez pas.

FIGARO, *à part.* — Eh c'est Suzon! God-dam!

SUZANNE, *du ton de la Comtesse.* — Vous paraissez inquiet.

FIGARO, *à part.* — Traîtresse! qui veut me surprendre!

SUZANNE. — Il faut nous venger, Figaro.

FIGARO. — En sentez-vous le vif désir?

SUZANNE. — Je ne serais donc pas de mon sexe! Mais les hommes en ont cent moyens.

FIGARO, *confidemment.* — Madame, il n'y a personne ici de trop. Celui des femmes... les vaut tous.

SUZANNE, *à part.* — Comme je le souffletterais!

FIGARO, *à part.* — Il serait bien gai qu'avant la noce...!

SUZANNE. — Mais qu'est-ce qu'une telle vengeance, qu'un peu d'amour n'assaisonne pas?

FIGARO. — Partout où vous n'en voyez point, croyez que le respect dissimule.

SUZANNE, *piquée.* — Je ne sais si vous le pensez de bonne foi, mais vous ne le dites pas de bonne grâce.

FIGARO, *avec une chaleur comique, à genoux.* — Ah! Madame, je vous adore. Examinez le temps, le lieu, les circonstances, et que le dépit supplée en vous aux grâces qui manquent à ma prière.

SUZANNE, *à part.* — La main me brûle!

FIGARO, *à part.* — Le cœur me bat.

SUZANNE. — Mais, Monsieur, avez-vous songé...

FIGARO. — Oui, Madame, oui, j'ai songé.

SUZANNE. — ... Que pour la colère et l'amour...

FIGARO. — ... Tout ce qui se diffère est perdu. Votre main, Madame?

SUZANNE, *de sa voix naturelle et lui donnant un soufflet.* — La voilà.

FIGARO. — Ah! *demonio !* quel soufflet!

SUZANNE *lui en donne un second.* — Quel soufflet! Et celui-ci?

FIGARO. — Et *qu'es-à-quo*, de par le diable! est-ce ici la journée des tapes?

SUZANNE *le bat à chaque phrase.* — Ah! *qu'es-à-quo?* Suzanne : et voilà pour tes soupçons ; voilà pour tes vengeances et pour tes trahisons, tes expédients, tes injures et tes projets. C'est-il ça de l'amour? dis donc comme ce matin?

FIGARO *rit en se relevant.* — *Santa Barbara !* oui c'est de l'amour. O bonheur! ô délices! ô cent fois heureux Figaro! frappe, ma bien-aimée, sans te lasser. Mais quand tu m'auras diapré tout le corps de meurtrissures, regarde avec bonté, Suzon, l'homme le plus fortuné, qui fut jamais battu par une femme.

SUZANNE. — *Le plus fortuné !* bon fripon, vous n'en séduisiez pas moins la Comtesse, avec un si trompeur babil, que m'oubliant moi-même, en vérité, c'était pour elle que je cédais.

FIGARO. — Ai-je pu me méprendre, au son de ta jolie voix?

SUZANNE, *en riant.* — Tu m'as reconnue? Ah, comme je m'en vengerai!

FIGARO. — Bien rosser et garder rancune, est aussi par trop féminin! Mais dis-moi donc par que bonheur je te vois là, quand je te croyais avec lui ; et comment cet habit, qui m'abusait, te montre enfin innocente...

SUZANNE. — Eh! c'est toi qui es un innocent, de venir te prendre au piège apprêté pour un autre! Est-ce notre faute à nous si, voulant museler un renard, nous en attrapons deux?

FIGARO. — Qui donc prend l'autre?

SUZANNE. — Sa femme.

FIGARO. — Sa femme?

SUZANNE. — Sa femme.

FIGARO, *follement.* — Ah! Figaro! pends-toi ; tu n'as pas deviné celui-là! — Sa femme? O douze ou quinze mille fois spirituelles femelles! — Ainsi les baisers de cette salle...?

SUZANNE. — Ont été donnés à Madame.

FIGARO. — Et celui du page?

SUZANNE, *riant.* — A Monsieur.

FIGARO. — Et tantôt, derrière le fauteuil?

SUZANNE. — A personne.

FIGARO. — En êtes-vous sûre?

SUZANNE, *riant.* — Il pleut des soufflets, Figaro.

FIGARO *lui baise la main.* — Ce sont des bijoux que

les tiens. Mais celui du Comte était de bonne guerre.

SUZANNE. — Allons, superbe! humilie-toi.

FIGARO *fait tout ce qu'il annonce.* — Cela est juste; à genoux, bien courbé, prosterné, ventre à terre.

SUZANNE, *en riant.* — Ah! ce pauvre Comte! quelle peine il s'est donnée...

FIGARO *se relève sur ses genoux.* — Pour faire la conquête de sa femme!

SCÈNE IX

LE COMTE *entre par le fond du théâtre, et va droit au pavillon à sa droite*; FIGARO, SUZANNE.

LE COMTE, *à lui-même.* — Je la cherche en vain dans le bois, elle est peut-être entrée ici.

SUZANNE, *à Figaro, parlant bas.* — C'est lui.

LE COMTE, *ouvrant le pavillon.* — Suzon, es-tu là-dedans.

FIGARO, *bas.* — Il la cherche, et moi je croyais...

SUZANNE, *bas.* — Il ne l'a pas reconnue.

FIGARO. — Achevons-le, veux-tu? *(Il lui baise la main.)*

LE COMTE *se retourne.* — Un homme aux pieds de la Comtesse!... Ah! je suis sans armes. *(Il s'avance.)*

FIGARO *se relève tout à fait en déguisant sa voix.* — Pardon, Madame, si je n'ai pas réfléchi que ce rendez-vous ordinaire était destiné pour la noce.

LE COMTE, *à part.* — C'est l'homme du cabinet de ce matin. *(Il se frappe le front.)*

FIGARO *continue.* — Mais il ne sera pas dit qu'un obstacle aussi sot aura retardé nos plaisirs.

LE COMTE, *à part.* — Massacre, mort, enfer!

FIGARO, *la conduisant au cabinet, bas.* — Il jure. *(Haut.)* Pressons-nous donc, Madame, et réparons le tort qu'on nous a fait tantôt, quand j'ai sauté par la fenêtre.

LE COMTE, *à part.* — Ah! tout se découvre enfin.

SUZANNE, *près du pavillon à sa droite.* — Avant d'entrer, voyez si personne n'a suivi. *(Il la baise au front.)*

LE COMTE *s'écrie.* — Vengeance!

Suzanne s'enfuit dans le pavillon où sont entrés Fanchette, Marceline et Chérubin.

SCÈNE X

LE COMTE, FIGARO.

Le Comte saisit le bras de Figaro.

FIGARO, *jouant la frayeur excessive.* — C'est mon maître!

LE COMTE *le reconnaît.* — Ah! scélérat, c'est toi! Holà quelqu'un! quelqu'un!

SCÈNE XI

PÉDRILLE, LE COMTE, FIGARO.

PÉDRILLE, *botté.* — Monseigneur, je vous trouve enfin.

LE COMTE. — Bon, c'est Pédrille. Es-tu tout seul?

PÉDRILLE. — Arrivant de Séville, à étripe-cheval.

LE COMTE. — Approche-toi de moi, et crie bien fort.

PÉDRILLE, *criant à tue-tête.* — Pas plus de page que sur ma main. Voilà le paquet.

LE COMTE, *le repousse.* — Eh, l'animal!

PÉDRILLE. — Monseigneur me dit de crier.

LE COMTE, *tenant toujours Figaro.* — Pour appeler. — Holà, quelqu'un ; si l'on m'entend, accourez tous!

PÉDRILLE. — Figaro et moi, nous voilà deux ; que peut-il donc vous arriver?

SCÈNE XII

LES ACTEURS PRÉCÉDENTS, BRID'OISON, BARTHOLO, BAZILE, ANTONIO, GRIPE-SOLEIL ; *toute la noce accourt avec des flambeaux.*

BARTHOLO, *à Figaro.* — Tu vois qu'à ton premier signal...

LE COMTE, *montrant le pavillon à sa gauche.* — Pédrille, empare-toi de cette porte. *(Pédrille y va.)*

BAZILE, *bas à Figaro.* — Tu l'as surpris avec Suzanne?

LE COMTE, *montrant Figaro.* — Et vous, tous mes vassaux, entourez-moi cet homme, et m'en répondez sur la vie.

BAZILE. — Ha! ha!

LE COMTE, *furieux.* — Taisez-vous donc. *(A Figaro, d'un ton glacé.)* Mon cavalier, répondrez-vous à mes questions?

FIGARO, *froidement.* — Eh! qui pourrait m'en exempter, Monseigneur? vous commandez à tout ici, hors à vous-même.

LE COMTE, *se contenant.* — Hors à moi-même!

ANTONIO. — C'est ça parler.

LE COMTE *reprend sa colère.* — Non, si quelque chose pouvait augmenter ma fureur! ce serait l'air calme qu'il affecte.

FIGARO. — Sommes-nous des soldats qui tuent et se font tuer pour des intérêts qu'ils ignorent? Je veux savoir, moi, pourquoi, je me fâche.

LE COMTE, *hors de lui.* — O rage! *(Se contenant.)* Homme de bien qui feignez d'ignorer! nous ferez-vous au moins la faveur de nous dire quelle est la dame actuellement par vous amenée dans ce pavillon?

FIGARO, *montrant l'autre avec malice.* — Dans celui-là?

LE COMTE, *vite.* — Dans celui-ci.

FIGARO, *froidement.* — C'est différent. Une jeune personne qui m'honore de ses bontés particulières.

BAZILE, *étonné.* — Ha! ha!

LE COMTE, *vite.* — Vous l'entendez, Messieurs?

BARTHOLO, *étonné.* — Nous l'entendons.

LE COMTE, *à Figaro.* — Et cette jeune personne a-t-elle un autre engagement que vous sachiez?

FIGARO, *froidement.* — Je sais qu'un grand seigneur s'en est occupé quelque temps : mais, soit qu'il l'ait négligée, ou que je lui plaise mieux qu'un plus aimable, elle me donne aujourd'hui la préférence.

LE COMTE, *vivement.* — La préf... *(Se contenant.)* Au moins il est naïf! car ce qu'il avoue, Messieurs, je l'ai ouï, je vous jure, de la bouche même de sa complice.

BRID'OISON, *stupéfait.* — Sa-a complice!

LE COMTE, *avec fureur.* — Or, quand le déshonneur est public, il faut que la vengeance le soit aussi. *(Il entre dans le pavillon.)*

SCÈNE XIII

TOUS LES ACTEURS PRÉCÉDENTS, *hors le Comte.*

ANTONIO. — C'est juste.

BRID'OISON, *à Figaro.* — Qui-i donc à pris la femme de l'autre?

FIGARO, *en riant.* — Aucun n'a eu cette joie-là.

SCÈNE XIV

LES ACTEURS PRÉCÉDENTS, LE COMTE, CHÉRUBIN.

LE COMTE, *parlant dans le pavillon, et attirant quelqu'un qu'on ne voit pas encore.* — Tous vos efforts sont inutiles ; vous êtes perdue, Madame, et votre heure est bien arrivée! *(Il sort sans regarder.)* Quel bonheur qu'aucun gage d'une union aussi détestée...

FIGARO *s'écrie.* — Chérubin!

LE COMTE. — Mon page?

BAZILE. — Ha! ha!

LE COMTE, *hors de lui, à part.* — Et toujours le page endiablé! *(A Chérubin.)* Que faisiez-vous dans ce salon?

CHÉRUBIN, *timidement.* — Je me cachais, comme vous l'avez ordonné.

PÉDRILLE. — Bien la peine de crever un cheval!

LE COMTE. — Entres-y, toi, Antonio ; conduis devant son juge l'infâme qui m'a déshonoré.

BRID'OISON. — C'est Madame que vous y-y cherchez?

ANTONIO. — L'y a, parguenne, une bonne Providence ; vous en avez tant fait dans la pays...

LE COMTE, *furieux.* — Entre donc.

Antonio entre.

SCÈNE XV

LES ACTEURS PRÉCÉDENTS, *excepté Antonio.*

LE COMTE. — Vous allez voir, Messieurs, que le page n'y était pas seul.

CHÉRUBIN, *timidement.* — Mon sort eût été trop cruel, si quelque âme sensible n'en eût adouci l'amertume.

SCÈNE XVI

LES ACTEURS PRÉCÉDENTS, ANTONIO, FANCHETTE.

ANTONIO, *attirant par le bras quelqu'un qu'on ne voit pas encore.* — Allons, Madame, il ne faut pas vous faire prier pour en sortir, puisqu'on sait que vous y êtes entrée.

FIGARO *s'écrie.* — La petite cousine!

BAZILE. — Ha! ha!

LE COMTE. — Fanchette!

ANTONIO *se retourne et s'écrie* : — Ah! palsambleu, Monseigneur, il est gaillard de me choisir, pour montrer à la compagnie que c'est ma fille qui cause tout ce train-là!

LE COMTE, *outré.* — Qui la savait là-dedans? *(Il veut rentrer.)*

BARTHOLO, *au-devant.* — Permettez, Monsieur le Comte, ceci n'est pas plus clair. Je suis de sang-froid, moi. *(Il entre.)*

BRID'OISON. — Voilà une affaire au-aussi trop embrouillée.

SCÈNE XVII

LES ACTEURS PRÉCÉDENTS, MARCELINE.

BARTHOLO, *parlant en dedans, et sortant.* — Ne craignez rien, Madame, il ne vous sera fait aucun mal J'en réponds. *(Il se retourne et s'écrie.)* Marceline!..

BAZILE. — Ha, ha!

FIGARO, *riant.* — Hé quelle folie! ma mère en est?

ANTONIO. — A qui pis fera.

LE COMTE, *outré.* — Que m'importe à moi? La Comtesse...

SCÈNE XVIII

LES ACTEURS PRÉCÉDENTS, SUZANNE.

Suzanne, son éventail sur le visage.

LE COMTE. — ... Ah! la voici qui sort. *(Il la prend violemment par le bras.)* Que croyez-vous, Messieurs, que mérite une odieuse... *(Suzanne se jette à genoux la tête baissée.)*

LE COMTE. — Non, non. *(Figaro se jette à genoux de l'autre côté.)*

LE COMTE, *plus fort.* — Non, non. *(Tous se mettent à genoux, excepté Brid'oison.)*

LE COMTE, *hors de lui.* — Y fussiez-vous un cent!

SCÈNE XIX ET DERNIÈRE

TOUS LES ACTEURS PRÉCÉDENTS ; LA COMTESSE *sort de l'autre pavillon.*

LA COMTESSE *se jette à genoux.* — Au moins je ferai nombre.

LE COMTE, *regardant la Comtesse et Suzanne.* — Ah! qu'est-ce que je vois!

BRID'OISON, *riant.* — Et pardi, c'è-est Madame.

LE COMTE *veut relever la Comtesse.* — Quoi, c'était vous, Comtesse? *(D'un ton suppliant.)* Il n'y a qu'un pardon bien généreux...

LA COMTESSE, *en riant.* — Vous diriez *Non, non*, à ma place; et moi, pour la troisième fois aujourd'hui, je l'accorde sans condition. *(Elle se relève.)*

SUZANNE *se relève.* — Moi aussi.

MARCELINE *se relève.* — Moi aussi.

FIGARO *se relève.* — Moi aussi; il y a de l'écho ici! *(Tous se relèvent.)*

LE COMTE. — De l'écho! — J'ai voulu ruser avec eux; ils m'ont traité comme un enfant!

LA COMTESSE, *en riant.* — Ne le regrettez pas, Monsieur le Comte.

FIGARO, *s'essuyant les genoux avec son chapeau.* — Une petite journée comme celle-ci, forme bien un ambassadeur!

LE COMTE, *à Suzanne.* — Ce billet fermé d'une épingle?...

SUZANNE. — C'est Madame qui l'avait dicté.

LE COMTE. — La réponse lui en est bien due. *(Il baise la main de la Comtesse.)*

LA COMTESSE. — Chacun aura ce qui lui appartient. *(Elle donne la bourse à Figaro et le diamant à Suzanne.)*

SUZANNE, *à Figaro.* — Encore une dot.

FIGARO, *frappant la bourse dans sa main.* — Et de trois. Celle-ci fut rude à arracher!

SUZANNE. — Comme notre mariage.

GRIPE-SOLEIL. — Et la jarretière de la mariée, l'aurons-je?

LA COMTESSE *arrache le ruban qu'elle a tant gardé dans son sein, et le jette à terre.* — La jarretière? Elle était avec ses habits; la voilà. *(Les Garçons de la noce veulent la ramasser.)*

CHÉRUBIN, *plus alerte, court la prendre, et dit* : — Que celui qui la veut, vienne me la disputer.

LE COMTE, *en riant, au page.* — Pour un Monsieur si chatouilleux, qu'avez-vous trouvé de gai à certain soufflet de tantôt?

CHÉRUBIN *recule en tirant à moitié son épée.* — A moi, mon Colonel?

FIGARO, *avec une colère comique.* — C'est sur ma joue

qu'il l'a reçu : voilà comme les grands font justice!

LE COMTE, *riant.* — C'est sur sa joue? Ah, ah, ah, qu'en dites-vous donc, ma chère Comtesse?

LA COMTESSE, *absorbée, revient à elle, et dit avec sensibilité* : — Ah! oui, cher Comte, et pour la vie, sans distraction, je vous le jure.

LE COMTE, *frappant sur l'épaule du juge.* — Et vous, don Brid'oison, votre avis maintenant?

BRID'OISON. — Su-ur tout ce que je vois, Monsieur le Comte?... Ma-a foi, pour moi je-e ne sais que vous dire : voilà ma façon de penser.

TOUS ENSEMBLE. — Bien jugé!

FIGARO. — J'étais pauvre, on me méprisait. J'ai montré quelque esprit, la haine est accourue. Une jolie femme et de la fortune...

BARTHOLO, *en riant.* — Les cœurs vont te revenir en foule.

FIGARO. — Est-il possible?

BARTHOLO. — Je les connais.

FIGARO, *saluant les spectateurs.* — Ma femme et mon bien mis à part, tous me feront honneur et plaisir.

On joue la ritournelle du vaudeville. Air noté.

VAUDEVILLE

BAZILE

Premier couplet

Triple dot, femme superbe ;
Que de biens pour un époux !
D'un seigneur, d'un page imberbe,
Quelque sot serait jaloux.
Du latin d'un vieux proverbe
L'homme adroit fait son parti.

FIGARO. — Je le sais... *(Il chante.) Gaudeant bene nati.*
BAZILE. — Non... *(Il chante.) Gaudeat bene* nanti.

SUZANNE

IIe couplet

Qu'un mari sa foi trahisse,
Il s'en vante, et chacun rit ;
Que sa femme ait un caprice,
S'il l'accuse on la punit.

De cette absurde injustice
Faut-il dire le pourquoi ?
Les plus forts ont fait la loi... (Bis.)

FIGARO

IIIe couplet

Jean Jeannot, jaloux risible,
Veut unir femme et repos ;
Il achète un chien terrible,
Et le lâche en son enclos.
La nuit, quel vacarme horrible !
Le chien court, tout est mordu,
Hors l'amant qui l'a vendu... (Bis.)

LA COMTESSE

IVe couplet

Telle est fière et répond d'elle,
Qui n'aime plus son mari ;
Telle autre, presque infidèle,
Jure de n'aimer que lui.
La moins folle, hélas ! est celle
Qui se veille en son lien,
Sans oser jurer de rien... (Bis.)

LE COMTE

V^e couplet

D'une femme de province,
A qui ses devoirs sont chers,
Le succès est assez mince ;
Vive la femme aux bons airs !
Semblable à l'écu du Prince,
Sous le coin d'un seul époux,
Elle sert au bien de tous... (Bis.)

MARCELINE

VIe couplet

Chacun sait la tendre mère,
Dont il a reçu le jour ;
Tout le reste est un mystère,
C'est le secret de l'amour.

FIGARO *continue l'air*

Ce secret met en lumière
Comment le fils d'un butor
Vaut souvent son pesant d'or... (Bis.)

VIIe couplet

Par le sort de la naissance,
L'un est roi, l'autre est berger ;
Le hasard fit leur distance ;
L'esprit seul peut tout changer.
De vingt rois que l'on encense,
Le trépas brise l'autel ;
Et Voltaire est immortel... (Bis.)

CHÉRUBIN

VIIIe couplet

Sexe aimé, sexe volage,
Qui tourmentez nos beaux jours ;
Si de nous chacun dit rage,
Chacun vous revient toujours.
Le parterre est votre image ;
Tel paraît le dédaigner,
Qui fait tout pour le gagner... (Bis.)

SUZANNE

IXe couplet

Si ce gai, ce fol ouvrage,
Renfermait quelque leçon,
En faveur du badinage,
Faites grâce à la raison.
Ainsi la nature sage
Nous conduit, dans nos désirs,
A son but, par les plaisirs... (Bis.)

BRID'OISON

X^e couplet

Or, Messieurs, la co-omédie
Que l'on juge en cè-et instant,
Sauf erreur, nous pein-eint la vie
Du bon peuple qui l'entend.
Qu'on l'opprime, il peste, il crie,
Il s'agite en cent fa-açons ;
Tout finit-it par des chansons... (Bis.)

BALLET GÉNÉRAL

NOTICE
SUR
LA MÈRE COUPABLE

Beaumarchais tenta d'aller plus loin que *le Mariage de Figaro*. Il transposa la donnée de sa comédie dans son opéra mélodramatique de *Tarare* : un Atar, despote oriental, dispute à son général Tarare l'aimable Astasie, épouse de celui-ci. On peut croire qu'à ce déguisement Almaviva, Figaro et Suzanne n'ont rien gagné.

Il arrive que les plus grands comiques (Molière lui-même) aspirent à la gravité de la tragédie ou du drame, comme s'il était plus méritoire de susciter les larmes que le rire. Dans la préface du *Mariage*, Beaumarchais annonçait son intention de revenir au « genre dramatique sérieux » : il travaillait à *la Mère coupable* ; il allait « prodiguer les traits de la plus austère morale », en « tonnant fortement sur les vices ».

Mais il était dit que la vertu ne lui réussirait pas. Il s'était institué le défenseur de Mme Kornman, épouse et victime d'un banquier véreux. Contre toute vraisemblance, ce fut cette intervention qui à la veille de la Révolution le rendit odieux à l'opinion publique. Dans le procès qui dura huit ans, il se trouvait associé à des personnages discrédités, tel le cardinal de Rohan. Surtout il sut mal se défendre contre l'avocat de Kornman, le Marseillais Bergasse, rhéteur frénétique. « Misérable ! tu sues le crime », s'écriait l'énergumène, aux applaudissements de tous. Depuis l'affaire Goëzman la situation s'était renversée : Beaumarchais obtint gain de cause devant le tribunal ; mais il perdit devant l'opinion. Dans la rue il fut insulté, attaqué même.

Il voulut prendre sa revanche au théâtre. Il traduit sur la scène son ennemi, sous le nom de Begearss, le Tartuffe de *la Mère coupable*. Sans plus de succès tout d'abord : jouée par une troupe médiocre, à la veille des événements qui vont renverser la monarchie (26 juin 1792), la pièce quitte rapidement l'affiche. Puis pendant la Terreur Beaumarchais est entraîné dans les tourbillons périlleux d'une affaire de fourniture aux armées : soixante mille fusils à faire passer de Hollande en France. Ayant échappé par miracle aux massacres de septembre, puis à la guillotine, il doit chercher refuge à Hambourg.

Il rentre en France sous le Directoire. Sous cette république bourgeoise, qui lui convient assez bien, il regagne une certaine notoriété en tant qu'homme de lettres. Une nouvelle fois l'opinion s'est retournée en sa faveur. Il juge donc le moment venu de reprendre *la Mère coupable*. Interprété par les anciens Comédiens-Français, son drame lui procure la douceur d'applaudissements dont depuis dix années il était sevré.

Dans l'ambiance révolutionnaire, le public ne fut pas sensible au mauvais aloi de ce pathétique. Ce qui est plus surprenant, c'est qu'au siècle suivant Hugo, dans la Préface de *Cromwell*, parle avec estime de Begearss comme incarnant « le grotesque empreint de terreur » ; c'est aussi que la pièce soit restée au répertoire jusqu'en 1849, obtenant encore cette année-là vingt et une représentations. Il faut se rendre à cette évidence : longtemps les spectateurs se laissèrent émouvoir par des moyens très gros, restant indifférents à l'invraisemblance de l'action comme au schématisme des caractères. Si l'on écrit un jour l'histoire du public théâtral, sans doute conclura-t-on qu'à la différence du bon sens, le bon goût n'est point « la chose du monde la mieux partagée ».

R. P.

L'AUTRE TARTUFFE

OU

LA MÈRE COUPABLE

DRAME EN CINQ ACTES EN PROSE,
PAR P.-A. CARON-BEAUMARCHAIS,
REMIS AU THÉATRE DE LA RUE FEYDEAU,
AVEC DES CHANGEMENTS,
ET JOUÉ LE 16 FLORÉAL AN V (5 MAI 1797),
PAR LES ANCIENS ACTEURS DU THÉATRE-FRANÇAIS.

On gagne assez dans les familles
quand on expulse un méchant.
(Dernière phrase de la pièce.)

UN MOT SUR
LA MÈRE COUPABLE

Pendant ma longue proscription, quelques amis zélés avaient imprimé cette pièce uniquement pour prévenir l'abus d'une contrefaçon infidèle, furtive, et prise à la volée pendant les représentations*. Mais ces amis eux-mêmes, pour éviter d'être froissés par les agents de la Terreur, s'ils eussent laissé leurs vrais titres aux personnages espagnols (car alors tout était péril), se crurent obligés de les défigurer, d'altérer même leur langage, et de mutiler plusieurs scènes.

Honorablement rappelé dans ma patrie, après quatre années d'infortune, et la pièce étant désirée par les anciens acteurs du Théâtre-Français, dont on connaît les grands talents, je le restitue en entier dans son premier état. Cette édition est celle que j'avoue.

Parmi les vues de ces artistes, j'approuve celle de présenter, en trois séances consécutives, tout le roman de la famille Almaviva, dont les deux premières époques ne semblent pas, dans leur gaieté légère, offrir de rapport bien sensible avec la profonde et touchante moralité de la dernière ; mais elles ont, dans le plan de l'auteur, une connexion intime, propre à verser le plus vif intérêt sur les représentations de *la Mère coupable*.

J'ai donc pensé avec les comédiens que nous pouvions dire au public : « Après avoir bien ri, le premier jour, au *Barbier de Séville*, de la turbulente jeunesse du comte Almaviva, laquelle est à peu près celle de tous les hommes ;

« Après avoir, le second jour, gaiement considéré, dans *la Folle Journée*, les fautes de son âge viril, et qui sont trop souvent les nôtres ;

* Elle fut représentée, pour la première fois, au Théâtre du Marais, le 26 juin 1792.

« Par le tableau de sa vieillesse, et voyant *la Mère coupable*, venez vous convaincre avec nous que tout homme qui n'est pas né un épouvantable méchant finit toujours pas être bon, quand l'âge des passions s'éloigne, et surtout quand il a goûté le bonheur si doux d'être père ! C'est le but moral de la pièce. Elle en renferme plusieurs autres que ces détails feront ressortir. »

Et moi, l'auteur, j'ajoute ceci : Venez juger *la Mère coupable*, avec le bon esprit qui l'a fait composer pour vous. Si vous trouvez quelque plaisir à mêler vos larmes aux douleurs, au pieux repentir de cette femme infortunée, si ses pleurs commandent les vôtres, laissez-les couler doucement. Les larmes qu'on verse au théâtre, sur des maux simulés, qui ne font pas le mal de la réalité cruelle, sont bien douces. On est meilleur quand on se sent pleurer. On se trouve si bon après la compassion !

Auprès de ce tableau touchant, si j'ai mis sous vos yeux le machinateur, l'homme affreux qui tourmente aujourd'hui cette malheureuse famille, ah ! je vous jure que je l'ai vu agir ; je n'aurais pas pu l'inventer. Le Tartuffe de Molière était celui *de la religion* : aussi, de toute la famille d'Orgon, ne trompa-t-il que le chef imbécile. Celui-ci, bien plus dangereux, *Tartuffe de la probité*, possède l'art profond de s'attirer la respectueuse confiance de la famille entière qu'il dépouille. C'est celui-là qu'il fallait démasquer. C'est pour vous garantir des pièges de ces monstres (et il en existe partout) que j'ai traduit sévèrement celui-ci sur la scène française. Pardonnez-le-moi en faveur de sa punition, qui fait la clôture de la pièce. Ce cinquième acte m'a coûté ; mais je me serais cru plus méchant que Bégearss si je l'avais laissé jouir du moindre fruit de ses atrocités, si je ne vous eusse calmés après des alarmes si vives.

Peut-être ai-je attendu trop tard pour achever cet ouvrage terrible qui me consumait la poitrine et devait être écrit dans la force de l'âge. Il m'a tourmenté bien longtemps ! Mes deux comédies espagnoles ne furent faites que pour le préparer. Depuis, en vieillissant, j'hésitais de m'en occuper : je craignais de manquer de force ; et peut-être n'en avais-je plus à l'époque où je l'ai tenté ! mais enfin, je l'ai composé dans une intention droite et pure : avec la tête froide d'un homme, et le cœur brûlant d'une femme, comme on l'a pensé de Rousseau. J'ai remarqué que cet ensemble, cet *hermaphrodisme* moral, est moins rare qu'on ne le croit.

Au reste, sans tenir à nul parti, à nulle secte, *la Mère coupable* est un tableau des peines intérieures qui divisent bien des familles, peines auxquelles malheureusement le divorce, très bon d'ailleurs, ne remédie point. Quoi qu'on fasse, ces plaies secrètes il les déchire au lieu de les cicatriser. Le sentiment de la paternité, la bonté du cœur, l'indulgence, en sont les uniques remèdes. Voilà ce que j'ai voulu peindre et graver dans tous les esprits.

Les hommes de lettres qui se sont voués au théâtre, en examinant cette pièce, pourront y démêler une intrigue de comédie, fondue dans le pathétique d'un drame. Ce dernier genre, trop dédaigné de quelques juges prévenus, ne leur paraissait pas de force à comporter ces deux éléments réunis. « L'*intrigue*, disaient-ils, est le propre des sujets gais, c'est le nerf de la comédie ; on adapte le *pathétique* à la marche simple du drame, pour en soutenir la faiblesse. » Mais ces principes hasardés s'évanouissent à l'application, comme on peut s'en convaincre en s'exerçant dans les deux genres. L'exécution plus ou moins bonne assigne à chacun son mérite ; et le mélange heureux de ces deux moyens dramatiques employés avec art peut produire un très grand effet ; voici comment je l'ai tenté.

Sur des événements antécédents connus (et c'est un fort grand avantage) j'ai fait en sorte qu'un drame intéressant existât aujourd'hui entre le comte Almaviva, la comtesse et les deux enfants. Si j'avais reporté la pièce à l'âge inconsistant où les fautes se sont commises, voici ce qui fût arrivé.

D'abord le drame eût dû s'appeler, non *la Mère coupable*, mais *l'Épouse infidèle*, ou *les Époux coupables* : ce n'était déjà plus le même genre d'intérêt ; il eût fallu y faire entrer des intrigues d'amour, des jalousies, du désordre, que sais-je ? de tout autres événements : et la moralité que je voulais faire sortir d'un manquement si grave aux devoirs de l'épouse honnête, cette moralité, perdue, enveloppée dans les fougues de l'âge, n'aurait pas été aperçue. Mais c'est vingt ans après que les fautes sont consommées, quand les passions sont usées, que leurs objets n'existent plus, à l'instant où les conséquences d'un désordre presque oublié viennent peser sur l'établissement, sur le sort de deux enfants malheureux qui les ont toutes ignorées, et qui n'en sont pas moins les victimes, c'est de ces circonstances graves que la moralité tire toute sa force et devient le préservatif des jeunes personnes bien nées, qui, lisant peu dans l'avenir, sont beaucoup plus près du danger de se voir égarées que de celui d'être vicieuses. Voilà sur quoi porte mon drame.

Puis, opposant au scélérat notre pénétrant Figaro, vieux serviteur très attaché, le seul être que le fripon n'a pu tromper dans la maison, l'intrigue qui se noue entre eux s'établit sous cet autre aspect.

Le scélérat, inquiet, se dit : « En vain j'ai le secret de tout le monde ici, en vain je me vois près de le tourner à mon profit ; si je ne parviens pas à faire chasser ce valet, il pourra m'arriver malheur. »

D'autre côté, j'entends le Figaro se dire : « Si je ne réussis à dépister ce monstre, à lui faire tomber le masque, la fortune, l'honneur, le bonheur de cette maison, tout est perdu. » La Suzanne, jetée entre ces deux lutteurs, n'est ici qu'un souple instrument dont chacun entend se servir pour hâter la chute de l'autre.

Ainsi, la *comédie d'intrigue*, soutenant la curiosité, marche tout au travers du *drame*, dont elle renforce l'action, sans en diviser l'intérêt, qui se porte entier sur la mère. Les deux enfants, aux yeux du spectateur, ne courent aucun danger réel. On voit bien qu'ils s'épouseront si le scélérat est chassé, car ce qu'il y a de mieux établi dans l'ouvrage, c'est qu'ils ne sont parents à nul degré, qu'ils sont étrangers l'un à l'autre, ce que savent fort bien, dans le secret du cœur, le comte, la comtesse, le scélérat, Suzanne et Figaro, tous instruits des événements, sans compter le public qui assiste à la pièce, et à qui nous n'avons rien caché.

Tout l'art de l'hypocrite, en déchirant le cœur du père et de la mère, consiste à effrayer les jeunes gens, à les arracher l'un à l'autre, en leur faisant croire à chacun qu'ils sont enfants du même père! c'est là le fond de son intrigue. Ainsi marche le double plan, que l'on peut appeler *complexe*.

Une telle action dramatique peut s'appliquer à tous les temps, à tous les lieux où les grands traits de la nature et tous ceux qui caractérisent le cœur de l'homme et ses secrets ne seront pas trop méconnus.

Diderot, comparant les ouvrages de Richardson avec tous ces romans que nous nommons l'histoire, s'écrie, dans son enthousiasme pour cet auteur juste et profond : « Peintre du cœur humain! c'est toi seul qui ne mens jamais! » Quel mot sublime! Et moi aussi, j'essaye encore d'être peintre du cœur humain ; mais ma palette est desséchée par l'âge et les contradictions. *La Mère coupable* a dû s'en ressentir!

Que si ma faible exécution nuit à l'intérêt de mon plan, le principe que j'ai posé n'en a pas moins toute sa justesse. Un tel essai peut inspirer le dessein d'en offrir de plus fortement concertés. Qu'un homme de feu l'entreprenne, y mêlant, d'un crayon hardi, l'*intrigue* avec le *pathétique*. Qu'il broie et fonde savamment les vives couleurs de chacun ; qu'il nous peigne à grands traits l'homme vivant en société, son état, ses passions, ses vices, ses vertus, ses fautes et ses malheurs, avec la vérité frappante que l'exagération même, qui fait briller les autres genres, ne permet pas toujours de rendre aussi fidèlement. Touchés, intéressés, instruits, nous ne dirons plus que le *Drame* est un genre décoloré, né de l'impuissance de produire une tragédie ou une comédie. L'art aura pris un noble essor ; il aura fait encore un pas.

O mes concitoyens! vous à qui j'offre cet essai! s'il vous paraît faible ou manqué, critiquez-le, mais sans m'injurier. Lorsque je fis mes autres pièces, on m'outragea longtemps pour avoir osé mettre au théâtre ce jeune Figaro, que vous avez aimé depuis. J'étais jeune aussi, j'en riais. En vieillissant, l'esprit s'attriste, le caractère se rembrunit. J'ai beau faire, je ne ris plus quand un méchant ou un fripon insulte à ma personne, à l'occasion de mes ouvrages : on n'est pas maître de cela.

Critiquez la pièce : fort bien. Si l'auteur est trop vieux pour en tirer du fruit, votre leçon peut profiter à d'autres. L'injure ne profite à personne, et même elle n'est pas de bon goût. On peut offrir cette remarque à une nation renommée par son ancienne politesse, qui la faisait servir de modèle en ce point, comme elle est encore aujourd'hui celui de la haute vaillance.

PERSONNAGES

LE COMTE ALMAVIVA, grand seigneur espagnol, d'une fierté noble, et sans orgueil.

LA COMTESSE ALMAVIVA, très malheureuse, et d'une angélique piété.

LE CHEVALIER LÉON, leur fils ; jeune homme épris de la liberté, comme toutes les âmes ardentes et neuves.

FLORESTINE, pupille et filleule du comte Almaviva ; jeune personne d'une grande sensibilité.

M. BÉGEARSS, Irlandais, major d'infanterie espagnole, ancien secrétaire des ambassades du Comte ; homme très profond, et grand machinateur d'intrigues, fomentant le trouble avec art.

FIGARO, valet de chambre, chirurgien et homme de confiance du Comte ; homme formé par l'expérience du monde et des événements.

SUZANNE, première camariste de la Comtesse ; épouse de Figaro ; excellente femme, attachée à sa maîtresse, et revenue des illusions du jeune âge.

M. FAL, notaire du Comte ; homme exact et très honnête.

GUILLAUME, valet allemand de M. Bégearss ; homme trop simple pour un tel maître.

La scène est à Paris, dans l'hôtel occupé par la famille du comte, et se passe à la fin de 1790.

ACTE PREMIER

Le théâtre représente un salon fort orné.

SCÈNE PREMIÈRE

SUZANNE, *seule, tenant des fleurs obscures dont elle fait un bouquet.*

Que Madame s'éveille et sonne ; mon triste ouvrage est achevé. *(Elle s'assied avec abandon.)* A peine il est neuf heures, et je me sens déjà d'une fatigue... Son dernier ordre, en la couchant, m'a gâté ma nuit tout entière... *Demain, Suzanne, au point du jour, fais apporter beaucoup de fleurs, et garnis-en mes cabinets.* — Au portier : *Que, de la journée, il n'entre personne pour moi. — Tu me formeras un bouquet de fleurs noires et rouge foncé, un seul œillet blanc au milieu...* Le voilà. — Pauvre maîtresse! elle pleurait!... Pour qui ce mélange d'apprêts?... Eeeh! si nous étions en Espagne, ce serait aujourd'hui la fête de son fils Léon... *(Avec mystère.)* et d'un autre homme qui n'est plus! *(Elle regarde les fleurs.)* Les couleurs du sang et du deuil! *(Elle soupire.)* Ce cœur blessé ne guérira jamais! — Attachons-le d'un crêpe noir, puisque c'est là sa triste fantaisie. *(Elle attache le bouquet.)*

SCÈNE II

SUZANNE, FIGARO *regardant avec mystère.*

Cette scène doit marcher chaudement.

SUZANNE. — Entre donc, Figaro! tu prends l'air d'un amant en bonne fortune chez ta femme!

FIGARO. — Peut-on parler librement?

SUZANNE. — Oui, si la porte reste ouverte.

FIGARO. — Et pourquoi cette précaution?

SUZANNE. — C'est que l'homme dont il s'agit peut entrer d'un moment à l'autre.

FIGARO, *appuyant.* — Honoré-Tartuffe-Bégearss?

SUZANNE. — Et c'est un rendez-vous donné. — Ne

t'accoutume donc pas à charger son nom d'épithètes ; cela peut se redire et nuire à tes projets.

FIGARO. — Il s'appelle Honoré!

SUZANNE. — Mais non pas Tartuffe.

FIGARO. — Morbleu!

SUZANNE. — Tu as le ton bien soucieux!

FIGARO. — Furieux. *(Elle se lève.)* Est-ce là notre convention? M'aidez-vous franchement, Suzanne, à prévenir un grand désordre? Serais-tu dupe encore de ce très méchant homme?

SUZANNE. — Non ; mais je crois qu'il se méfie de moi : il ne me dit plus rien. J'ai peur, en vérité, qu'il ne nous croie raccommodés.

FIGARO. — Feignons toujours d'être brouillés.

SUZANNE. — Mais qu'as-tu donc appris qui te donne une telle humeur?

FIGARO. — Recordons-nous d'abord sur les principes. Depuis que nous sommes à Paris, et que M. Almaviva... (Il faut bien lui donner son nom, puisqu'il ne souffre plus qu'on l'appelle *Monseigneur*...)

SUZANNE, *avec humeur.* — C'est beau! et Madame sort sans livrée! nous avons l'air de tout le monde!

FIGARO. — Depuis, dis-je, qu'il a perdu, par une querelle du jeu, son libertin de fils aîné, tu sais comment tout a changé pour nous! comme l'humeur du Comte est devenue sombre et terrible!

SUZANNE. — Tu n'es pas mal bourru non plus!

FIGARO. — Comme son autre fils paraît lui devenir odieux!

SUZANNE. — Que trop!

FIGARO. — Comme Madame est malheureuse!

SUZANNE. — C'est un grand crime qu'il commet!

FIGARO. — Comme il redouble de tendresse pour sa pupille Florestine! Comme il fait surtout des efforts pour dénaturer sa fortune!

SUZANNE. — Sais-tu, mon pauvre Figaro, que tu commences à radoter? Si je sais tout cela, qu'est-il besoin de me le dire?

FIGARO. — Encore faut-il bien s'expliquer pour s'assurer que l'on s'entend. N'est-il pas avéré pour nous que cet astucieux Irlandais, le fléau de cette famille, après avoir chiffré, comme secrétaire, quelques ambassades auprès du Comte, s'est emparé de leurs secrets à tous? que ce profond machinateur a su les entraîner, de l'indolente Espagne, en ce pays, remué de fond en comble, espérant y mieux profiter de la désunion où ils vivent pour séparer le mari de la femme épouser la pupille, et envahir les biens d'une maison qui se délabre ?

SUZANNE. — Enfin, moi ! que puis-je à cela ?

FIGARO. — Ne jamais le perdre de vue ; me mettre au cours de ses démarches...

SUZANNE. — Mais je te rends tout ce qu'il dit.

FIGARO. — Oh ! ce qu'il dit... n'est que ce qu'il veut dire ! Mais saisir, en parlant, les mots qui lui échappent, le moindre geste, un mouvement ; c'est là qu'est le secret de l'âme ! Il se trame ici quelque horreur ! Il faut qu'il s'en croie assuré ; car je lui trouve un air... plus faux, plus perfide et plus fat ; cet air des sots de ce pays, triomphant avant le succès ! Ne peux-tu être aussi perfide que lui ? l'amadouer, le bercer d'espoir ? quoi qu'il demande, ne pas le refuser ?...

SUZANNE. — C'est beaucoup !

FIGARO. — Tout est bien, et tout marche au but, si j'en suis promptement instruit.

SUZANNE. — ... Et si j'en instruis ma maîtresse ?

FIGARO. — Il n'est pas temps encore ; ils sont tous subjugués par lui. On ne te croirait pas : tu nous perdrais sans les sauver. Suis-le partout, comme son ombre... et moi, je l'épie au dehors...

SUZANNE. — Mon ami, je t'ai dit qu'il se défie de moi ; et s'il nous surprenait ensemble... Le voilà qui descend... Ferme !... Ayons l'air de quereller bien fort. *(Elle pose le bouquet sur la table.)*

FIGARO, *élevant la voix.* — Moi, je ne le veux pas ! Que je t'y prenne une autre fois !...

SUZANNE, *élevant la voix.* — Certes !... Oui, je te crains beaucoup !

FIGARO, *feignant de lui donner un soufflet.* — Ah ! tu me crains !... Tiens, insolente !

SUZANNE, *feignant de l'avoir reçu.* — Des coups à moi... chez ma maîtresse !

SCÈNE III

LE MAJOR BÉGEARSS, FIGARO, SUZANNE.

BÉGEARSS, *en uniforme, un crêpe noir au bras.* — Eh ! mais quel bruit ! Depuis une heure j'entends disputer de chez moi...

FIGARO, *à part.* — Depuis une heure!

BÉGEARSS. — Je sors, je trouve une femme éplorée...

SUZANNE, *feignant de pleurer.* — Le malheureux lève la main sur moi!

BÉGEARSS. — Ah! l'horreur! Monsieur Figaro! Un galant homme a-t-il jamais frappé une personne de l'autre sexe?

FIGARO, *brusquement.* — Eh, morbleu! Monsieur, laissez-nous! je ne suis point un *galant homme* ; et cette femme n'est point une *personne de l'autre sexe* : elle est ma femme ; une insolente qui se mêle dans des intrigues, et qui croit pouvoir me braver parce qu'elle a ici des gens qui la soutiennent. Ah! j'entends la morigéner...

BÉGEARSS. — Est-on brutal à cet excès?

FIGARO. — Monsieur, si je prends un arbitre de mes procédés envers elle, ce sera moins vous que tout autre ; et vous savez trop pourquoi!

BÉGEARSS. — Vous me manquez, Monsieur ; je vais m'en plaindre à votre maître.

FIGARO, *raillant.* — Vous manquer! moi? c'est impossible. *(Il sort.)*

SCÈNE IV

BÉGEARSS, SUZANNE.

BÉGEARSS. — Mon enfant, je n'en reviens point. Quel est donc le sujet de son emportement?

SUZANNE. — Il m'est venu chercher querelle ; il m'a dit cent horreurs de vous. Il me défendait de vous voir, de jamais oser vous parler. J'ai pris votre parti ; la dispute s'est échauffée ; elle a fini par un soufflet... Voilà le premier de sa vie ; mais moi, je veux me séparer. Vous l'avez vu...

BÉGEARSS. — Laissons cela. — Quelque léger nuage altérait ma confiance en toi ; mais ce débat l'a dissipé.

SUZANNE. — Sont-ce là vos consolations?

BÉGEARSS. — Va! c'est moi qui t'en vengerai! il est bien temps que je m'acquitte envers toi, ma pauvre Suzanne! Pour commencer, apprends un grand secret. Mais sommes-nous bien sûrs que la porte est fermée? *(Suzanne y va voir. Il dit à part.)* Ah! si je puis avoir seulement trois minutes l'écrin au double fond que j'ai fait faire à la Comtesse, où sont ces importantes lettres...

SUZANNE *revient.* — Eh bien! ce grand secret?

BÉGEARSS. — Sers ton ami ; ton sort devient superbe. — J'épouse Florestine ; c'est un point arrêté ; son père le veut absolument.

SUZANNE. — Qui, son père?

BÉGEARSS, *en riant.* — Et d'où sors-tu donc? Règle certaine, mon enfant : lorsque telle orpheline arrive chez quelqu'un, comme pupille ou bien comme filleule, elle est toujours la fille du mari. *(D'un ton sérieux.)* Bref, je puis l'épouser... si tu me la rends favorable.

SUZANNE. — Oh! mais Léon en est très amoureux.

BÉGEARSS. — Leur fils? *(Froidement.)* Je l'en détacherai.

SUZANNE, *étonnée.* — Ha!... Elle aussi, elle est fort éprise!

BÉGEARSS. — De lui?...

SUZANNE. — Oui.

BÉGEARSS, *froidement.* — Je l'en guérirai.

SUZANNE, *plus surprise.* — Ha! ha!... Madame, qui le sait, donne les mains à leur union.

BÉGEARSS. — Nous la ferons changer d'avis.

SUZANNE, *stupéfaite.* — Aussi?... Mais Figaro, si je vois bien, est le confident du jeune homme.

BÉGEARSS. — C'est le moindre de mes soucis. Ne serais-tu pas aise d'en être délivrée?

SUZANNE. — S'il ne lui arrive aucun mal...

BÉGEARSS. — Fi donc! la seule idée flétrit l'austère probité. Mieux instruits sur leurs intérêts, ce sont eux-mêmes qui changeront d'avis.

SUZANNE, *incrédule.* — Si vous faites cela, Monsieur...

BÉGEARSS, *appuyant.* — Je le ferai. — Tu sens que l'amour n'est pour rien dans un pareil arrangement. *(L'air caressant.)* Je n'ai jamais vraiment aimé que toi.

SUZANNE. — Ah! si Madame avait voulu...

BÉGEARSS. — Je l'aurais consolée sans doute ; mais elle a dédaigné mes vœux. Suivant le plan que le Comte a formé, la Comtesse va au couvent.

SUZANNE, *vivement.* — Je ne me prête à rien contre elle.

BÉGEARSS. — Que diable! il la sert dans ses goûts! Je t'entends toujours dire : *Ah! c'est un ange sur la terre!*

SUZANNE, *en colère.* — Eh bien! faut-il la tourmenter?

BÉGEARSS, *riant.* — Non ; mais du moins la rapprocher

de ce Ciel, la patrie des anges, dont elle est un moment tombée!... Et puisque, dans ces nouvelles et merveilleuses lois, le divorce s'est établi...

SUZANNE, *vivement*. — Le Comte veut s'en séparer?

BÉGEARSS. — S'il peut.

SUZANNE, *en colère*. — Ah! les scélérats d'hommes! quand on les étranglerait tous!...

BÉGEARSS, *riant*. — J'aime à croire que tu m'en exceptes.

SUZANNE. — Ma foi!... pas trop.

BÉGEARSS, *riant*. — J'adore ta franche colère : elle met à jour ton bon cœur! Quant à l'amoureux Chevalier, il le destine à voyager... longtemps. — Le Figaro, homme expérimenté, sera son discret conducteur. *(Il lui prend la main.)* Et voici ce qui nous concerne : le Comte, Florestine et moi, habiterons le même hôtel ; et la chère Suzanne à nous, chargée de toute la confiance, sera notre surintendant, commandera la domesticité, aura la grande main sur tout. Plus de mari, plus de soufflets, plus de brutal contradicteur ; des jours filés d'or et de soie, et la vie la plus fortunée!...

SUZANNE. — A vos cajoleries, je vois que vous voulez que je vous serve auprès de Florestine?

BÉGEARSS, *caressant*. — A dire vrai, j'ai compté sur tes soins. Tu fus toujours une excellente femme! J'ai tout le reste dans ma main ; ce point seul est entre les tiennes. *(Vivement.)* Par exemple, aujourd'hui tu peux nous rendre un signalé... *(Suzanne l'examine. Bégearss se reprend.)* Je dis *un signalé*, par l'importance qu'il y met. *(Froidement.)* Car, ma foi! c'est bien peu de chose! Le Comte aurait la fantaisie... de donner à sa fille, en signant le contrat, une parure absolument semblable aux diamants de la Comtesse. Il ne voudrait pas qu'on le sût.

SUZANNE, *surprise*. — Ha! ha!...

BÉGEARSS. — Ce n'est pas trop mal vu! De beaux diamants terminent bien des choses! Peut-être il va te demander d'apporter l'écrin de sa femme, pour en confronter les dessins avec ceux de son joailler...

SUZANNE. — Pourquoi comme ceux de Madame? C'est une idée assez bizarre!

BÉGEARSS. — Il prétend qu'ils soient aussi beaux... Tu sens, pour moi, combien c'était égal! Tiens, vois-tu? le voici qui vient.

SCÈNE V

LE COMTE, SUZANNE, BÉGEARSS.

LE COMTE. — Monsieur Bégearss, je vous cherchais.

BÉGEARSS. — Avant d'entrer chez vous, Monsieur, je venais prévenir Suzanne que vous avez dessein de lui demander cet écrin...

SUZANNE. — Au moins, Monseigneur, vous sentez...

LE COMTE. — Eh! laisse-là ton *Monseigneur*! N'ai-je pas ordonné, en passant dans ce pays-ci...?

SUZANNE. — Je trouve, Monseigneur, que cela nous amoindrit.

LE COMTE. — C'est que tu t'entends mieux en vanité qu'en vraie fierté. Quand on veut vivre dans un pays, il n'en faut point heurter les préjugés.

SUZANNE. — Eh bien! Monsieur, du moins vous me donnez votre parole...

LE COMTE, *fièrement*. — Depuis quand suis-je méconnu?

SUZANNE. — Je vais donc vous l'aller chercher. *(A part.)* Dame! Figaro m'a dit de ne rien refuser!...

SCÈNE VI

LE COMTE, BÉGEARSS.

LE COMTE. — J'ai tranché sur le point qui paraissait l'inquiéter.

BÉGEARSS. — Il en est un, Monsieur, qui m'inquiète beaucoup plus ; je vous trouve un air accablé...

LE COMTE. — Te le dirai-je, ami? la perte de mon fils me semblait le plus grand malheur. Un chagrin plus poignant fait saigner ma blessure, et rend ma vie insupportable.

BÉGEARSS. — Si vous ne m'aviez pas interdit de vous contrarier là-dessus, je vous dirais que votre second fils...

LE COMTE, *vivement*. — Mon second fils! je n'en ai point!

BÉGEARSS. — Calmez-vous, Monsieur ; raisonnons. La perte d'un enfant chéri peut vous rendre injuste envers l'autre, envers votre épouse, envers vous. Est-ce donc sur des conjectures qu'il faut juger de pareils faits?

LE COMTE. — Des conjectures? Ah! j'en suis trop certain! Mon grand chagrin est de manquer de preuves. — Tant que mon pauvre fils vécut, j'y mettais fort peu d'importance. Héritier de mon nom, de mes places, de ma fortune... que me faisait cet autre individu ? Mon froid dédain, un nom de terre, une croix de Malte, une pension, m'auraient vengé de sa mère et de lui ! Mais conçois-tu mon désespoir, en perdant un fils adoré, de voir un étranger succéder à ce rang, à ces titres ; et, pour irriter ma douleur, venir tous les jours me donner le nom odieux de *son père* ?

BÉGEARSS. — Monsieur, je crains de vous aigrir, en cherchant à vous apaiser ; mais la vertu de votre épouse...

LE COMTE, *avec colère*. — Ah ! ce n'est qu'un crime de plus. Couvrir d'une vie exemplaire un affront tel que celui-là ! Commander vingt áns, par ses mœurs et la piété la plus sévère, l'estime et le respect du monde ; et verser sur moi seul, par cette conduite affectée, tous les torts qu'entraîne après soi ma prétendue bizarrerie !... Ma haine pour eux s'en augmente.

BÉGEARSS. — Que vouliez-vous donc qu'elle fît, même en la supposant coupable ? Est-il au monde quelque faute qu'un repentir de vingt années ne doive effacer à la fin ? Fûtes-vous sans reproche vous-même ? Et cette jeune Florestine, que vous nommez votre pupille, et qui vous touche de plus près...

LE COMTE. — Qu'elle assure donc ma vengeance ! Je dénaturerai mes biens, et les lui ferai tous passer. Déjà trois millions d'or, arrivés de la Vera-Cruz, vont lui servir de dot ; et c'est à toi que je les donne. Aide-moi seulement à jeter sur ce don un voile impénétrable. En acceptant mon portefeuille, et te présentant comme époux, suppose un héritage, un legs de quelque parent éloigné...

BÉGEARSS, *montrant le crêpe de son bras*. — Voyez que, pour vous obéir, je me suis déjà mis en deuil.

LE COMTE. — Quand j'aurai l'agrément du Roi pour l'échange entamé de toutes mes terres d'Espagne contre des biens dans ce pays, je trouverai moyen de vous en assurer la possession à tous deux.

BÉGEARSS, *vivement*. — Et moi, je n'en veux point. Croyez-vous que, sur des soupçons... peut-être encore très peu fondés, j'irai me rendre complice de la spoliation entière de l'héritier de votre nom ! d'un jeune homme plein de mérite ; car il faut avouer qu'il en a...

LE COMTE, *impatienté*. — Plus que mon fils, voulez-vous dire? Chacun le pense comme vous; cela m'irrite contre lui!...

BÉGEARSS. — Si votre pupille m'accepte, et si, sur vos grands biens, vous prélevez, pour la doter, ces trois millions d'or du Mexique, je ne supporte point l'idée d'en devenir propriétaire, et ne les recevrai qu'autant que le contrat en contiendra la donation que mon amour sera censé lui faire.

LE COMTE *le serre dans ses bras.* — Loyal et franc ami! quel époux je donne à ma fille!...

SCÈNE VII

SUZANNE, LE COMTE, BÉGEARSS.

SUZANNE. — Monsieur, voilà le coffre aux diamants; ne le gardez pas trop longtemps; que je puisse le remettre en place avant qu'il soit jour chez Madame.

LE COMTE. — Suzanne, en t'en allant, défends qu'on entre, à moins que je ne sonne.

SUZANNE, *à part.* — Avertissons Figaro de ceci. *(Elle sort.)*

SCÈNE VIII

LE COMTE, BÉGEARSS.

BÉGEARSS. — Quel est votre projet sur l'examen de cet écrin?

LE COMTE *tire de sa poche un bracelet entouré de brillants.* — Je ne veux plus te déguiser tous les détails de mon affront; écoute. Un certain Léon d'Astorga, qui fut jadis mon page, et que l'on nommait Chérubin...

BÉGEARSS. — Je l'ai connu; nous servions dans le régiment dont je vous dois d'être major. Mais il y a vingt ans qu'il n'est plus.

LE COMTE. — C'est ce qui fonde mon soupçon. Il eut l'audace de l'aimer. Je la crus éprise de lui; je l'éloignai d'Andalousie, par un emploi dans ma légion. — Un an après la naissance du fils... qu'un combat détesté m'enlève; *(Il met la main à ses yeux.)* lorsque je m'embarquai vice-roi du Mexique; au lieu de rester à Madrid, ou dans mon palais à Séville, ou d'habiter Aguas Frescas, qui est un superbe séjour, quelle retraite, ami, crois-tu que ma femme choisit? Le vilain château d'Astorga, chef-lieu d'une méchante terre, que j'avais achetée des parents de ce page. C'est là qu'elle a voulu passer les trois années de mon absence ; qu'elle y a mis au monde... (après neuf ou dix mois, que sais-je?) ce misérable enfant, qui porte les traits d'un perfide! Jadis, lorsqu'on m'avait peint pour le bracelet de la comtesse, le peintre, ayant trouvé ce page fort joli, désira d'en faire une étude ; c'est un des beaux tableaux de mon cabinet.

BÉGEARSS. — Oui... *(Il baisse les yeux.)* à telles enseignes que votre épouse...

LE COMTE, *vivement.* — Ne veut jamais le regarder? Eh bien! sur ce portrait, j'ai fait faire celui-ci, dans ce bracelet, pareil en tout au sien, fait par le même joaillier qui monta tous ses diamants; je vais le substituer à la place du mien. Si elle en garde le silence, vous sentez que ma preuve est faite. Sous quelque forme qu'elle en parle, une explication sévère éclaircit ma honte à l'instant.

BÉGEARSS. — Si vous me demandez mon avis, Monsieur, je blâme un tel projet.

LE COMTE. — Pourquoi?

BÉGEARSS. — L'honneur répugne à de pareils moyens. Si quelque hasard, heureux ou malheureux, vous eût présenté certains faits, je vous excuserais de les approfondir. Mais tendre un piège! des surprises! Eh! quel homme, un peu délicat, voudrait prendre un tel avantage sur son plus mortel ennemi?

LE COMTE. — Il est trop tard pour reculer ; le bracelet est fait, le portrait du page est dedans...

BÉGEARSS *prend l'écrin.* — Monsieur, au nom du véritable honneur...

LE COMTE *a enlevé le bracelet de l'écrin.* — Ah! mon cher portrait, je te tiens! J'aurai du moins la joie d'en orner le bras de ma fille, cent fois plus digne de le porter!... *(Il y substitue l'autre.)*

BÉGEARSS *feint de s'y opposer. Ils tirent chacun l'écrin de leur côté ; Bégearss fait ouvrir adroitement le double fond, et dit avec colère* : — Ah! voilà la boîte brisée!

LE COMTE *regarde.* — Non ; ce n'est qu'un secret que le débat a fait ouvrir. Ce double fond renferme des papiers!

BÉGEARSS, *s'y opposant.* — Je me flatte, Monsieur, que vous n'abuserez point...

LE COMTE, *impatient.* — « Si quelque heureux hasard vous eût présenté certains faits, me disais-tu dans le moment, je vous excuserais de les approfondir »... Le hasard me les offre, et je vais suivre ton conseil. *(Il arrache les papiers.)*

BÉGEARSS, *avec chaleur.* — Pour l'espoir de ma vie entière, je ne voudrais pas devenir complice d'un tel attentat ! Remettez ces papiers, Monsieur, ou souffrez que je me retire. *(Il s'éloigne. Le Comte tient des papiers et lit. Bégearss le regarde en dessous, et s'applaudit secrètement.)*

LE COMTE *avec fureur.* — Je n'en veux pas apprendre davantage ; renferme tous les autres, et moi je garde celui-ci.

BÉGEARSS. — Non ; quel qu'il soit, vous avez trop d'honneur pour commettre une...

LE COMTE, *fièrement.* — Une... ! Achevez ! tranchez le mot, je puis l'entendre.

BÉGEARSS, *se courbant.* — Pardon, Monsieur, mon bienfaiteur ! et n'imputez qu'à ma douleur l'indécence de mon reproche.

LE COMTE. — Loin de t'en savoir mauvais gré, je t'en estime davantage. *(Il se jette sur un fauteuil.)* Ah ! perfide Rosine !... Car, malgré mes légèretés, elle est la seule pour qui j'aie éprouvé... J'ai subjugué les autres femmes ! Ah ! je sens à ma rage combien cette indigne passion... ! Je me déteste de l'aimer !

BÉGEARSS. — Au nom de Dieu, Monsieur, remettez ce fatal papier.

SCÈNE IX

FIGARO, LE COMTE, BÉGEARSS.

LE COMTE, *se lève.* — Homme importun ! que voulez-vous ?

FIGARO. — J'entre, parce qu'on a sonné.

LE COMTE, *en colère.* — J'ai sonné ? Valet curieux !...

FIGARO. — Interrogez le joaillier, qui l'a entendu comme moi ?

LE COMTE. — Mon joaillier ? que me veut-il ?

FIGARO. — Il dit qu'il a un rendez-vous, pour un bracelet qu'il a fait. *(Bégearss, s'apercevant qu'il cherche à voir l'écrin qui est sur la table, fait ce qu'il peut pour le masquer.)*

LE COMTE. — Ah !... qu'il revienne un autre jour.

FIGARO, *avec malice.* — Mais pendant que Monsieur

a l'écrin de Madame ouvert, il serait peut-être à propos...

LE COMTE, *en colère.* — Monsieur l'inquisiteur! partez ; et s'il vous échappe un seul mot...

FIGARO. — Un seul mot? J'aurais trop à dire ; je ne veux rien faire à demi. *(Il examine l'écrin, le papier que tient le Comte, lance un fier coup d'œil à Bégearss et sort.)*

SCÈNE X

LE COMTE, BÉGEARSS.

LE COMTE. — Refermons ce perfide écrin. J'ai la preuve que je cherchais. Je la tiens, j'en suis désolé ; pourquoi l'ai-je trouvée? Ah Dieu! lisez, lisez, Monsieur Bégearss.

BÉGEARSS, *repoussant le papier.* — Entrer dans de pareils secrets! Dieu préserve qu'on m'en accuse!

LE COMTE. — Quelle est donc la sèche amitié qui repousse mes confidences? Je vois qu'on n'est compatissant que pour les maux qu'on éprouve soi-même.

BÉGEARSS. — Quoi! pour refuser ce papier!... *(Vivement.)* Serrez-le donc ; voici Suzanne. *(Il referme vite le secret de l'écrin. Le Comte met la lettre dans sa veste, sur sa poitrine.)*

SCÈNE XI

SUZANNE, LE COMTE, BÉGEARSS.

Le Comte est accablé.

SUZANNE *accourt.* — L'écrin, l'écrin : Madame sonne.

BÉGEARSS *le lui donne.* — Suzanne, vous voyez que tout y est en bon état.

SUZANNE. — Qu'a donc Monsieur? il est troublé!

BÉGEARSS. — Ce n'est rien qu'un peu de colère contre votre indiscret mari, qui est entré malgré ses ordres.

SUZANNE, *finement.* — Je l'avais dit pourtant, de manière à être entendue. *(Elle sort.)*

SCÈNE XII

LÉON, LE COMTE, BÉGEARSS.

LE COMTE *veut sortir, il voit entrer Léon.* — Voici l'autre!

LÉON, *timidement, veut embrasser le Comte.* — Mon père, agréez mon respect ; avez-vous bien passé la nuit ?

LE COMTE, *sèchement, le repousse.* — Où fûtes-vous, Monsieur, hier au soir ?

LÉON. — Mon père, on me mena dans une assemblée estimable...

LE COMTE. — Où vous fîtes une lecture ?

LÉON. — On m'invita d'y lire un essai que j'ai fait sur l'abus des vœux monastiques, et le droit de s'en relever.

LE COMTE, *amèrement.* — Les vœux des chevaliers en sont ?

BÉGEARSS. — Qui fut, dit-on, très applaudi ?

LÉON. — Monsieur, on a montré quelque indulgence pour mon âge.

LE COMTE. — Donc, au lieu de vous préparer à partir pour vos caravanes, à bien mériter de votre ordre, vous vous faites des ennemis ? Vous allez composant, écrivant sur le ton du jour ?... Bientôt on ne distinguera plus un gentilhomme d'un savant !

LÉON, *timidement.* — Mon père, on en distinguera mieux un ignorant d'un homme instruit ; et l'homme libre, de l'esclave.

LE COMTE. — Discours d'enthousiaste ! On voit où vous voulez en venir. *(Il veut sortir.)*

LÉON. — Mon père...!

LE COMTE, *dédaigneux.* — Laissez à l'artisan des villes ces locutions triviales. Les gens de notre état ont un langage plus élevé. Qui est-ce qui dit *mon père*, à la Cour ? Monsieur ! appelez-moi *Monsieur* ! vous sentez l'homme du commun ! Son père !... *(Il sort ; Léon le suit en regardant Bégearss qui lui fait un geste de compassion.)* Allons, Monsieur Bégearss, allons !

ACTE II

Le théâtre représente la bibliothèque du Comte.

SCÈNE PREMIÈRE

Le Comte.

Puisque enfin je suis seul, lisons cet étonnant écrit, qu'un hasard presque inconcevable a fait tomber entre mes mains. *(Il tire de son sein la lettre de l'écrin, et la lit en pesant sur tous les mots.)* « Malheureux insensé! notre sort est rempli. La surprise nocturne que vous avez osé me faire, dans un château où vous fûtes élevé, dont vous connaissiez les détours ; la violence qui s'en est suivie ; enfin votre crime, — le mien... *(Il s'arrête.)* le mien reçoit sa juste punition. Aujourd'hui, jour de Saint-Léon, patron de ce lieu et le vôtre, je viens de mettre au monde un fils, mon opprobre et mon désespoir. Grâce à de tristes précautions, l'honneur est sauf ; mais la vertu n'est plus. Condamnée désormais à des larmes intarissables, je sens qu'elles n'effaceront point un crime... dont l'effet reste subsistant. Ne me voyez jamais : c'est l'ordre irrévocable de la misérable Rosine... qui n'ose plus signer un autre nom. » *(Il porte ses mains avec la lettre à son front, et se promène.)* ... Qui n'ose plus signer un autre nom!... Ah! Rosine! où est le temps...? Mais tu t'es avilie!... *(Il s'agite.)* Ce n'est point là l'écrit d'une méchante femme! Un misérable corrupteur... Mais voyons la réponse écrite sur la même lettre. *(Il lit.)* « Puisque je ne dois plus vous voir, la vie m'est odieuse, et je vais la perdre avec joie dans la vive attaque d'un fort, où je ne suis point commandé.

« Je vous renvoie tous vos reproches, le portrait que j'ai fait de vous, et la boucle de cheveux que je vous dérobai. L'ami qui vous rendra ceci, quand je ne serai plus, est sûr. Il a vu tout mon désespoir. Si la mort d'un infortuné vous inspirait un reste de pitié, parmi les noms qu'on va donner à l'héritier... d'un autre plus heureux!... puis-je espérer que le nom de *Léon* vous rappellera quelquefois le souvenir du malheureux...

qui expire en vous adorant, et signe pour la dernière fois, CHÉRUBIN LÉON, d'Astorga? »

... Puis, en caractères sanglants : « Blessé à mort, je rouvre cette lettre, et vous écris avec mon sang ce douloureux, cet éternel adieu. Souvenez-vous... »

Le reste est effacé par des larmes... *(Il s'agite.)* Ce n'est point là non plus l'écrit d'un méchant homme! Un malheureux égarement... *(Il s'assied et reste absorbé.)* Je me sens déchiré!

SCÈNE II

BÉGEARSS, LE COMTE.

Bégearss, en entrant, s'arrête, le regarde et se mord le doigt avec mystère.

LE COMTE. — Ah! mon cher ami, venez donc!... vous me voyez dans un accablement...

BÉGEARSS. — Très effrayant, Monsieur ; je n'osais avancer.

LE COMTE. — Je viens de lire cet écrit. Non! ce n'étaient point là des ingrats ni des monstres ; mais de malheureux insensés, comme ils se le disent eux-mêmes...

BÉGEARSS. — Je l'ai présumé comme vous.

LE COMTE *se lève et se promène.* — Les misérables femmes, en se laissant séduire, ne savent guère les maux qu'elles apprêtent!... Elles vont, elles vont... les affronts s'accumulent... et le monde injuste et léger accuse un père qui se tait, qui dévore en secret ses peines!... On le taxe de dureté, pour les sentiments qu'il refuse au fruit d'un coupable adultère!... Nos désordres, à nous, ne leur enlèvent presque rien ; ne peuvent, du moins, leur ravir la certitude d'être mères, ce bien inestimable de la maternité! tandis que leur moindre caprice, un goût, une étourderie légère, détruit dans l'homme le bonheur... le bonheur de toute sa vie, la sécurité d'être père. — Ah! ce n'est point légèrement qu'on a donné tant d'importance à la fidélité des femmes! Le bien, le mal de la société, sont attachés à leur conduite ; le paradis ou l'enfer des familles dépend à tout jamais de l'opinion qu'elles ont donnée d'elles.

BÉGEARSS. — Calmez-vous ; voici votre fille.

SCÈNE III

FLORESTINE, LE COMTE, BÉGEARSS.

FLORESTINE, *un bouquet au côté.* — On vous disait, Monsieur, si occupé, que je n'ai pas osé vous fatiguer de mon respect.

LE COMTE. — Occupé de toi, mon enfant! *ma fille*! Ah! je me plais à te donner ce nom ; car j'ai pris soin de ton enfance. Le mari de ta mère était fort dérangé : en mourant il ne laissa rien. Elle-même, en quittant la vie, t'a recommandée à mes soins. Je lui engageai ma parole ; je la tiendrai, ma fille, en te donnant un noble époux. Je te parle avec liberté devant cet ami qui nous aime. Regarde autour de toi ; choisis! Ne trouves-tu personne ici, digne de posséder ton cœur?

FLORESTINE, *lui baisant la main.* — Vous l'avez tout entier, Monsieur, et si je me vois consultée, je répondrai que mon bonheur est de ne point changer d'état. — Monsieur votre fils, en se mariant... (car, sans doute, il ne restera plus dans l'ordre de Malte aujourd'hui), Monsieur votre fils, en se mariant, peut se séparer de son père. Ah! permettez que ce soit moi qui prenne soin de vos vieux jours! c'est un devoir, Monsieur, que je remplirai avec joie.

LE COMTE. — Laisse, laisse *Monsieur* réservé pour l'indifférence ; on ne sera point étonné qu'une enfant si reconnaissante me donne un nom plus doux! Appelle-moi ton père.

BÉGEARSS. — Elle est digne, en honneur, de votre confidence entière... Mademoiselle, embrassez ce bon, ce tendre protecteur. Vous lui devez plus que vous ne pensez. Sa tutelle n'est qu'un devoir. Il fut l'ami... l'ami secret de votre mère... et, pour tout dire en un seul mot...

SCÈNE IV

FIGARO, LA COMTESSE, LE COMTE, FLORESTINE, BÉGEARSS.

La Comtesse est en robe à peigner.

FIGARO, *annonçant.* — Madame la Comtesse.

BÉGEARSS *jette un regard furieux sur Figaro. A part.* — Au diable le faquin!

LA COMTESSE, *au Comte.* — Figaro m'avait dit que vous vous trouviez mal ; effrayée, j'accours, et je vois...

LE COMTE. — ... Que cet homme officieux vous a fait encore un mensonge.

FIGARO. — Monsieur, quand vous êtes passé, vous aviez un air si défait... heureusement il n'en est rien... *(Bégearss l'examine.)*

LA COMTESSE. — Bonjour, Monsieur Bégearss... Te voilà, Florestine ; je te trouve radieuse... Mais voyez donc comme elle est fraîche et belle! Si le ciel m'eût donné une fille, je l'aurais voulue comme toi, de figure et de caractère. Il faudra bien que tu m'en tiennes lieu. Le veux-tu Florestine?

FLORESTINE, *lui baisant la main.* — Ah! Madame!

LA COMTESSE. — Qui t'a donc fleurie si matin?

FLORESTINE, *avec joie.* — Madame, on ne m'a point fleurie ; c'est moi qui ai fait des bouquets. N'est-ce pas aujourd'hui Saint-Léon?

LA COMTESSE. — Charmante enfant, qui n'oublie rien! *(Elle la baise au front. Le Comte fait un geste terrible ; Bégearss le retient.)*

LA COMTESSE, *à Figaro.* — Puisque nous voilà rassemblés, avertissez mon fils que nous prendrons ici le chocolat.

FLORESTINE. — Pendant qu'ils vont le préparer, mon parrain, faites-nous donc voir ce beau buste de Washington, que vous avez, dit-on, chez vous.

LE COMTE. — J'ignore qui me l'envoie ; je ne l'ai demandé à personne ; et, sans doute, il est pour Léon. Il est beau ; je l'ai là dans mon cabinet : venez tous.

Bégearss, en sortant le dernier, se retourne deux fois pour examiner Figaro qui le regarde de même. Ils ont l'air de se menacer sans parler.

SCÈNE V

FIGARO, *seul, rangeant la table et les tasses pour le déjeuner.*

Serpent, ou basilic! tu peux me mesurer, me lancer des regards affreux! Ce sont les miens qui te tueront!... Mais, où reçoit-il ses paquets? Il ne vient rien pour lui, de la poste à l'hôtel! Est-il monté seul de l'enfer?... Quelque autre diable correspond... et moi, je ne puis découvrir...

SCÈNE VI

FIGARO, SUZANNE.

SUZANNE *accourt, regarde, et dit très vivement à l'oreille de Figaro.* — C'est lui que la pupille épouse. — Il a la promesse du Comte. — Il guérira Léon de son amour. — Il détachera Florestine. — Il fera consentir Madame. — Il te chasse de la maison. — Il cloître ma maîtresse en attendant que l'on divorce. — Fait déshériter le jeune homme, et me rend maîtresse de tout. Voilà les nouvelles du jour. *(Elle s'enfuit.)*

SCÈNE VII

FIGARO, *seul.*

Non, s'il vous plaît, Monsieur le Major! nous compterons ensemble auparavant. Vous apprendrez de moi qu'il n'y a que les sots qui triomphent. Grâce à l'Ariane-Suzon, je tiens le fil du labyrinthe, et le Minotaure est cerné... Je t'envelopperai dans tes pièges, et te démasquerai si bien!... Mais quel intérêt assez pressant lui fait faire une telle école, desserre les dents d'un tel homme? S'en croirait-il assez sûr pour... La sottise et la vanité sont compagnes inséparables! Mon politique babille et se confie! Il a perdu le coup. *Y a faute.*

SCÈNE VIII

GUILLAUME, FIGARO.

GUILLAUME, *avec une lettre.* — Meissieïr Bégearss! Ché vois qu'il est pas pour ici!

FIGARO, *rangeant le déjeuner.* — Tu peux l'attendre, il va rentrer.

GUILLAUME, *reculant.* — Meingoth! c'hattendrai pas Meissieïr, en gombagnie té vout! Mon maître il voudrait point, jé chure.

FIGARO. — Il te le défend? eh bien! donne la lettre; je vais la lui remettre en rentrant.

GUILLAUME, *reculant.* — Pas plis à vous té lettres! O tiable! il voudra pientôt me jasser.

FIGARO, *à part.* — Il faut pomper le sot. — Tu viens de la poste, je crois?

GUILLAUME. — Tiable! non, ché viens pas.

FIGARO. — C'est sans doute quelque missive du gentleman..., du parent irlandais dont il vient d'hériter? Tu sais cela, toi, bon Guillaume?

GUILLAUME, *riant niaisement.* — Lettre d'un qu'il est mort, Meissieïr! Non, ché vous prie! Celui-là, ché crois pas, partié! ce sera bien plutôt d'un autre. Peut-être il viendrait d'un qu'ils sont là... pas contents, dehors.

FIGARO. — D'un de nos mécontents, dis-tu?

GUILLAUME. — Oui, mais ch'assure pas...

FIGARO, *à part.* — Cela se peut ; il est fourré dans tout. *(A Guillaume.)* On pourrait voir au timbre, et s'assurer...

GUILLAUME. — Ch'assure pas ; pourquoi? les lettres il vient chez M. O'Connor ; et puis, je sais pas quoi c'est *timpré,* moi.

FIGARO *vivement.* — O'Connor! banquier irlandais?

GUILLAUME. — Mon foi!

FIGARO *revient à lui, froidement.* — Ici près, derrière l'hôtel?

GUILLAUME. — Ein fort choli maison, partié! tes chens très... beaucoup gracieux, si j'osse dire. *(Il se retire à l'écart.)*

FIGARO, *à lui-même.* — O fortune! O bonheur!

GUILLAUME, *revenant.* — Parle pas, fous, de s'té banquier, pour personne ; entende fous? ch'aurais pas dû... *Tertaïfle! (Il frappe du pied.)*

FIGARO. — Va! je n'ai garde ; ne crains rien.

GUILLAUME. — Mon maître, il dit, Meissieïr, vous âfre tout l'esprit, et moi pas... Alors c'est chuste... Mais, peut-être ché suis mécontent d'avoir dit à fous...

FIGARO. — Et pourquoi?

GUILLAUME. — Ché sais pas. — Le valet trahir, voye-fous... L'être un péché qu'il est parpare, vil, et même... puéril.

FIGARO. — Il est vrai ; mais tu n'as rien dit.

GUILLAUME, *désolé.* — Mon Thié! Mon Thié! ché sais pas, là... quoi tire... ou non... *(Il se retire en soupirant.)* Ah! *(Il regarde niaisement les livres de la bibliothèque.)*

FIGARO, *à part.* — Quelle découverte? Hasard! je te salue. *(Il cherche ses tablettes.)* Il faut pourtant que je démêle comment un homme si caverneux s'arrange d'un tel imbécile... De même que les brigands redoutent les réverbères... Oui, mais un sot est un falot ; la lumière passe à travers. *(Il dit en écrivant sur ses tablettes.) O'Connor, banquier irlandais.* C'est là qu'il faut que j'établisse mon noir comité de recherches. Ce moyen-là n'est pas trop constitutionnel ; *ma ! perdio !* l'utilité ! Et puis, j'ai mes exemples ! *(Il écrit.)* Quatre ou cinq louis d'or au valet chargé du détail de la poste, pour ouvrir dans un cabaret chaque lettre de l'écriture d'Honoré-Tartuffe Bégearss... Monsieur le tartuffe honoré ! vous cesserez enfin de l'être ! Un dieu m'a mis sur votre piste. *(Il serre ses tablettes.)* Hasard ! dieu méconnu ! les anciens t'appelaient destin ! nos gens te donnent un autre nom...

SCÈNE IX

LA COMTESSE, LE COMTE, FLORESTINE, BÉGEARSS, FIGARO, GUILLAUME.

BÉGEARSS *aperçoit Guillaume, et lui dit avec humeur, en prenant la lettre.* — Ne peux-tu pas me les garder chez moi ?

GUILLAUME. — Ché crois, celui-ci c'est tout comme... *(Il sort.)*

LA COMTESSE, *au Comte.* — Monsieur, ce buste est un très beau morceau : votre fils l'a-t-il vu ?

BÉGEARSS, *la lettre ouverte.* — Ah ! lettre de Madrid ! du secrétaire du ministre ! Il y a un mot qui vous regarde. *(Il lit.)* « Dites au Comte Almaviva, que le courrier, qui part demain, lui porte l'agrément du Roi pour l'échange de toutes ses terres. » *(Figaro écoute, et se fait, sans parler, un signe d'intelligence.)*

LA COMTESSE. — Figaro, dis donc à mon fils que nous déjeunons tous ici.

FIGARO. — Madame, je vais l'avertir. *(Il sort.)*

SCÈNE X

LA COMTESSE, LE COMTE, FLORESTINE, BÉGEARSS.

LE COMTE, *à Bégearss.* — J'en veux donner avis sur-le-champ à mon acquéreur. Envoyez-moi du thé dans mon arrière-cabinet.

FLORESTINE. — Bon papa, c'est moi qui vous le porterai.

LE COMTE, *bas, à Florestine.* — Pense beaucoup au peu que je t'ai dit. *(Il la baise au front et sort.)*

SCÈNE XI

LÉON, LA COMTESSE, FLORESTINE, BÉGEARSS.

LÉON, *avec chagrin.* — Mon père s'en va quand j'arrive! il m'a traité avec une rigueur...

LA COMTESSE, *sévèrement.* — Mon fils, quels discours tenez-vous? dois-je me voir toujours froissée par l'injustice de chacun? Votre père a besoin d'écrire à la personne qui échange ses terres.

FLORESTINE, *gaiement.* — Vous regrettez votre papa? nous aussi nous le regrettons. Cependant, comme il sait que c'est aujourd'hui votre fête, il m'a chargée, Monsieur, de vous présenter ce bouquet. *(Elle lui fait une grande révérence.)*

LÉON, *pendant qu'elle l'ajuste à sa boutonnière.* — Il n'en pouvait prier quelqu'un qui me rendît ses bontés aussi chères... *(Il l'embrasse.)*

FLORESTINE, *se débattant.* — Voyez, Madame, si on peut jamais badiner avec lui, sans qu'il abuse au même instant...

LA COMTESSE, *souriant.* — Mon enfant, le jour de sa fête, on peut lui passer quelque chose.

FLORESTINE, *baissant les yeux.* — Pour l'en punir, Madame, faites-lui lire le discours qui fut, dit-on, tant applaudi hier à l'assemblée.

LÉON. — Si Maman juge que j'ai tort, j'irai chercher ma pénitence.

FLORESTINE. — Ah! Madame, ordonnez-le-lui.

LA COMTESSE. — Apportez-nous, mon fils, votre discours : moi, je vais prendre quelque ouvrage, pour l'écouter avec plus d'attention.

FLORESTINE, *gaiement.* — Obstiné! c'est bien fait; et je l'entendrai malgré vous.

LÉON, *tendrement.* — Malgré moi, quand vous l'ordonnez? Ah! Florestine, j'en défie!

La Comtesse et Léon sortent chacun de leur côté.

SCÈNE XII

FLORESTINE, BÉGEARSS.

BÉGEARSS, *bas.* — Eh bien! Mademoiselle, avez-vous deviné l'époux qu'on vous destine?

FLORESTINE, *avec joie.* — Mon cher Monsieur Bégearss! vous êtes à tel point notre ami, que je me permettrai de penser tout haut avec vous. Sur qui puis-je porter les yeux? Mon parrain m'a bien dit : *Regarde autour de toi ; choisis.* Je vois l'excès de sa bonté : ce ne peut être que Léon. Mais moi, sans biens, dois-je abuser...

BÉGEARSS, *d'un ton terrible.* — Qui? Léon! son fils? votre frère?

FLORESTINE, *avec un cri douloureux.* — Ah! Monsieur!...

BÉGEARSS. — Ne vous a-t-il pas dit : appelle-moi ton père? Réveillez-vous, ma chère enfant! écartez un songe trompeur, qui pouvait devenir funeste.

FLORESTINE. — Ah! oui ; funeste pour tous deux!

BÉGEARSS. — Vous sentez qu'un pareil secret doit rester caché dans votre âme. *(Il sort en la regardant.)*

SCÈNE XIII

FLORESTINE, *seule et pleurant.*

O Ciel! il est mon frère, et j'ose avoir pour lui...! Quel coup d'une lumière affreuse! et dans un tel sommeil, qu'il est cruel de s'éveiller! *(Elle tombe accablée sur un siège.)*

SCÈNE XIV

LÉON, *un papier à la main*, FLORESTINE.

LÉON, *joyeux, à part.* — Maman n'est pas rentrée, et Monsieur Bégearss est sorti : profitons d'un moment heureux. — Florestine! vous êtes ce matin, et toujours, d'une beauté parfaite ; mais vous avez un air de joie, un ton aimable de gaieté, qui ranime mes espérances.

FLORESTINE, *au désespoir.* — Ah, Léon! *(Elle retombe.)*

LÉON. — Ciel! vos yeux noyés de larmes et votre visage défait m'annoncent quelque grand malheur!

FLORESTINE. — Des malheurs! Ah! Léon, il n'y en a plus que pour moi.

LÉON. — Floresta, ne m'aimez-vous plus? lorsque mes sentiments pour vous...

FLORESTINE, *d'un ton absolu.* — Vos sentiments? ne m'en parlez jamais.

LÉON. — Quoi! l'amour le plus pur...

FLORESTINE, *au désespoir.* — Finissez ces cruels discours, ou je vais vous fuir à l'instant.

LÉON. — Grand Dieu! qu'est-il donc arrivé? Monsieur Bégearss vous a parlé, Mademoiselle, je veux savoir ce que vous a dit ce Bégearss.

SCÈNE XV

LA COMTESSE, FLORESTINE, LÉON.

LÉON. — Maman, venez à mon secours. Vous me voyez au désespoir : Florestine ne m'aime plus!

FLORESTINE, *pleurant.* — Moi, Madame, ne plus l'aimer! Mon parrain, vous et lui, c'est le cri de ma vie entière.

LA COMTESSE. — Mon enfant, je n'en doute pas. Ton cœur excellent m'en répond. Mais de quoi donc s'afflige-t-il?

LÉON. — Maman, vous approuvez l'ardent amour que j'ai pour elle?

FLORESTINE, *se jetant dans les bras de la Comtesse.* — Ordonnez-lui donc de se taire! *(En pleurant.)* Il me fait mourir de douleur!

LA COMTESSE. — Mon enfant, je ne t'entends point. Ma surprise égale la sienne. Elle frissonne entre mes bras! Qu'a-t-il donc fait qui puisse te déplaire?

FLORESTINE, *se renversant sur elle.* — Madame, il ne me déplaît point. Je l'aime et le respecte à l'égal de mon frère ; mais qu'il n'exige rien de plus.

LÉON. — Vous l'entendez, Maman! Cruelle fille, expliquez-vous.

FLORESTINE. — Laissez-moi, laissez-moi, ou vous me causerez la mort.

SCÈNE XVI

LA COMTESSE, FLORESTINE, LÉON, FIGARO *arrivant avec l'équipage du thé* ; SUZANNE *de l'autre côté, avec un métier de tapisserie.*

LA COMTESSE. — Remporte tout, Suzanne : il n'est pas plus question de déjeuner que de lecture. Vous, Figaro, servez du thé à votre maître ; il écrit dans son cabinet. Et toi, ma Florestine, viens dans le mien, rassurer ton amie. Mes chers enfants, je vous porte en mon cœur! — Pourquoi l'affligez-vous l'un après l'autre sans pitié? Il y a ici des choses qu'il m'est important d'éclaircir. *(Elles sortent.)*

SCÈNE XVII

SUZANNE, FIGARO, LÉON.

SUZANNE, *à Figaro.* — Je ne sais pas de quoi il est question ; mais je parierais bien que c'est là du Bégearss tout pur. Je veux absolument prémunir ma maîtresse.

FIGARO. — Attends que je sois plus instruit : nous nous concerterons ce soir. Oh! j'ai fait une découverte...

SUZANNE. — Et tu me la diras? *(Elle sort.)*

SCÈNE XVIII

FIGARO, LÉON.

LÉON, *désolé.* — Ah! dieux!

FIGARO. — De quoi s'agit-il donc, Monsieur?

LÉON. — Hélas! je l'ignore moi-même. Jamais je n'avais vu Floresta de si belle humeur, et je savais qu'elle avait eu un entretien avec mon père. Je la laisse un instant avec Monsieur Bégearss ; je la trouve seule, en rentrant, les yeux remplis de larmes, et m'ordonnant de la fuir pour toujours. Que peut-il donc lui avoir dit?

FIGARO. — Si je ne craignais pas votre vivacité, je vous instruirais sur des points qu'il vous importe de savoir. Mais lorsque nous avons besoin d'une grande prudence, il ne faudrait qu'un mot de vous, trop vif, pour me faire perdre le fruit de dix années d'observations.

LÉON. — Ah! s'il ne faut qu'être prudent... Que crois-tu donc qu'il lui ait dit?

FIGARO. — Qu'elle doit accepter Honoré Bégearss pour époux ; que c'est une affaire arrangée entre Monsieur votre père et lui.

LÉON. — Entre mon père et lui? Le traître aura ma vie.

FIGARO. — Avec ces façons-là, Monsieur, le traître n'aura pas votre vie ; mais il aura votre maîtresse, et votre fortune avec elle.

LÉON. — Eh bien! ami, pardon : apprends-moi ce que je dois faire.

FIGARO. — Deviner l'énigme du Sphinx ; ou bien en être dévoré. En d'autres termes, il faut vous modérer, le laisser dire, et dissimuler avec lui.

LÉON, *avec fureur.* — Me modérer!... Oui, je me modérerai. Mais j'ai la rage dans le cœur! — M'enlever Florestine! Ah! le voici qui vient : je vais m'expliquer... froidement.

FIGARO. — Tout est perdu si vous vous échappez.

SCÈNE XIX

BÉGEARSS, FIGARO, LÉON.

LÉON, *se contenant mal.* — Monsieur, Monsieur, un mot. Il importe à votre repos que vous répondiez sans détour. — Florestine est au désespoir ; qu'avez-vous dit à Florestine?

BÉGEARSS, *d'un ton glacé.* — Et qui vous dit que je lui ai parlé? Ne peut-elle avoir des chagrins, sans que j'y sois pour quelque chose?

LÉON, *vivement.* — Point d'évasions, Monsieur. Elle était d'un humeur charmante : en sortant d'avec vous, on la voit fondre en larmes. De quelque part qu'elle en reçoive, mon cœur partage ses chagrins. Vous m'en direz la cause, ou bien vous m'en ferez raison.

BÉGEARSS. — Avec un ton moins absolu, on peut tout obtenir de moi : je ne sais point céder à des menaces.

LÉON, *furieux.* — Eh bien! perfide, défends-toi. J'aurai ta vie, ou tu auras la mienne *(Il met la main à son épée.)*

FIGARO *les arrête.* — Monsieur Bégearss! au fils de votre ami? dans sa maison? où vous logez?

BÉGEARSS, *se contenant.* — Je sais trop ce que je me dois... Je vais m'expliquer avec lui ; mais je n'y veux point de témoins. Sortez, et laissez-nous ensemble.

LÉON. — Va, mon cher Figaro : tu vois qu'il ne peut m'échapper. Ne lui laissons aucune excuse.

FIGARO, *à part.* — Moi, je cours avertir son père. *(Il sort.)*

SCÈNE XX

LÉON, BÉGEARSS.

LÉON, *lui barrant la porte.* — Il vous convient peut-être mieux de vous battre que de parler. Vous êtes le maître du choix ; mais je n'admettrai rien d'étranger à ces deux moyens.

BÉGEARSS, *froidement*. — Léon! un homme d'honneur n'égorge pas le fils de son ami. Devais-je m'expliquer devant un malheureux valet, insolent d'être parvenu à presque gouverner son maître?

LÉON, *s'asseyant*. — Au fait, Monsieur, je vous attends...

BÉGEARSS. — Oh! que vous allez regretter une fureur déraisonnable!

LÉON. — C'est ce que nous verrons bientôt.

BÉGEARSS, *affectant une dignité froide*. — Léon! vous aimez Florestine ; il y a longtemps que je le vois... Tant que votre frère a vécu, je n'ai pas cru devoir servir un amour malheureux qui ne vous conduisait à rien. Mais depuis qu'un funeste duel, disposant de sa vie, vous a mis en sa place, j'ai eu l'orgueil de croire mon influence capable de disposer Monsieur votre père à vous unir à celle que vous aimez. Je l'attaquais de toutes les manières ; une résistance invincible a repoussé tous mes efforts. Désolé de le voir rejeter un projet qui me paraissait fait pour le bonheur de tous... Pardon, mon jeune ami, je vais vous affliger ; mais il le faut en ce moment, pour vous sauver d'un malheur éternel. Rappelez bien votre raison, vous allez en avoir besoin. — J'ai forcé votre père à rompre le silence, à me confier son secret. « O mon ami! m'a dit enfin le Comte, je connais l'amour de mon fils ; mais puis-je lui donner Florestine pour femme? Celle que l'on croit ma pupille... elle est ma fille ; elle est sa sœur. »

LÉON, *reculant vivement*. — Florestine ?... ma sœur ?...

BÉGEARSS. — Voilà le mot qu'un sévère devoir... Ah! je vous le dois à tous deux : mon silence pouvait vous perdre. Eh bien! Léon voulez-vous vous battre avec moi?

LÉON. — Mon généreux ami! je ne suis qu'un ingrat, un monstre! oubliez ma rage insensée...

BÉGEARSS, *bien tartuffe*. — Mais c'est à condition que ce fatal secret ne sortira jamais... Dévoiler la honte d'un père, ce serait un crime...

LÉON, *se jetant dans ses bras*. — Ah! jamais.

SCÈNE XXI

LE COMTE, FIGARO, LÉON, BÉGEARSS.

FIGARO, *accourant*. — Les voilà, les voilà.

LE COMTE. — Dans les bras l'un de l'autre! Eh! vous perdez l'esprit?

FIGARO, *stupéfait*. — Ma foi! Monsieur... on le perdrait à moins.

LE COMTE, *à Figaro*. — M'expliquerez-vous cette énigme?

LÉON, *tremblant*. — Ah! c'est à moi, mon père, à l'expliquer. Pardon! je dois mourir de honte! Sur un sujet assez frivole, je m'étais... beaucoup oublié. Son caractère généreux, non seulement me rend à la raison, mais il a la bonté d'excuser ma folie en me la pardonnant. Je lui en rendais grâce lorsque vous nous avez surpris.

LE COMTE. — Ce n'est pas la centième fois que vous lui devez de la reconnaissance. Au fait, nous lui en devons tous. *(Figaro, sans parler, se donne un coup de poing au front. Bégearss l'examine et sourit.)*

LE COMTE, *à son fils*. — Retirez-vous, Monsieur. Votre aveu seul enchaîne ma colère.

BÉGEARSS. — Ah! Monsieur, tout est oublié.

LE COMTE, *à Léon*. — Allez vous repentir d'avoir manqué à mon ami, au vôtre, à l'homme le plus vertueux...

LÉON, *s'en allant*. — Je suis au désespoir!

FIGARO, *à part, avec colère*. — C'est une légion de diables enfermés dans un seul pourpoint.

SCÈNE XXII

LE COMTE, BÉGEARSS, FIGARO.

LE COMTE, *à Bégearss, à part*. — Mon ami, finissons ce que nous avons commencé. *(A Figaro.)* Vous, monsieur l'étourdi, avec vos belles conjectures, donnez-moi les trois millions d'or que vous m'avez vous-même apportés de Cadix, en soixante effets au porteur. Je vous avais chargé de les numéroter.

FIGARO. — Je l'ai fait.

LE COMTE. — Remettez-m'en le portefeuille.

FIGARO. — De quoi? de ces trois millions d'or?

LE COMTE. — Sans doute. Eh bien! qui vous arrête?

FIGARO, *humblement.* — Moi, Monsieur ?... Je ne les ai plus.

BÉGEARSS. — Comment, vous ne les avez plus ?

FIGARO, *fièrement.* — Non, Monsieur.

BÉGEARSS, *vivement.* — Qu'en avez-vous fait ?

FIGARO. — Lorsque mon maître m'interroge, je lui dois compte de mes actions ; mais à vous ? je ne vous dois rien.

LE COMTE, *en colère.* — Insolent ! qu'en avez-vous fait.

FIGARO, *froidement.* — Je les ai portés en dépôt chez Monsieur Fal, votre notaire.

BÉGEARSS. — Mais de l'avis de qui ?

FIGARO, *fièrement.* — Du mien ; et j'avoue que j'en suis toujours.

BÉGEARSS. — Je vais gager qu'il n'en est rien.

FIGARO. — Comme j'ai sa reconnaissance, vous courez risque de perdre la gageure.

BÉGEARSS. — Ou s'il les a reçus, c'est pour agioter. Ces gens-là partagent ensemble.

FIGARO. — Vous pourriez un peu mieux parler d'un homme qui vous a obligé.

BÉGEARSS. — Je ne lui dois rien.

FIGARO. — Je le crois ; quand on a hérité de *quarante mille doublons de huit...*

LE COMTE, *se fâchant.* — Avez-vous donc quelque remarque à nous faire aussi là-dessus ?

FIGARO. — Qui, moi, Monsieur ? J'en doute d'autant moins, que j'ai beaucoup connu le parent dont Monsieur hérite. Un jeune homme assez libertin, joueur, prodigue et querelleur, sans frein, sans mœurs, sans caractère, et n'ayant rien à lui, pas même les vices qui l'ont tué ; qu'un combat des plus malheureux... *(Le Comte frappe du pied.)*

BÉGEARSS, *en colère.* — Enfin, nous direz-vous pourquoi vous avez déposé cet or ?

FIGARO. — Ma foi, Monsieur, c'est pour n'en être plus chargé : ne pouvait-on pas le voler ? que sait-on ? il s'introduit souvent de grands fripons dans les maisons !

BÉGEARSS, *en colère.* — Pourtant, Monsieur veut qu'on le rende.

FIGARO. — Monsieur peut l'envoyer chercher.

BÉGEARSS. — Mais ce notaire s'en dessaisira-t-il s'il ne voit son *récépissé* ?

FIGARO. — Je vais le remettre à Monsieur ; et quand j'aurai fait mon devoir, s'il en arrive quelque mal il ne pourra s'en prendre à moi.

LE COMTE. — Je l'attends dans mon cabinet.

FIGARO, *au Comte.* — Je vous préviens que Monsieur Fal ne les rendra que sur votre reçu ; je le lui ai recommandé. *(Il sort.)*

SCÈNE XXIII

LE COMTE, BÉGEARSS.

BÉGEARSS, *en colère.* — Comblez cette canaille, et voyez ce qu'elle devient! En vérité, Monsieur, mon amitié me force à vous le dire : vous devenez trop confiant ; il a deviné nos secrets. De valet, barbier, chirurgien, vous l'avez établi trésorier, secrétaire ; une espèce de *factotum.* Il est notoire que ce monsieur fait bien ses affaires avec vous.

LE COMTE. — Sur la fidélité, je n'ai rien à lui reprocher ; mais il est vrai qu'il est d'une arrogance...

BÉGEARSS. — Vous avez un moyen de vous en délivrer en le récompensant.

LE COMTE. — Je le voudrais souvent.

BÉGEARSS, *confidentiellement.* — En envoyant le Chevalier à Malte, sans doute vous voulez qu'un homme affidé le surveille? Celui-ci, trop flatté d'un aussi honorable emploi, ne peut manquer de l'accepter ; vous en voilà défait pour bien du temps.

LE COMTE. — Vous avez raison, mon ami. Aussi bien m'a-t-on dit qu'il vit très mal avec sa femme. *(Il sort.)*

SCÈNE XXIV

BÉGEARSS, *seul.*

Encore un pas de fait!... Ah! noble espion! la fleur des drôles! qui faites ici le bon valet, et voulez nous souffler la dot, en nous donnant des noms de comédie! Grâce aux soins d'Honoré-Tartuffe, vous irez partager le malaise des caravanes, et finirez vos inspections sur nous.

ACTE III

Le théâtre représente le cabinet de la Comtesse, orné de fleurs de toutes parts.

SCÈNE PREMIÈRE

LA COMTESSE, SUZANNE.

LA COMTESSE. — Je n'ai pu rien tirer de cette enfant. — Ce sont des pleurs, des étouffements!... Elle se croit des torts envers moi, m'a demandé cent fois pardon ; elle veut aller au couvent. Si je rapproche tout ceci de sa conduite envers mon fils, je présume qu'elle se reproche d'avoir écouté son amour, entretenu ses espérances, ne se croyant pas un parti assez considérable pour lui. — Charmante délicatesse! excès d'une aimable vertu! Monsieur Bégearss, apparemment, lui en a touché quelques mots qui l'auront amenée à s'affliger sur elle! Car c'est un homme si scrupuleux et si délicat sur l'honneur, qu'il s'exagère quelquefois, et se fait des fantômes où les autres ne voient rien.

SUZANNE. — J'ignore d'où provient le mal ; mais il se passe ici des choses bien étranges! Quelque démon y souffle un feu secret. Notre maître est sombre à périr ; il nous éloigne tous de lui. Vous êtes sans cesse à pleurer. Mademoiselle est suffoquée ; Monsieur votre fils, désolé!... Monsieur Bégearss, lui seul, imperturbable comme un dieu! semble n'être affecté de rien, voit tous vos chagrins d'un œil sec...

LA COMTESSE. — Mon enfant, son cœur les partage. Hélas! Sans ce consolateur, qui verse un baume sur nos plaies, dont la sagesse nous soutient, adoucit toutes les aigreurs, calme mon irascible époux, nous serions bien plus malheureux!

SUZANNE. — Je souhaite, Madame, que vous ne vous abusiez pas!

LA COMTESSE. — Je t'ai vue autrefois lui rendre plus de justice! *(Suzanne baisse les yeux.)* Au reste, il peut seul me tirer du trouble où cette enfant m'a mise. Fais-le prier de descendre chez moi.

SUZANNE. — Le voici qui vient à propos ; vous vous ferez coiffer plus tard. *(Elle sort.)*

SCÈNE II

LA COMTESSE, BÉGEARSS.

LA COMTESSE, *douloureusement.* — Ah! mon pauvre Major, que se passe-t-il donc ici? Touchons-nous enfin à la crise que j'ai si longtemps redoutée, que j'ai vue de loin se former? L'éloignement du Comte pour mon malheureux fils semble augmenter de jour en jour. Quelque lumière fatale aura pénétré jusqu'à lui!

BÉGEARSS. — Madame, je ne le crois pas.

LA COMTESSE. — Depuis que le Ciel m'a punie par la mort de mon fils aîné, je vois le Comte absolument changé : au lieu de travailler avec l'ambassadeur à Rome pour rompre les vœux de Léon, je le vois s'obstiner à l'envoyer à Malte. Je sais de plus, Monsieur Bégearss, qu'il dénature sa fortune, et veut abandonner l'Espagne pour s'établir dans ce pays. — L'autre jour à dîner, devant trente personnes, il raisonna sur le divorce d'une façon à me faire frémir.

BÉGEARSS. — J'y étais ; je m'en souviens trop!

LA COMTESSE, *en larmes.* — Pardon, mon digne ami ; je ne puis pleurer qu'avec vous!

BÉGEARSS. — Déposez vos douleurs dans le sein d'un homme sensible.

LA COMTESSE. — Enfin, est-ce lui, est-ce vous, qui avez déchiré le cœur de Florestine? Je la destinais à mon fils. — Née sans biens, il est vrai, mais noble, belle et vertueuse, élevée au milieu de nous : mon fils, devenu héritier, n'en a-t-il pas assez pour deux?

BÉGEARSS. — Que trop, peut-être ; et c'est d'où vient le mal!

LA COMTESSE. — Mais, comme si le Ciel n'eût attendu aussi longtemps que pour me mieux punir d'une imprudence tant pleurée, tout semble s'unir à la fois pour renverser mes espérances. Mon époux déteste mon fils... Florestine renonce à lui. Aigrie par je ne sais quel motif, elle veut le fuir pour toujours. Il en mourra, le malheureux! voilà ce qui est bien certain. *(Elle joint les mains.)* Ciel vengeur! après vingt années de larmes et de repentir, me réservez-vous à l'horreur de voir ma faute découverte? Ah!

que je sois seule misérable! mon Dieu, je ne m'en plaindrai pas! mais que mon fils ne porte point la peine d'un crime qu'il n'a pas commis! Connaissez-vous, Monsieur Bégearss, quelque remède à tant de maux?

BÉGEARSS. — Oui, femme respectable! et je venais exprès dissiper vos terreurs. Quand on craint une chose, tous nos regards se portent vers cet objet trop alarmant : quoi qu'on dise ou qu'on fasse, la frayeur empoisonne tout! Enfin, je tiens la clef de ces énigmes. Vous pouvez encore être heureuse.

LA COMTESSE. — L'est-on avec une âme déchirée de remords?

BÉGEARSS. — Votre époux ne fuit point Léon ; il ne soupçonne rien sur le secret de sa naissance.

LA COMTESSE, *vivement*. — Monsieur Bégarss!

BÉGEARSS. — Et tous ces mouvements que vous prenez pour de la haine ne sont que l'effet d'un scrupule. Oh! que je vais vous soulager!

LA COMTESSE, *ardemment*. — Mon cher Monsieur Bégearss!

BÉGEARSS. — Mais enterrez dans ce cœur allégé le grand mot que je vais vous dire. Votre secret à vous, c'est la naissance de Léon! Le sien est celle de Florestine ; *(Plus bas.)* il est son tuteur... et son père...

LA COMTESSE, *joignant les mains*. — Dieu tout puissant qui me prends en pitié!

BÉGEARSS. — Jugez de sa frayeur en voyant ces enfants amoureux l'un de l'autre! ne pouvant dire son secret, ni supporter qu'un tel attachement devînt le fruit de son silence, il est resté sombre, bizarre ; et s'il veut éloigner son fils, c'est pour éteindre, s'il se peut, par cette absence, et par ces vœux, un malheureux amour qu'il croit ne pouvoir tolérer.

LA COMTESSE, *priant avec ardeur*. — Source éternelle des bienfaits, ô mon Dieu! tu permets qu'en partie je répare la faute involontaire qu'un insensé me fit commettre ; que j'aie, de mon côté, quelque chose à remettre à cet époux que j'offensai! O Comte Almaviva! mon cœur flétri, fermé par vingt années de peines, va se rouvrir enfin pour toi! Florestine est ta fille ; elle me devient chère comme si mon sein l'eût portée. Faisons, sans nous parler, l'échange de notre indulgence! O Monsieur Bégearss, achevez!

BÉGEARSS. — Mon amie, je n'arrête point ces premiers élans d'un bon cœur : les émotions de la joie ne sont point dangereuses comme celles de la tristesse ; mais, au nom de votre repos, écoutez-moi jusqu'à la fin.

LA COMTESSE. — Parlez, mon généreux ami : vous à qui je dois tout, parlez.

BÉGEARSS. — Votre époux, cherchant un moyen de garantir sa Florestine de cet amour qu'il croit incestueux, m'a proposé de l'épouser ; mais, indépendamment du sentiment profond et malheureux que mon respect pour vos douleurs...

LA COMTESSE, *douloureusement*. — Ah! mon ami! par compassion pour moi...

BÉGEARSS. — N'en parlons plus. Quelques mots d'établissement, tournés d'une forme équivoque, ont fait penser à Florestine qu'il était question de Léon. Son jeune cœur s'en épanouissait, quand un valet vous annonça. Sans m'expliquer depuis sur les vues de son père, un mot de moi, la ramenant aux sévères idées de la fraternité, a produit cet orage, et la religieuse horreur dont votre fils ni vous ne pénétriez le motif.

LA COMTESSE. — Il en était bien loin, le pauvre enfant.

BÉGEARSS. — Maintenant qu'il vous est connu, devons-nous suivre ce projet d'une union qui répare tout?...

LA COMTESSE, *vivement*. — Il faut s'y tenir, mon ami ; mon cœur et mon esprit sont d'accord sur ce point, et c'est à moi de la déterminer. Par là, nos secrets sont couverts ; nul étranger ne les pénétrera. Après vingt années de souffrances, nous passerons des jours heureux, et c'est à vous, mon digne ami, que ma famille les devra.

BÉGEARSS, *élevant la voix*. — Pour que rien ne les trouble plus, il faut encore un sacrifice, et mon amie est digne de le faire.

LA COMTESSE. — Hélas! je veux les faire tous.

BÉGEARSS, *l'air imposant*. — Ces lettres, ces papiers d'un infortuné qui n'est plus, il faudra les réduire en cendres.

LA COMTESSE, *avec douleur*. — Ah! Dieu!

BÉGEARSS. — Quand cet ami mourant me chargea de vous les remettre, son dernier ordre fut qu'il fallait sauver votre honneur, en ne laissant aucune trace de ce qui pourrait l'altérer.

LA COMTESSE. — Dieu! Dieu!

BÉGEARSS. — Vingt ans se sont passés sans que j'aie pu obtenir que ce triste aliment de votre éternelle douleur s'éloignât de vos yeux. Mais, indépendamment du mal que tout cela vous fait, voyez quel danger vous courez.

LA COMTESSE. — Eh! que peut-on avoir à craindre!

BÉGEARSS, *regardant si on peut l'entendre. Parlant bas.* — Je ne soupçonne point Suzanne; mais une femme de chambre, instruite que vous conservez ces papiers, ne pourrait-elle pas un jour s'en faire un moyen de fortune? un seul remis à votre époux, que peut-être il payerait bien cher, vous plongerait dans des malheurs.

LA COMTESSE. — Non, Suzanne a le cœur trop bon...

BÉGEARSS, *d'un ton plus élevé, très ferme.* — Ma respectable amie! vous avez payé votre dette à la tendresse, à la douleur, à vos devoirs de tous les genres; et si vous êtes satisfaite de la conduite d'un ami, j'en veux avoir la récompense. Il faut brûler tous ces papiers, éteindre tous ces souvenirs d'une faute autant expiée! mais, pour ne jamais revenir sur un sujet si douloureux, j'exige que le sacrifice en soit fait dans ce même instant.

LA COMTESSE, *tremblante.* — Je crois entendre Dieu qui parle! il m'ordonne de l'oublier; de déchirer le crêpe obscur dont sa mort a couvert ma vie. Oui, mon Dieu! je vais obéir à cet ami que vous m'avez donné. *(Elle sonne.)* Ce qu'il exige en votre nom, mon repentir le conseillait; mais ma faiblesse a combattu.

SCÈNE III

SUZANNE, LA COMTESSE, BÉGEARSS.

LA COMTESSE. — Suzanne! apporte-moi le coffret de mes diamants. — Non, je vais le prendre moi-même, il te faudrait chercher la clef...

SCÈNE IV

SUZANNE, BÉGEARSS.

SUZANNE, *un peu troublée.* — Monsieur Bégearss de quoi s'agit-il donc? Toutes les têtes sont renversées! Cette maison ressemble à l'hôpital des fous! Madame pleure ; Mademoiselle étouffe. Le chevalier Léon parle de se noyer ; Monsieur est enfermé et ne veut voir personne. Pourquoi ce coffre aux diamants inspire-t-il en ce moment tant d'intérêt à tout le monde?

BÉGEARSS, *mettant son doigt sur sa bouche, en signe de mystère.* — Chut! Ne montre ici nulle curiosité! Tu le sauras dans peu... Tout va bien ; tout est bien... Cette journée vaut... Chut!...

SCÈNE V

La Comtesse, Bégearss, Suzanne.

LA COMTESSE, *tenant le coffre aux diamants.* — Suzanne, apporte-nous du feu dans le brasero du boudoir.

SUZANNE. — Si c'est pour brûler des papiers, la lampe de nuit allumée est encore là dans l'athénienne. *(Elle l'avance.)*

LA COMTESSE. — Veille à la porte, et que personne n'entre.

SUZANNE, *en sortant, à part.* — Courons avant, avertir Figaro.

SCÈNE VI

La Comtesse, Bégearss.

BÉGEARSS. — Combien j'ai souhaité pour vous le moment auquel nous touchons!

LA COMTESSE, *étouffée.* — O mon ami! quel jour nous choisissons pour consommer ce sacrifice! celui de la naissance de mon malheureux fils! A cette époque, tous les ans, leur consacrant cette journée, je demandais pardon au ciel, et je m'abreuvais de mes larmes en relisant ces tristes lettres. Je me rendais au moins le témoignage qu'il y eut entre nous plus d'erreur que de crime. Ah! faut-il donc brûler tout ce qui me reste de lui?

BÉGEARSS. — Quoi, Madame? détruisez-vous ce fils qui vous le représente? ne lui devez-vous pas un sacrifice qui le préserve de mille affreux dangers? vous vous le devez à vous-même! et la sécurité de votre vie entière est attachée peut-être à cet acte imposant! *(Il ouvre le secret de l'écrin et en tire les lettres.)*

LA COMTESSE, *surprise.* — Monsieur Bégearss, vous l'ouvrez mieux que moi... Que je les lise encore!

BÉGEARSS, *sévèrement.* — Non, je ne le permettrai pas.

LA COMTESSE. — Seulement la dernière, où, traçant ses tristes adieux du sang qu'il répandit pour moi, il m'a donné la leçon du courage dont j'ai tant besoin aujourd'hui.

BÉGEARSS, *s'y opposant.* — Si vous lisez un mot, nous ne brûlerons rien. Offrez au ciel un sacrifice entier, courageux, volontaire, exempt des faiblesses humaines ou si vous n'osez l'accomplir, c'est à moi d'être fort pour vous. Les voilà toutes dans le feu. *(Il y jette le paquet.)*

LA COMTESSE, *vivement.* — Monsieur Bégearss! cruel ami! C'est ma vie que vous consumez! qu'il m'en reste au moins un lambeau. *(Elle veut se précipiter sur les lettres enflammées. Bégearss la retient à bras-le-corps.)*

BEGEARSS. — J'en jetterai la cendre au vent.

SCÈNE VII

SUZANNE, LE COMTE, FIGARO, LA COMTESSE, BÉGEARSS.

SUZANNE, *accourt.* — C'est Monsieur, il me suit ; mais amené par Figaro.

LE COMTE, *les surprenant en cette posture.* — Qu'est-ce donc que je vois, Madame! d'où vient ce désordre? quel est ce feu, ce coffre, ces papiers? pourquoi ce débat et ces pleurs? *(Bégearss et la Comtesse restent confondus.)*

LE COMTE. — Vous ne répondez point?

BÉGEARSS *se remet, et dit d'un ton pénible* : — J'espère, Monsieur, que vous n'exigez pas qu'on s'explique devant vos gens. J'ignore quel dessein vous fait surprendre ainsi Madame! Quant à moi, je suis résolu de soutenir mon caractère en rendant un hommage pur à la vérité quelle qu'elle soit.

LE COMTE, *à Figaro et à Suzanne.* — Sortez tous deux.

FIGARO. — Mais, Monsieur, rendez-moi du moins la justice de déclarer que je vous ai remis le *récépissé* du notaire, sur le grand objet de tantôt!

LE COMTE. — Je le fais volontiers, puisque c'est réparer un tort. *(À Bégearss.)* Soyez certain, Monsieur, que voilà le *récépissé. (Il le remet dans sa poche. Figaro et Suzanne sortent chacun de leur côté.)*

FIGARO, *bas à Suzanne, en s'en allant.* — S'il échappe à l'explication...

SUZANNE, *bas.* — Il est bien subtil!

FIGARO, *bas.* — Je l'ai tué!

SCÈNE VIII

LA COMTESSE, LE COMTE, BÉGEARSS.

LE COMTE, *d'un ton sérieux.* — Madame, nous sommes seuls.

BÉGEARSS, *encore ému.* — C'est moi qui parlerai. Je subirai cet interrogatoire. M'avez-vous vu, Monsieur, trahir la vérité dans quelque occasion que ce fût?

LE COMTE, *sèchement.* — Monsieur... Je ne dis pas cela.

BÉGEARSS, *tout à fait remis.* — Quoique je sois loin d'approuver cette inquisition peu décente, l'honneur m'oblige à répéter ce que je disais à Madame, en répondant à sa consultation :

« Tout dépositaire de secrets ne doit jamais conserver de papiers s'ils peuvent compromettre un ami qui n'est plus, et qui les mit sous notre garde. Quelque chagrin qu'on ait à s'en défaire, et quelque intérêt même qu'on eût à les garder, le saint respect des morts doit avoir le pas devant tout. » *(Il montre le Comte.)* Un accident inopiné ne peut-il pas en rendre un adversaire possesseur? *(Le Comte le tire par la manche pour qu'il ne pousse pas l'explication plus loin.)*

Auriez-vous dit, Monsieur, autre chose en ma position? Qui cherche des conseils timides, ou le soutien d'une faiblesse honteuse, ne doit point s'adresser à moi! vous en avez des preuves l'un et l'autre, et vous surtout, Monsieur le Comte! *(Le Comte lui fait un signe.)* Voilà sur la demande que m'a faite Madame, et sans chercher à pénétrer ce que contenaient ces papiers, ce qui m'a fait lui donner un conseil pour la sévère exécution duquel je l'ai vue manquer de courage ; je n'ai pas hésité d'y substituer le mien, en combattant ses délais imprudents. Voilà quels étaient nos débats ; mais, quelque chose qu'on en pense, je ne regretterai point ce que j'ai dit, ce que j'ai fait. *(Il lève les bras.)* Sainte amitié! tu n'es rien qu'un vain titre, si l'on ne remplit pas tes austères devoirs. Permettez que je me retire.

LE COMTE, *exalté*. — O le meilleur des hommes! Non, vous ne nous quitterez pas. — Madame, il va nous appartenir de plus près ; je lui donne ma Florestine.

LA COMTESSE, *avec vivacité*. — Monsieur, vous ne pouviez pas faire un plus digne emploi du pouvoir que la loi vous donne sur elle. Ce choix a mon assentiment si vous le jugez nécessaire, et le plus tôt vaudra le mieux.

LE COMTE, *hésitant*. — Eh bien!... ce soir... sans bruit... votre aumônier...

LA COMTESSE, *avec ardeur*. — Eh bien! moi qui lui sers de mère, je vais la préparer à l'auguste cérémonie : mais laisserez-vous votre ami seul généreux envers ce digne enfant? j'ai du plaisir à penser le contraire.

LE COMTE, *embarrassé*. — Ah! Madame... croyez...

LA COMTESSE, *avec joie*. — Oui, Monsieur, je le crois C'est aujourd'hui la fête de mon fils ; ces deux événements réunis me rendent cette journée bien chère. *(Elle sort.)*

SCÈNE IX

LE COMTE, BÉGEARSS.

LE COMTE, *la regardant aller*. — Je ne reviens pas de mon étonnement. Je m'attendais à des débats, à des objections sans nombre ; et je la trouve juste, bonne, généreuse envers mon enfant! *Moi qui lui sers de mère*, dit-elle... Non, ce n'est point une méchante femme! elle a dans ses actions une dignité qui m'impose... un ton qui brise les reproches, quand on voudrait l'en accabler. Mais, mon ami, je m'en dois à moi-même, pour la surprise que j'ai montrée en voyant brûler ces papiers.

BÉGEARSS. — Quant à moi, je n'en ai point eu, voyant avec qui vous veniez. Ce reptile vous a sifflé que j'étais là pour trahir vos secrets? de si basses imputations n'atteignent point un homme de ma hauteur ; je les vois ramper loin de moi. Mais, après tout, Monsieur, que vous importaient ces papiers? n'aviez-vous pas pris malgré moi tous ceux que vous vouliez garder? Ah! plût au ciel qu'elle m'eût consulté plus tôt! vous n'auriez pas contre elle des preuves sans réplique!

LE COMTE, *avec douleur*. — Oui, sans réplique! *(Avec*

ardeur.) Otons-les de mon sein : elles me brûlent la poitrine. *(Il tire la lettre de son sein, et la met dans sa poche.)*

BÉGEARSS *continue avec douceur.* — Je combattrais avec plus d'avantage en faveur du fils de la loi! car enfin il n'est pas comptable du triste sort qui l'a mis dans vos bras!

LE COMTE *reprend sa fureur.* — Lui dans mes bras? jamais.

BÉGEARSS. — Il n'est point coupable non plus dans son amour pour Florestine ; et cependant, tant qu'il reste près d'elle, puis-je m'unir à cette enfant, qui, peut-être éprise elle-même, ne cédera qu'à son respect pour vous? La délicatesse blessée...

LE COMTE. — Mon ami, je t'entends! et ta réflexion me décide à le faire partir sur-le-champ. Oui, je serai moins malheureux, quand ce fatal objet ne blessera plus mes regards : mais comment entamer ce sujet avec elle? voudra-t-elle s'en séparer? il faudra donc faire un éclat?

BÉGEARSS. — Un éclat!... non... mais le divorce, accrédité chez cette nation hasardeuse, vous permettra d'user de ce moyen.

LE COMTE. — Moi, publier ma honte! quelques lâches l'ont fait! c'est le dernier degré de l'avilissement du siècle. Que l'opprobre soit le partage de qui donne un pareil scandale, et des fripons qui le provoquent!

BÉGEARSS. — J'ai fait envers elle, envers vous, ce que l'honneur me prescrivait. Je ne suis point pour les moyens violents, surtout quand il s'agit d'un fils...

LE COMTE. — Dites *d'un étranger*, dont je vais hâter le départ.

BÉGEARSS. — N'oubliez pas cet insolent valet.

LE COMTE. — J'en suis trop las pour le garder. Toi, cours, ami, chez mon notaire ; retire, avec mon reçu que voilà, mes trois millions d'or déposés. Alors tu peux à juste titre être généreux au contrat, qu'il nous faut brusquer aujourd'hui... car te voilà bien possesseur... *(Il lui remet le reçu, le prend sous le bras, et ils sortent.)* et ce soir à minuit, sans bruit, dans la chapelle de Madame... *(On n'entend pas le reste.)*

ACTE IV

Le théâtre représente le même cabinet de la Comtesse.

SCÈNE PREMIÈRE

FIGARO, *seul, agité, regardant de côté et d'autre.*

Elle me dit : « Viens à six heures au cabinet ; c'est le plus sûr pour nous parler... » Je brusque tout dehors, et je rentre en sueur! Où est-elle? *(Il se promène en s'essuyant.)* Ah! parbleu, je ne suis pas fou! je les ai vus sortir d'ici, Monsieur le tenant sous le bras...! Eh bien! pour un échec, abandonnons-nous la partie?... Un orateur fuit-il lâchement la tribune, pour un argument tué sous lui? Mais, quel détestable endormeur! *(Vivement.)* Parvenir à brûler les lettres de Madame, pour qu'elle ne voie pas qu'il en manque ; et se tirer d'un éclaircissement!... C'est l'enfer concentré, tel que Milton nous l'a dépeint! *(D'un ton badin.)* J'avais raison tantôt, dans ma colère : Honoré Bégearss est le diable que les Hébreux nommaient *Légion* ; et, si l'on y regardait bien, on verrait le lutin avoir le pied fourchu, seule partie, disait ma mère, que les démons ne peuvent déguiser. *(Il rit.)* Ah! ah! ah! ma gaieté me revient ; d'abord, parce que j'ai mis l'or du Mexique en sûreté chez Fal, ce qui nous donnera du temps ; *(Il frappe d'un billet sur sa main.)* et puis... Docteur en toute hypocrisie! vrai major d'infernal Tartuffe! grâce au hasard qui régit tout, à ma tactique, à quelques louis semés, voici qui me promet une lettre de toi, où, dit-on, tu poses le masque, à ne rien laisser désirer! *(Il ouvre le billet et dit :)* Le coquin qui l'a lue en veut cinquante louis?... eh bien! il les aura, si la lettre les vaut ; une année de mes gages sera bien employée, si je parviens à détromper un maître à qui nous devons tant... Mais où es-tu, Suzanne, pour en rire? *O que piacere!*... A demain donc! car je ne vois pas que rien périclite ce soir... Et pourquoi perdre un temps? Je m'en suis toujours repenti... *(Très vivement.)* Point de délai ; courons attacher le pétard ; dormons dessus ;

la nuit porte conseil, et demain matin nous verrons qui des deux fera sauter l'autre.

SCÈNE II

BÉGEARSS, FIGARO.

BÉGEARSS, *raillant.* — Eeeh! c'est mons Figaro! La place est agréable, puisqu'on y retrouve Monsieur.

FIGARO, *du même ton.* — Ne fût-ce que pour avoir la joie de l'en chasser une autre fois.

BÉGEARSS. — De la rancune pour si peu? vous êtes bien bon d'y songer! chacun n'a-t-il pas sa manie?

FIGARO. — Et celle de Monsieur est de ne plaider qu'à huis clos?

BÉGEARSS, *lui frappant sur l'épaule.* — Il n'est pas essentiel qu'un sage entende tout, quand il sait si bien deviner.

FIGARO. — Chacun se sert des petits talents que le ciel lui a départis.

BÉGEARSS. — Et l'*intrigant* compte-t-il gagner beaucoup avec ceux qu'il nous montre ici?

FIGARO. — Ne mettant rien à la partie, j'ai tout gagné... si je fais perdre l'*autre.*

BÉGEARSS, *piqué.* — On verra le jeu de Monsieur.

FIGARO. — Ce n'est pas de ces coups brillants qui éblouissent la galerie. *(Il prend un air niais.)* Mais *chacun pour soi, Dieu pour tous*, comme a dit le roi Salomon.

BÉGEARSS, *souriant.* — Belle sentence! N'a-t-il pas dit aussi : *Le soleil luit pour tout le monde*?

FIGARO, *fièrement.* — Oui, en dardant sur le serpent prêt à mordre la main de son imprudent bienfaiteur! *(Il sort.)*

SCÈNE III

BÉGEARSS, *seul, le regardant aller.*

Il ne farde plus ses desseins! Notre homme est fier? bon signe, il ne sait rien des miens ; il aurait la mine bien longue s'il était instruit qu'à minuit... *(Il cherche dans ses poches vivement.)* Eh bien! qu'ai-je fait du papier? Le voici. *(Il lit.) Reçu de Monsieur Fal, notaire, les trois millions d'or spécifiés dans le bordereau ci-dessus. A Paris, le... ALMAVIVA.* — C'est bon ; je tiens la pupille et l'argent! Mais ce n'est point assez ; cet homme est faible, il ne finira rien pour le reste de sa fortune. La Comtesse lui impose ; il la craint, l'aime encore... Elle n'ira point au couvent, si je ne les mets aux prises, et ne le force à s'expliquer... brutalement. *(Il se promène.)* — Diable! ne risquons pas ce soir un dénoûment aussi scabreux! En précipitant trop les choses, on se précipite avec elles! Il sera temps demain, quand j'aurai bien serré le doux lien sacramentel qui va les enchaîner à moi! *(Il appuie ses deux mains sur sa poitrine.)* Eh bien! maudite joie, qui me gonfles le cœur! ne peux-tu donc te contenir?... Elle m'étouffera, la fougueuse, ou me livrera comme un sot, si je ne la laisse un peu s'évaporer pendant que je suis seul ici. Sainte et douce crédulité! l'époux te doit la magnifique dot! Pâle déesse de la nuit, il te devra bientôt sa froide épouse. *(Il frotte ses mains de joie.)* Bégearss! heureux Bégearss!... Pourquoi l'appelez-vous Bégearss? n'est-il donc pas plus d'à moitié le Seigneur Comte Almaviva? *(D'un ton terrible.)* Encore un pas, Bégearss! et tu l'es tout à fait. — Mais il te faut auparavant... Ce Figaro pèse sur ma poitrine! car c'est lui qui l'a fait venir!... Le moindre trouble me perdrait... Ce valet-là me portera malheur... c'est le plus clairvoyant coquin!... Allons, allons, qu'il parte avec son chevalier errant!

SCÈNE IV

BÉGEARSS, SUZANNE.

SUZANNE, *accourant, fait un cri d'étonnement de voir un autre que Figaro.* — Ah! *(A part.)* Ce n'est pas lui!

BÉGEARSS. — Quelle surprise! Et qu'attendais-tu donc?

SUZANNE, *se remettant.* — Personne. On se croit seule ici...

BÉGEARSS. — Puisque je t'y rencontre, un mot avant le comité.

SUZANNE. — Que parlez-vous de comité? réellement depuis deux ans on n'entend plus du tout la langue de ce pays!

BÉGEARSS, *riant sardoniquement.* — Hé! hé! *(Il pétrit dans sa boîte une prise de tabac, d'un air content de lui.)* Ce comité, ma chère, est une conférence entre la Comtesse, son fils, notre jeune pupille et moi, sur le grand objet que tu sais.

SUZANNE. — Après la scène que j'ai vue, osez-vous encore l'espérer ?

BÉGEARSS, *bien fat.* — Oser l'espérer !... Non. Mais seulement... Je l'épouse ce soir.

SUZANNE, *vivement.* — Malgré son amour pour Léon ?

BÉGEARSS. — Bonne femme ! qui me disais : *Si vous faites cela, Monsieur...*

SUZANNE. — Eh ! qui eût pu l'imaginer ?

BÉGEARSS, *prenant son tabac en plusieurs fois.* — Enfin, que dit-on ? parle-t-on ? Toi qui vis dans l'intérieur, qui as l'honneur des confidences, y pense-t-on du bien de moi ? car c'est là le point important.

SUZANNE. — L'important serait de savoir quel talisman vous employez pour dominer tous les esprits ? Monsieur ne parle de vous qu'avec enthousiasme ! ma maîtresse vous porte aux nues ! son fils n'a d'espoir qu'en vous seul ! notre pupille vous révère !...

BÉGEARSS, *d'un ton bien fat, secouant le tabac de son jabot.* — Et toi, Suzanne, qu'en dis-tu ?

SUZANNE. — Ma foi, Monsieur, je vous admire ! Au milieu du désordre affreux que vous entretenez ici, vous seul êtes calme et tranquille ; il me semble entendre un génie qui fait tout mouvoir à son gré.

BÉGEARSS, *bien fat.* — Mon enfant, rien n'est plus aisé. D'abord, il n'est que deux pivots sur qui roule tout dans le monde, la morale et la politique. La morale, tant soit peu mesquine, consiste à être juste et vrai ; elle est, dit-on, la clef de quelques vertus routinières.

SUZANNE. — Quant à la politique ?...

BÉGEARSS, *avec chaleur.* — Ah ! c'est l'art de créer des faits ; de dominer, en se jouant, les événements et les hommes ; l'intérêt est son but ; l'intrigue son moyen : toujours sobre de vérités, ses vastes et riches conceptions sont un prisme qui éblouit. Aussi profonde que l'Etna, elie brûle et gronde longtemps avant d'éclater au dehors ; mais alors rien ne lui résiste : elle exige de hauts talents : le scrupule seul peut lui nuire ; *(En riant.)* c'est le secret des négociateurs.

SUZANNE. — Si la morale ne vous échauffe pas, l'autre, en revanche, excite en vous un assez vif enthousiasme !

BÉGEARSS, *averti, revient à lui.* — Eh !... ce n'est pas elle ; c'est toi ! — Ta comparaison d'un génie... — Le chevalier vient ; laisse-nous.

SCÈNE V

LÉON, BÉGEARSS.

LÉON. — Monsieur Bégearss, je suis au désespoir.

BÉGEARSS, *d'un ton protecteur.* — Qu'est-il arrivé, jeune ami ?

LÉON. — Mon père vient de me signifier, avec une dureté !... que j'eusse à faire, sous deux jours, tous les apprêts de mon départ pour Malte : point d'autre train, dit-il, que Figaro, qui m'accompagne, et un valet qui courra devant nous.

BÉGEARSS. — Cette conduite est en effet bizarre, pour qui ne sait pas son secret ; mais nous qui l'avons pénétré, notre devoir est de le plaindre. Ce voyage est le fruit d'une frayeur bien excusable ! Malte et vos vœux ne sont que le prétexte ; un amour qu'il redoute est son véritable motif.

LÉON, *avec douleur.* — Mais, mon ami, puisque vous l'épousez ?

BÉGEARSS, *confidentiellement.* — Si son frère le croit utile à suspendre un fâcheux départ !... Je ne verrai qu'un seul moyen...

LÉON. — O mon ami ! dites-le-moi !

BÉGEARSS. — Ce serait que Madame votre mère vainquît cette timidité qui l'empêche, avec lui, d'avoir une opinion à elle ; car sa douceur vous nuit bien plus que ne ferait un caractère trop ferme. — Supposons qu'on lui ait donné quelque prévention injuste : qui a le droit, comme une mère, de rappeler un père à la raison ? Engagez-la à le tenter... non pas aujourd'hui, mais... demain, et sans y mettre de faiblesse.

LÉON. — Mon ami, vous avez raison : cette crainte est son vrai motif. Sans doute il n'y a que ma mère qui puisse le faire changer. La voici qui vient avec celle... que je n'ose plus adorer. *(Avec douleur.)* O mon ami ! rendez-la bien heureuse !

BÉGEARSS, *caressant.* — En lui parlant tous les jours de son frère.

SCÈNE VI

LA COMTESSE, FLORESTINE, BÉGEARSS, SUZANNE, LÉON.

LA COMTESSE, *coiffée, parée, portant une robe rouge et noire, et son bouquet de même couleur.* — Suzanne, donne mes diamants. *(Suzanne va les chercher.)*

BÉGEARSS, *affectant de la dignité.* — Madame, et vous Mademoiselle, je vous laisse avec cet ami ; je confirme d'avance tout ce qu'il va vous dire. Hélas! ne pensez point au bonheur que j'aurais de vous appartenir à tous ; votre repos doit seul vous occuper. Je n'y veux concourir que sous la forme que vous adopterez : mais, soit que Mademoiselle accepte ou non mes offres, recevez ma déclaration que toute la fortune dont je viens d'hériter lui est destinée de ma part, dans un contrat, ou par un testament ; je vais en faire dresser les actes : Mademoiselle choisira. Après ce que je viens de dire, il ne conviendrait pas que ma présence ici gênât un parti qu'elle doit prendre en toute liberté ; mais, quel qu'il soit, ô mes amis, sachez qu'il est sacré pour moi : je l'adopte sans restrictions. *(Il salue profondément et sort.)*

SCÈNE VII

LA COMTESSE, LÉON, FLORESTINE.

LA COMTESSE *le regarde aller.* — C'est un ange envoyé du ciel pour réparer tous nos malheurs.

LÉON, *avec une douleur ardente.* — O Florestine! il faut céder : ne pouvant être l'un à l'autre, nos premiers élans de douleur nous avaient fait jurer de n'être jamais à personne ; j'accomplirai ce serment pour nous deux. Ce n'est pas tout à fait vous perdre, puisque je retrouve une sœur où j'espérais posséder une épouse. Nous pourrons encore nous aimer.

SCÈNE VIII

LA COMTESSE, LÉON, FLORESTINE, SUZANNE.

Suzanne apporte l'écrin.

LA COMTESSE, *en parlant, met ses boucles d'oreilles, ses bagues, son bracelet, sans rien regarder.* — Florestine! épouse Bégearss ; ses procédés l'en rendent digne ; et puisque cet hymen fait le bonheur de ton parrain, il faut l'achever aujourd'hui.

Suzanne sort et emporte l'écrin.

SCÈNE IX

LA COMTESSE, LÉON, FLORESTINE.

LA COMTESSE, *à Léon.* — Nous, mon fils, ne sachons jamais ce que nous devons ignorer. Tu pleures, Florestine!

FLORESTINE, *pleurant.* — Ayez pitié de moi, Madame! Eh! comment soutenir autant d'assauts dans un seul jour? A peine j'apprends qui je suis, qu'il faut renoncer à moi-même, et me livrer... Je meurs de douleur et d'effroi. Dénuée d'objections contre Monsieur Bégearss, je sens mon cœur à l'agonie en pensant qu'il peut devenir... Cependant il le faut ; il faut me sacrifier au bien de ce frère chéri ; à son bonheur, que je ne puis plus faire. Vous dites que je pleure! Ah! je fais plus pour lui que si je lui donnais ma vie! Maman, ayez pitié de nous! bénissez vos enfants! ils sont bien malheureux! *(Elle se jette à genoux ; Léon en fait autant.)*

LA COMTESSE, *leur imposant les mains.* — Je vous bénis, mes chers enfants. Ma Florestine, je t'adopte. Si tu savais à quel point tu m'es chère! Tu seras heureuse, ma fille, et du bonheur de la vertu ; celui-là peut dédommager des autres. *(Ils se relèvent.)*

FLORESTINE. — Mais croyez-vous, Madame, que mon dévouement le ramène à Léon, à son fils? car il ne faut pas se flatter : son injuste prévention va quelquefois jusqu'à la haine.

LA COMTESSE. — Chère fille, j'en ai l'espoir.

LÉON. — C'est l'avis de Monsieur Bégearss : il me l'a dit ; mais il m'a dit aussi qu'il n'y a que Maman qui puisse opérer ce miracle. Aurez-vous donc la force de lui parler en ma faveur?

LA COMTESSE. — Je l'ai tenté souvent, mon fils, mais sans aucun fruit apparent.

LÉON. — O ma digne mère! c'est votre douceur qui m'a nui. La crainte de le contrarier vous a trop empêchée d'user de la juste influence que vous donnent votre vertu et le respect profond dont vous êtes entourée. Si vous lui parliez avec force, il ne vous résisterait pas.

LA COMTESSE. — Vous le croyez, mon fils? je vais l'essayer devant vous. Vos reproches m'affligent presque autant que son injustice. Mais, pour que vous ne gêniez pas le bien que je dirai de vous, mettez-vous dans mon cabinet ; vous m'entendrez, de là, plaider une cause si juste ; vous n'accuserez plus une mère de manquer d'énergie, quand il faut défendre son fils! *(Elle sonne.)* Florestine, la décence ne te permet pas de rester : va t'enfermer ; demande au ciel qu'il m'accorde quelque succès, et rende enfin la paix à ma famille désolée.

Florestine sort.

SCÈNE X

SUZANNE, LA COMTESSE, LÉON.

SUZANNE. — Que veut Madame? elle a sonné.

LA COMTESSE. — Prie Monsieur, de ma part, de passer un moment ici.

SUZANNE, *effrayée.* — Madame! vous me faites trembler! Ciel! que va-t-il donc se passer? Quoi! Monsieur, qui ne vient jamais... sans...

LA COMTESSE. — Fais ce que je te dis, Suzanne, et ne prends nul souci du reste.

Suzanne sort, en levant les bras au ciel, de terreur.

SCÈNE XI

LA COMTESSE, LÉON.

LA COMTESSE. — Vous allez voir, mon fils, si votre mère est faible en défendant vos intérêts! Mais laissez-moi me recueillir, me préparer, par la prière, à cet important plaidoyer.

Léon entre au cabinet de sa mère.

SCÈNE XII

LA COMTESSE, *seule, un genou sur son fauteuil.*

Ce moment me semble terrible comme le jugement dernier! Mon sang est prêt à s'arrêter... O mon Dieu! donnez-moi la force de frapper au cœur d'un époux! *(Plus bas.)* Vous seul connaissez les motifs qui m'ont toujours fermé la bouche! Ah! s'il ne s'agissait du bonheur de mon fils, vous savez, ô mon Dieu, si j'oserais dire un seul mot pour moi! Mais enfin, s'il est vrai qu'une faute pleurée vingt ans ait obtenu de vous un pardon généreux, comme un sage ami m'en assure : ô mon Dieu! donnez-moi la force de frapper au cœur d'un époux!

SCÈNE XIII

LA COMTESSE, LE COMTE, LÉON, *caché*.

LE COMTE, *sèchement*. — Madame, on dit que vous me demandez?

LA COMTESSE, *timidement*. — J'ai cru, Monsieur, que nous serions plus libres dans ce cabinet que chez vous.

LE COMTE. — M'y voilà, Madame ; parlez.

LA COMTESSE, *tremblante*. — Asseyez-vous, Monsieur, je vous conjure, et prêtez-moi votre attention.

LE COMTE, *impatient*. — Non, j'entendrai debout ; vous savez qu'en parlant je ne saurais tenir en place.

LA COMTESSE, *s'asseyant, avec un soupir, et parlant bas*. — Il s'agit de mon fils... Monsieur.

LE COMTE, *brusquement*. — De votre fils, Madame?

LA COMTESSE. — Et quel autre intérêt pourrait vaincre ma répugnance à engager un entretien que vous ne recherchez jamais? Mais je viens de le voir dans un état à faire compassion : l'esprit troublé, le cœur serré de l'ordre que vous lui donnez de partir sur-le-champ ; surtout du ton de dureté qui accompagne cet exil. Eh! comment a-t-il encouru la disgrâce d'un p... d'un homme si juste? Depuis qu'un exécrable duel nous a ravi notre autre fils...

LE COMTE, *les mains sur le visage, avec un air de douleur*. — Ah!...

LA COMTESSE. — Celui-ci, qui jamais ne dût connaître le chagrin, a redoublé de soins et d'attentions pour adoucir l'amertume des nôtres!

LE COMTE, *se promenant doucement*. — Ah!...

LA COMTESSE. — Le caractère emporté de son frère, son désordre, ses goûts et sa conduite déréglée nous en donnaient souvent de bien cruels. Le Ciel sévère, mais sage en ses décrets, en nous privant de cet enfant, nous en a peut-être épargné de plus cuisants pour l'avenir.

LE COMTE, *avec douleur*. — Ah!... ah!...

LA COMTESSE. — Mais, enfin, celui qui nous reste a-t-il jamais manqué à ses devoirs? Jamais le plus léger reproche fut-il mérité de sa part ? Exemple des hommes de son âge, il a l'estime universelle : il est aimé, recherché, consulté. Son p... protecteur naturel, mon époux seul, paraît avoir les yeux fermés sur un mérite transcendant, dont l'éclat frappe tout le monde. *(Le Comte se promène plus vite sans parler. La Comtesse, prenant courage de son silence, continue d'un ton plus ferme, et l'élève par degrés.)* En tout autre sujet, Monsieur, je tiendrais à fort grand honneur de vous soumettre mon avis, de modeler mes sentiments, ma faible opinion sur la vôtre ; mais il s'agit... d'un fils... *(Le Comte s'agite en marchant. La Comtesse :)* Quand il avait un frère aîné, l'orgueil d'un très grand nom le condamnant au célibat, l'ordre de Malte était son sort. Le préjugé semblait alors couvrir l'injustice de ce partage entre deux fils *(Timidement.)* égaux en droits.

LE COMTE *s'agite plus fort. A part, d'un ton étouffé.* — Égaux en droits !...

LA COMTESSE, *un peu plus fort.* — Mais, depuis deux années qu'un accident affreux... les lui a tous transmis, n'est-il pas étonnant que vous n'ayez rien entrepris pour le relever de ses vœux ? Il est de notoriété que vous n'avez quitté l'Espagne que pour dénaturer vos biens, par la vente, ou par les échanges. Si c'est pour l'en priver, Monsieur, la haine ne va pas plus loin ! Puis, vous le chassez de chez vous, et semblez lui fermer la maison p... par vous habitée ! Permettez-moi de vous le dire, un traitement aussi étrange est sans excuse aux yeux de la raison. Qu'a-t-il fait pour le mériter ?

LE COMTE *s'arrête, d'un ton terrible.* — Ce qu'il a fait !

LA COMTESSE, *effrayée.* — Je voudrais bien, Monsieur, ne pas vous offenser !

LE COMTE, *plus fort.* — Ce qu'il a fait, Madame ! Et c'est vous qui le demandez ?

LA COMTESSE, *en désordre.* — Monsieur, Monsieur ! vous m'effrayez beaucoup !

LE COMTE, *avec fureur.* — Puisque vous avez provoqué l'explosion du ressentiment qu'un respect humain enchaînait, vous entendrez son arrêt et le vôtre.

LA COMTESSE, *plus troublée.* — Ah ! Monsieur ! Ah, Monsieur !...

LE COMTE. — Vous demandez ce qu'il a fait ?

LA COMTESSE, *levant les bras.* — Non, Monsieur, ne me dites rien !

LE COMTE, *hors de lui.* — Rappelez-vous, femme perfide, ce que vous avez fait vous-même! et comment, recevant un adultère dans vos bras, vous avez mis dans ma maison cet enfant étranger, que vous osez nommer mon fils.

LA COMTESSE, *au désespoir, veut se lever.* — Laissez-moi m'enfuir, je vous prie.

LE COMTE, *la clouant sur son fauteuil.* — Non, vous ne fuirez pas ; vous n'échapperez point à la conviction qui vous presse. *(Lui montrant sa lettre.)* Connaissez-vous cette écriture? Elle est tracée de votre main coupable! et ces caractères sanglants qui lui servent de réponse...

LA COMTESSE, *anéantie.* — Je vais mourir! je vais mourir!

LE COMTE, *avec force.* — Non, non ; vous entendrez les traits que j'en ai soulignés! *(Il lit avec égarement.)* « Malheureux insensé! notre sort est rempli... votre crime, le mien reçoit sa punition. Aujourd'hui, jour de *Saint-Léon*, patron de ce lieu et le vôtre, je viens de mettre au monde un fils, mon opprobre et mon désespoir... » *(Il parle.)* Et cet enfant est né le jour de *Saint-Léon*, plus de dix mois après mon départ pour la Vera-Cruz! *(Pendant qu'il lit très fort, on entend la Comtesse, égarée, dire des mots coupés qui partent du délire.)*

LA COMTESSE, *priant, les mains jointes.* — Grand Dieu! tu ne permets donc pas que le crime le plus caché demeure toujours impuni!

LE COMTE. — ... Et de la main du corrupteur : *(Il lit.)* « L'ami qui vous rendra ceci, quand je ne serai plus, est sûr. »

LA COMTESSE, *priant.* — Frappe, mon Dieu! car je l'ai mérité!

LE COMTE *lit.* — « Si la mort d'un infortuné vous inspirait un reste de pitié, parmi les noms qu'on va donner à ce fils, héritier d'un autre... »

LA COMTESSE, *priant.* — Accepte l'horreur que j'éprouve, en expiation de ma faute!

LE COMTE, *lit.* — « Puis-je espérer que le nom de *Léon...* » *(Il parle.)* Et ce fils s'appelle *Léon!*

LA COMTESSE, *égarée, les yeux fermés.* — O Dieu! mon crime fut bien grand, s'il égala ma punition! Que ta volonté s'accomplisse!

LE COMTE, *plus fort.* — Et, couverte de cet opprobre,

vous osez me demander compte de mon éloignement pour lui?

LA COMTESSE, *priant toujours.* — Qui suis-je, pour m'y opposer, lorsque ton bras s'appesantit?

LE COMTE. — Et, lorsque vous plaidez pour l'enfant de ce malheureux, vous avez au bras mon portrait!

LA COMTESSE, *en le détachant, le regarde.* — Monsieur. Monsieur, je le rendrai ; je sais que je n'en suis pas digne. *(Dans le plus grand égarement.)* Ciel! que m'arrive-t-il? Ah! je perds la raison! Ma conscience troublée fait naître des fantômes! — Réprobation anticipée!... Je vois ce qui n'existe pas... Ce n'est plus vous ; c'est lui qui me fait signe de le suivre, d'aller le rejoindre au tombeau!

LE COMTE, *effrayé.* — Comment? Eh bien! non, ce n'est pas...

LA COMTESSE, *en délire.* — Ombre terrible! éloigne-toi!

LE COMTE *crie avec douleur :* — Ce n'est pas ce que vous croyez!

LA COMTESSE *jette le bracelet par terre.* — Attends... Oui, je t'obéirai...

LE COMTE, *plus troublé.* — Madame, écoutez-moi...

LA COMTESSE. — J'irai... Je t'obéis... Je meurs... *(Elle reste évanouie.)*

LE COMTE, *effrayé, ramasse le bracelet.* — J'ai passé la mesure... Elle se trouve mal... Ah! Dieu! Courons lui chercher du secours. *(Il sort, il s'enfuit. Les convulsions de la douleur font glisser la Comtesse à terre.)*

SCÈNE XIV

LÉON *accourant*, LA COMTESSE *évanouie.*

LÉON, *avec force.* — O ma mère!... ma mère! c'est moi qui te donne la mort! *(Il l'enlève et la remet sur son fauteuil, évanouie.)* Que ne suis-je parti, sans rien exiger de personne! j'aurais prévenu ces horreurs!

SCÈNE XV

LE COMTE, SUZANNE, LÉON, LA COMTESSE *évanouie.*

LE COMTE, *en rentrant, s'écrie :* — Et son fils!

LÉON, *égaré.* — Elle est morte! Ah! je ne lui survivrai pas! *(Il l'embrasse en criant.)*

LE COMTE, *effrayé.* — Des sels! des sels! Suzanne! un million si vous la sauvez!

LÉON. — O malheureuse mère!

SUZANNE. — Madame, aspirez ce flacon. Soutenez-là, Monsieur ; je vais tâcher de la desserrer.

LE COMTE, *égaré.* — Romps tout, arrache tout! Ah! j'aurais dû la ménager!

LÉON, *criant avec délire.* — Elle est morte! elle est morte!

SCÈNE XVI

LE COMTE, SUZANNE, LÉON, LA COMTESSE *évanouie*, FIGARO *accourant.*

FIGARO. — Et qui, morte? Madame? Apaisez donc ces cris! c'est vous qui la ferez mourir! *(Il lui prend le bras.)* Non, elle ne l'est pas ; ce n'est qu'une suffocation ; le sang qui monte avec violence. Sans perdre de temps, il faut la soulager. Je vais chercher ce qu'il faut.

LE COMTE, *hors de lui.* — Des ailes, Figaro! ma fortune est à toi.

FIGARO, *vivement.* — J'ai bien besoin de vos promesses lorsque Madame est en péril! *(Il sort en courant.)*

SCÈNE XVII

LE COMTE, LÉON, LA COMTESSE *évanouie*, SUZANNE.

LÉON, *lui tenant le flacon sous le nez.* — Si l'on pouvait la faire respirer! O Dieu! rends-moi ma malheureuse mère!... La voici qui revient...

SUZANNE, *pleurant.* — Madame! allons, Madame!...

LA COMTESSE, *revenant à elle.* — Ah! qu'on a de peine à mourir!

LÉON, *égaré.* — Non, Maman ; vous ne mourrez pas!

LA COMTESSE, *égarée.* — O Ciel! entre mes juges! entre mon époux et mon fils! Tout est connu... et criminelle envers tous deux... *(Elle se jette à terre et se prosterne.)* Vengez-vous l'un et l'autre! il n'est plus de pardon pour moi! *(Avec horreur.)* Mère coupable! épouse indigne! un instant nous a tous perdus. J'ai mis l'horreur dans ma famille! J'allumai la guerre intestine entre le père et les enfants! Ciel juste! il fallait bien que ce crime fût découvert! Puisse ma mort expier mon forfait!

LE COMTE, *au désespoir.* — Non, revenez à vous! votre douleur a déchiré mon âme! Asseyons-la. Léon!... Mon fils! *(Léon fait un grand mouvement.)* Suzanne, asseyons-la.

Ils la remettent sur le fauteuil.

SCÈNE XVIII

LES PRÉCÉDENTS, FIGARO.

FIGARO, *accourant.* — Elle a repris sa connaissance?

SUZANNE. — Ah, Dieu! j'étouffe aussi. *(Elle se desserre.)*

LE COMTE *crie.* — Figaro! vos secours!

FIGARO, *étouffé.* — Un moment, calmez-vous. Son état n'est plus si pressant. Moi qui étais dehors, grand Dieu! je suis rentré bien à propos!...Elle m'avait fort effrayé! Allons, Madame, du courage!

LA COMTESSE, *priant, renversée.* — Dieu de bonté! fais que je meure!

LÉON, *en l'asseyant mieux.* — Non, Maman, vous ne mourrez pas, et nous réparerons nos torts. Monsieur! vous que je n'outragerai plus en vous donnant un autre nom, reprenez vos titres, vos biens ; je n'y avais nul droit : hélas! je l'ignorais. Mais, par pitié, n'écrasez point d'un déshonneur public cette infortunée qui fut vôtre... Une erreur expiée par vingt années de larmes est-elle encore un crime, alors qu'on fait justice? Ma mère et moi, nous nous bannissons de chez vous.

LE COMTE, *exalté.* — Jamais! Vous n'en sortirez point.

LÉON. — Un couvent sera sa retraite ; et moi, sous mon nom de Léon, sous le simple habit d'un soldat, je défendrai la liberté de notre nouvelle patrie. Inconnu, je mourrai pour elle, ou je la servirai en zélé citoyen. *(Suzanne pleure dans un coin ; Figaro est absorbé dans l'autre.)*

LA COMTESSE, *péniblement.* — Léon! mon cher enfant! ton courage me rend la vie! Je puis encore la supporter, puisque mon fils a la vertu de ne pas détester sa mère. Cette fierté dans le malheur sera ton noble patrimoine. Il m'épousa sans biens ; n'exigeons rien de lui. Le travail de mes mains soutiendra ma faible existence ; et toi, tu serviras l'État.

LE COMTE, *avec désespoir.* — Non, Rosine! jamais.

C'est moi qui suis le vrai coupable! de combien de vertus je privais ma triste vieillesse!...

LA COMTESSE. — Vous en serez enveloppé. — Florestine et Bégearss vous restent. Floresta, votre fille, l'enfant chéri de votre cœur!...

LE COMTE, *étonné*. — Comment?... d'où savez-vous?... qui vous l'a dit?...

LA COMTESSE. — Monsieur, donnez-lui tous vos biens, mon fils et moi n'y mettons point d'obstacles; son bonheur nous consolera. Mais, avant de nous séparer, que j'obtienne au moins une grâce! Apprenez-moi comment vous êtes possesseur d'une terrible lettre que je croyais brûlée avec les autres? Quelqu'un m'a-t-il trahie?

FIGARO, *s'écriant*. — Oui! l'infâme Bégearss : je l'ai surpris tantôt qui la remettait à Monsieur.

LE COMTE, *parlant vite*. — Non, je la dois au seul hasard. Ce matin, lui et moi, pour un tout autre objet, examinions votre écrin, sans nous douter qu'il eût un double fond. Dans le débat et sous ses doigts, le secret s'est ouvert soudain, à son très grand étonnement. Il a cru le coffre brisé!

FIGARO, *criant plus fort*. — Son étonnement d'un secret? Monstre! C'est lui qui l'a fait faire!

LE COMTE. — Est-il possible?

LA COMTESSE. — Il est trop vrai!

LE COMTE. — Des papiers frappent nos regards ; il en ignorait l'existence, et, quand j'ai voulu les lui lire, il a refusé de les voir.

SUZANNE, *s'écriant*. — Il les a lus cent fois avec Madame!

LE COMTE. — Est-il vrai? Les connaissait-il?

LA COMTESSE. — Ce fut lui qui me les remit, qui les apporta de l'armée, lorsqu'un infortuné mourut.

LE COMTE. — Cet ami sûr, instruit de tout?

FIGARO, LA COMTESSE, SUZANNE, *ensemble*, *criant*. — C'est lui!

LE COMTE. — O scélératesse infernale! avec quel art il m'avait engagé! A présent je sais tout.

FIGARO. — Vous le croyez!

LE COMTE. — Je connais son affreux projet. Mais, pour en être plus certain, déchirons le voile en entier. Par qui savez-vous donc ce qui touche ma Florestine?

LA COMTESSE, *vite*. — Lui seul m'en a fait confidence.

LÉON, *vite*. — Il me l'a dit sous le secret.

SUZANNE, *vite.* — Il me l'a dit aussi.

LE COMTE, *avec horreur.* — O monstre! Et moi j'allais la lui donner! mettre ma fortune en ses mains!

FIGARO, *vivement.* — Plus d'un tiers y serait déjà, si je n'avais porté, sans vous le dire, vos trois millions d'or en dépôt chez Monsieur Fal : vous alliez l'en rendre le maître, heureusement je m'en suis douté. Je vous ai donné son reçu...

LE COMTE, *vivement.* — Le scélérat vient de me l'enlever, pour en aller toucher la somme.

FIGARO, *désolé.* — O proscription sur moi! Si l'argent est remis, tout ce que j'ai fait est perdu! Je cours chez Monsieur Fal. Dieu veuille qu'il ne soit pas trop tard!

LE COMTE, *à Figaro.* — Le traître n'y peut être encore.

FIGARO. — S'il a perdu un temps, nous le tenons. J'y cours. *(Il veut sortir.)*

LE COMTE, *vivement, l'arrête.* — Mais, Figaro! que le fatal secret dont ce moment vient de t'instruire reste enseveli dans ton sein!

FIGARO, *avec une grande sensibilité.* — Mon maître! Il y a vingt ans qu'il est dans ce sein-là, et dix que je travaille à empêcher qu'un monstre n'en abuse! Attendez surtout mon retour, avant de prendre aucun parti.

LE COMTE, *vivement.* — Penserait-il se disculper?

FIGARO. — Il fera tout pour le tenter ; *(Il tire une lettre de sa poche.)* mais voici le préservatif. Lisez le contenu de cette épouvantable lettre ; le secret de l'enfer est là. Vous me saurez bon gré d'avoir tout fait pour me la procurer. *(Il lui remet la lettre de Bégearss.)* Suzanne! des gouttes à ta maîtresse. Tu sais comment je les prépare. *(Il lui donne un flacon.)* Passez-la sur sa chaise longue ; et le plus grand calme autour d'elle. Monsieur, au moins ne recommencez pas ; elle s'éteindrait dans nos mains!

LE COMTE, *exalté.* — Recommencer! Je me ferais horreur!

FIGARO, *à la Comtesse.* — Vous l'entendez, Madame? le voilà dans son caractère! et c'est mon maître que j'entends. Ah! je l'ai toujours dit de lui : la colère, chez les bons cœurs, n'est qu'un besoin pressant de pardonner! *(Il s'enfuit.)*

Le Comte et Léon la prennent sous les bras ; ils sortent tous.

ACTE V

Le théâtre représente le grand salon du premier acte.

SCÈNE PREMIÈRE

LE COMTE, LA COMTESSE, LÉON, SUZANNE.

La Comtesse, sans rouge, dans le plus grand désordre de parure.

LÉON, *soutenant sa mère.* — Il fait trop chaud, maman, dans l'appartement intérieur. Suzanne, avance une bergère. *(On l'assied.)*

LE COMTE, *attendri, arrangeant les coussins.* — Êtes-vous bien assise? Eh quoi! pleurer encore?

LA COMTESSE, *accablée.* — Ah! laissez-moi verser des larmes de soulagement! ces récits affreux m'ont brisée! cette infâme lettre, surtout...

LE COMTE, *délirant.* — Marié en Irlande, il épousait ma fille! et tout mon bien placé sur la banque de Londres eût fait vivre un repaire affreux, jusqu'à la mort du dernier de nous tous!... Et qui sait, grand Dieu! quels moyens...?

LA COMTESSE. — Homme infortuné! calmez-vous! Mais il est temps de faire descendre Florestine ; elle avait le cœur si serré de ce qui devait lui arriver! Va la chercher, Suzanne, et ne l'instruis de rien.

LE COMTE, *avec dignité.* — Ce que j'ai dit à Figaro, Suzanne, était pour vous comme pour lui.

SUZANNE. — Monsieur, celle qui vit Madame pleurer, prier pendant vingt ans, a trop gémi de ses douleurs pour rien faire qui les accroisse! *(Elle sort.)*

SCÈNE II

LE COMTE, LA COMTESSE, LÉON.

LE COMTE, *avec un vif sentiment.* — Ah! Rosine! séchez vos pleurs ; et maudit soit qui vous affligera!

LA COMTESSE. — Mon fils! embrasse les genoux de ton généreux protecteur ; et rends-lui grâce pour ta mère. *(Il veut se mettre à genoux.)*

LE COMTE *le relève*. — Oublions le passé, Léon. Gardons-en le silence, et n'émouvons plus votre mère. Figaro demande un grand calme. Ah! respectons, surtout, la jeunesse de Florestine, en lui cachant soigneusement les causes de cet accident!

SCÈNE III

FLORESTINE, SUZANNE, LES PRÉCÉDENTS.

FLORESTINE, *accourant*. — Mon Dieu! Maman, qu'avez-vous donc?

LA COMTESSE. — Rien que d'agréable à t'apprendre ; et ton parrain va t'en instruire.

LE COMTE. — Hélas! ma Florestine! je frémis du péril où j'allais plonger ta jeunesse. Grâce au Ciel, qui dévoile tout, tu n'épouseras point Bégearss! Non ; tu ne seras point la femme du plus épouvantable ingrat!...

FLORESTINE. — Ah! Ciel! Léon!...

LÉON. — Ma sœur, il nous a tous joués!

FLORESTINE, *au Comte*. — Sa sœur!

LE COMTE. — Il nous trompait. Il trompait les uns par les autres ; et tu étais le prix de ses horribles perfidies. Je vais le chasser de chez moi.

LA COMTESSE. — L'instinct de ta frayeur te servait mieux que nos lumières. Aimable enfant! rends grâce au Ciel, qui te sauve d'un tel danger!

LÉON. — Ma sœur, il nous a tous joués!

FLORESTINE, *au Comte*. — Monsieur, il m'appelle sa sœur!

LA COMTESSE, *exaltée*. — Oui, Floresta, tu es à nous. C'est là notre secret chéri. Voilà ton père ; voilà ton frère ; et moi, je suis ta mère pour la vie. Ah! garde-toi de l'oublier jamais! *(Elle tend la main au Comte.)* Almaviva! pas vrai qu'elle est ma fille?

LE COMTE, *exalté*. — Et lui, *mon fils* ; voilà nos deux enfants.

Tous se serrent dans les bras l'un de l'autre.

SCÈNE IV

FIGARO, M. FAL, *notaire*, LES PRÉCÉDENTS.

FIGARO, *accourant et jetant son manteau*. — Malédiction! Il a le portefeuille. J'ai vu le traître l'emporter, quand je suis entré chez Monsieur.

LE COMTE. — O Monsieur Fal! vous vous êtes pressé!

M. FAL, *vivement.* — Non, Monsieur, au contraire. Il est resté plus d'une heure avec moi : m'a fait achever le contrat, y insérer la donation qu'il fait. Puis il m'a remis mon reçu, au bas duquel était le vôtre, en me disant que la somme est à lui, qu'elle est un fruit d'hérédité, qu'il vous l'a remise en confiance...

LE COMTE. — O scélérat! Il n'oublie rien!

FIGARO. — Que de trembler sur l'avenir!

M. FAL. — Avec ces éclaircissements, ai-je pu refuser le portefeuille qu'il exigeait? Ce sont trois millions au porteur. Si vous rompez le mariage, et qu'il veuille garder l'argent, c'est un mal presque sans remède.

LE COMTE, *avec véhémence.* — Que tout l'or du monde périsse, et que je sois débarrassé de lui!

FIGARO, *jetant son chapeau sur un fauteuil.* — Dussé-je être pendu, il n'en gardera pas une obole! *(A Suzanne.)* Veille au dehors, Suzanne. *(Elle sort.)*

M. FAL. — Avez-vous un moyen de lui faire avouer devant de bons témoins qu'il tient ce trésor de Monsieur? Sans cela, je défie qu'on puisse le lui arracher!

FIGARO. — S'il apprend par son Allemand ce qui se passe dans l'hôtel, il n'y rentrera plus.

LE COMTE, *vivement.* — Tant mieux! c'est tout ce que je veux! Ah! qu'il garde le reste!

FIGARO, *vivement.* — Lui laisser par dépit l'héritage de vos enfants? ce n'est pas vertu, c'est faiblesse.

LÉON, *fâché.* — Figaro!

FIGARO, *plus fort.* — Je ne m'en dédis point. *(Au Comte.)* Qu'obtiendra donc de vous l'attachement, si vous payez ainsi la perfidie?

LE COMTE, *se fâchant.* — Mais l'entreprendre sans succès, c'est lui ménager un triomphe.

SCÈNE V

LES PRÉCÉDENTS, SUZANNE.

SUZANNE, *à la porte, et criant.* — Monsieur Bégearss qui rentre! *(Elle sort.)*

SCÈNE VI

LES PRÉCÉDENTS, *excepté Suzanne.*

Ils font tous un grand mouvement.

LE COMTE, *hors de lui.* — Oh! traître!

FIGARO, *très vite.* — On ne peut plus se concerter ; mais, si vous m'écoutez, et me secondez tous pour lui donner une sécurité profonde, j'engage ma tête au succès.

M. FAL. — Vous allez lui parler du portefeuille et du contrat?

FIGARO, *très vite.* — Non pas ; il en sait trop pour l'entamer si brusquement! il faut l'amener de plus loin à faire un aveu volontaire. *(Au Comte.)* Feignez de vouloir me chasser.

LE COMTE, *troublé.* — Mais, mais, sur quoi?

SCÈNE VII

LES PRÉCÉDENTS, SUZANNE, BÉGEARSS.

SUZANNE, *accourant.* — Monsieur Bégeaaaaaaars! *(Elle se range près de la Comtesse. Bégearss montre une grande surprise.)*

FIGARO *s'écrie en le voyant.* — Monsieur Bégearss! *(Humblement.)* Eh bien! ce n'est qu'une humiliation de plus. Puisque vous attachez à l'aveu de mes torts le pardon que je sollicite, j'espère que Monsieur ne sera pas moins généreux.

BÉGEARSS, *étonné.* — Qu'y a-t-il donc? Je vous trouve assemblés!

LE COMTE, *brusquement.* — Pour chasser un sujet indigne.

BÉGEARSS, *plus surpris encore, voyant le notaire.* — Et Monsieur Fal?

M. FAL, *(lui montrant le contrat.)* Voyez qu'on ne perd point de temps, tout ici concourt avec vous.

BÉGEARSS, *surpris.* — Ha! ha!...

LE COMTE, *impatient, à Figaro.* — Pressez-vous ; ceci me fatigue. *(Pendant cette scène, Bégearss les examine l'un après l'autre, avec la plus grande attention.)*

FIGARO, *l'air suppliant, adressant la parole au Comte.* — Puisque la feinte est inutile, achevons mes tristes aveux. Oui, pour nuire à Monsieur Bégearss, je répète, avec confusion, que je me suis mis à l'épier, le suivre, et le troubler partout : *(Au Comte.)* car Monsieur n'avait pas sonné lorsque je suis entré chez lui, pour savoir ce qu'on y faisait du coffre aux brillants de Madame, que j'ai trouvé là tout ouvert.

BÉGEARSS. — Certes! ouvert à mon grand regret!

LE COMTE *fait un mouvement inquiétant. A part.* — Quelle audace!

FIGARO, *se courbant, le tire par l'habit pour l'avertir.* — Ah! mon maître!

M. FAL, *effrayé.* — Monsieur!

BÉGEARSS, *au Comte, à part.* — Modérez-vous ; ou nous ne saurons rien. *(Le Comte frappe du pied ; Bégearss l'examine.)*

FIGARO, *soupirant, dit au Comte.* — C'est ainsi que sachant Madame enfermée avec lui pour brûler de certains papiers dont je connaissais l'importance, je vous ai fait venir subitement.

BÉGEARSS, *au Comte.* — Vous l'ai-je dit? *(Le Comte mord son mouchoir de fureur.)*

SUZANNE, *bas à Figaro, par derrière.* — Achève, achève!

FIGARO. — Enfin, vous voyant tous d'accord, j'avoue que j'ai fait l'impossible pour provoquer entre Madame et vous la vive explication... qui n'a pas eu la fin que j'espérais...

LE COMTE, *à Figaro, avec colère.* — Finissez-vous ce plaidoyer?

FIGARO, *bien humble.* — Hélas! je n'ai plus rien à dire, puisque c'est cette explication qui a fait chercher Monsieur Fal pour finir ici le contrat. L'heureuse étoile de Monsieur a triomphé de tous mes artifices... Mon maître! en faveur de trente ans...

LE COMTE, *avec humeur.* — Ce n'est pas à moi de juger. *(Il marche vite.)*

FIGARO. — Monsieur Bégearss!

BÉGEARSS, *qui a repris sa sécurité, dit ironiquement.* — Qui! moi? cher ami, je ne comptais guère vous avoir tant d'obligations! *(Élevant son ton.)* Voir mon bonheur accéléré par le coupable effort destiné à me le ravir! *(A Léon et Florestine.)* O jeunes gens! quelle leçon! marchons avec candeur dans le sentier de la vertu. Voyez que tôt ou tard l'intrigue est la perte de son auteur.

FIGARO, *prosterné.* — Ah! oui!

BÉGEARSS, *au Comte.* — Monsieur, pour cette fois encore, et qu'il parte!

LE COMTE, *à Bégearss, durement.* — C'est là votre arrêt?... j'y souscris.

FIGARO, *ardemment.* — Monsieur Bégearss! je vous le dois. Mais je vois Monsieur Fal pressé d'achever un contrat...

LE COMTE, *brusquement.* — Les articles m'en sont connus.

M. FAL. — Hors celui-ci. Je vais vous lire la donation que Monsieur fait... *(Cherchant l'endroit.)* Hon... hon... hon... Messire James-Honoré Bégearss... Ah! *(Il lit.)* « et pour donner à la Demoiselle future épouse une preuve non équivoque de son attachement pour elle, ledit Seigneur futur époux lui fait donation entière de tous les grands biens qu'il possède ; consistant aujourd'hui *(Il appuie en lisant.)* (ainsi qu'il le déclare et les a exhibés à nous notaires soussignés) en trois millions d'or ici joints, en très bons effets au porteur. » *(Il tend la main en lisant.)*

BÉGEARSS. — Les voilà dans ce portefeuille. *(Il donne le portefeuille à Fal.)* Il manque deux milliers de louis, que je viens d'en ôter pour fournir aux apprêts des noces.

FIGARO, *montrant le Comte, et vivement.* — Monsieur a décidé qu'il payerait tout ; j'ai l'ordre.

BÉGEARSS, *tirant les effets de sa poche et les remettant au notaire.* — En ce cas, enregistrez-les ; que la donation soit entière! *(Figaro, retourné, se tient la bouche pour ne pas rire. M. Fal ouvre le portefeuille, y remet les effets.)*

M. FAL, *montrant Figaro.* — Monsieur va tout additionner, pendant que nous achèverons. *(Il donne le portefeuille ouvert à Figaro, qui voyant les effets, dit :)*

FIGARO, *l'air exalté.* — Et moi j'éprouve qu'un bon repentir est comme toute bonne action : qu'il porte aussi sa récompense.

BÉGEARSS. — En quoi?

FIGARO. — J'ai le bonheur de m'assurer qu'il est ici plus d'un généreux homme. Oh! que le Ciel comble les vœux de deux amis aussi parfaits! Nous n'avons nul besoin d'écrire. *(Au Comte.)* Ce sont vos effets au porteur : oui, Monsieur, je les reconnais. Entre Monsieur Bégearss et vous, c'est un combat de générosité : l'un donne ses biens à l'époux ; l'autre les rend à sa future! *(Aux jeunes gens.)* Monsieur, Mademoiselle! Ah! quel bienfaisant protecteur, et que vous allez le chérir!... Mais que dis-je? l'enthousiasme m'aurait-il fait commettre une indiscrétion offensante? *(Tout le monde garde le silence.)*

BÉGEARSS, *un peu surpris, se remet, prend son parti, et dit* : — Elle ne peut l'être pour personne, si mon ami ne la désavoue pas ; s'il met mon âme à l'aise, en me permettant d'avouer que je tiens de lui ces effets. Celui-là n'a pas un bon cœur, que la gratitude fatigue ; et cet aveu manquait à ma satisfaction. *(Montrant le Comte.)* Je lui dois bonheur et fortune ; et quand je les partage avec sa digne fille, je ne fais que lui rendre ce qui lui appartient de droit. Remettez-moi le portefeuille ; je ne veux avoir que l'honneur de le mettre à ses pieds moi-même, en signant notre heureux contrat. *(Il veut le reprendre.)*

FIGARO, *sautant de joie.* — Messieurs, vous l'avez entendu? vous témoignerez s'il le faut. Mon maître, voilà vos effets ; donnez-les à leur détenteur, si votre cœur l'en juge digne. *(Il lui remet le portefeuille.)*

LE COMTE, *se levant, à Bégearss.* — Grand Dieu! les lui donner! Homme cruel, sortez de ma maison ; l'enfer n'est pas aussi profond que vous! Grâce à ce bon vieux serviteur, mon imprudence est réparée : sortez à l'instant de chez moi.

BÉGEARSS. — O mon ami! vous êtes encore trompé!

LE COMTE, *hors de lui, le bride de sa lettre ouverte.* — Et cette lettre, monstre! m'abuse-t-elle aussi?

BÉGEARSS *la voit; furieux, il arrache au Comte la lettre, et se montre tel qu'il est.* — Ah!... Je suis joué! mais j'en aurai raison.

LÉON. — Laissez en paix une famille que vous avez remplie d'horreur.

BÉGEARSS, *furieux.* — Jeune insensé! c'est toi qui vas payer pour tous ; je t'appelle au combat.

LÉON, *vite.* — J'y cours.

LE COMTE, *vite.* — Léon!

LA COMTESSE, *vite.* — Mon fils!

FLORESTINE, *vite.* — Mon frère!

LE COMTE. — Léon! je vous défends... *(A Bégearss.)* Vous vous êtes rendu indigne de l'honneur que vous demandez. Ce n'est point par cette voie-là qu'un homme comme vous doit terminer sa vie *(Bégearss fait un geste affreux, sans parler.)*

FIGARO, *arrêtant Léon, vivement.* — Non, jeune homme! vous n'irez point ; Monsieur votre père a raison et l'opinion est réformée sur cette horrible frénésie : on ne combattra plus ici que les ennemis de l'État. Laissez-le en proie à sa fureur ; et s'il ose vous attaquer, défendez-vous comme d'un assassin ; personne ne trouve mauvais qu'on tue une bête enragée! Mais il se gardera de l'oser! l'homme capable de tant d'horreurs doit être aussi lâche que vil!

BÉGEARSS, *hors de lui.* — Malheureux!

LE COMTE, *frappant du pied.* — Nous laissez-vous enfin? c'est un supplice de vous voir. *(La Comtesse est effrayée sur son siège ; Florestine et Suzanne la soutiennent ; Léon se réunit à elles.)*

BÉGEARSS, *les dents serrées.* — Oui, morbleu! je vous laisse ; mais j'ai la preuve en main de votre infâme trahison! Vous n'avez demandé l'agrément de Sa Majesté, pour échanger vos biens d'Espagne, que pour être à portée de troubler sans péril l'autre côté des Pyrénées.

LE COMTE. — O monstre! que dit-il?

BÉGEARSS. — Ce que je vais dénoncer à Madrid. N'y eût-il que le buste en grand d'un Washington dans votre cabinet, j'y fais confisquer tous vos biens.

FIGARO, *criant.* — Certainement : le tiers au dénonciateur.

BÉGEARSS. — Mais, pour que vous n'échangiez rien, je cours chez notre ambassadeur arrêter dans ses mains l'agrément de Sa Majesté, que l'on attend par ce courrier.

FIGARO, *tirant un paquet de sa poche, s'écrie vivement.* — L'agrément du Roi? le voici. J'avais prévu le coup : je viens, de votre part, d'enlever le paquet au secrétariat d'ambassade ; le courrier d'Espagne arrivait! *(Le Comte, avec vivacité, prend le paquet.)*

BÉGEARSS, *furieux, frappe sur son front, fait deux pas pour sortir, et se retourne.* — Adieu, famille abandonnée! maison sans mœurs et sans honneur! Vous aurez l'impudeur de conclure un mariage abominable, en unissant le frère avec la sœur : mais l'univers saura votre infamie! *(Il sort.)*

SCÈNE VIII ET DERNIÈRE

LES PRÉCÉDENTS, *excepté Bégearss.*

FIGARO, *follement.* — Qu'il fasse des libelles, dernière ressource des lâches! il n'est plus dangereux : bien démasqué, à bout de voie, et pas vingt-cinq louis dans le monde! Ah! Monsieur Fal! je me serais poignardé s'il eût gardé les deux mille louis qu'il avait soustraits du paquet! *(Il reprend un ton grave.)* D'ailleurs, nul ne sait mieux que lui que, par la nature et la loi, ces jeunes gens ne se sont rien, qu'ils sont étrangers l'un à l'autre.

LE COMTE *l'embrasse et crie.* — O Figaro!... Madame, il a raison.

LÉON, *très vite.* — Dieux! Maman! quel espoir!

FLORESTINE, *au Comte.* — Eh quoi! Monsieur, n'êtes-vous plus...

LE COMTE, *ivre de joie.* — Mes enfants, nous y reviendrons ; et nous consulterons, sous des noms supposés, des gens de loi discrets, éclairés, pleins d'honneur. O mes enfants! il vient un âge où les honnêtes gens se pardonnent leurs torts, leurs anciennes faiblesses! font succéder un doux attachement aux passions orageuses qui les avaient trop désunis! Rosine! (c'est le nom que votre époux vous rend) allons nous reposer des fatigues de la journée. Monsieur Fal! restez avec nous. Venez, mes deux enfants! Suzanne, embrasse ton mari! et que nos sujets de querelles soient ensevelis pour toujours! *(A Figaro.)* Les deux mille louis qu'il avait soustraits, je te les donne, en attendant la récompense qui t'est bien due!...

FIGARO, *vivement.* — A moi, Monsieur? Non, s'il vous plaît ; moi, gâter par un vil salaire le bon service que j'ai fait! Ma récompense est de mourir chez vous. Jeune, si j'ai failli souvent, que ce jour acquitte ma vie! O ma vieillesse! pardonne à ma jeunesse, elle s'honorera de toi. Un jour a changé notre état! plus d'oppresseur, d'hypocrite insolent! Chacun a bien fait son devoir ; ne plaignons point quelques moments de trouble : on gagne assez dans les familles quand on en expulse un méchant.

TABLE DES MATIÈRES

GF Flammarion

256778-IX-2021 – Impression MAURY IMPRIMEUR, 45330 Malesherbes.
N° d'édition L.01EHPNFG0076.A029. – 4e trimestre 1995. – Printed in France.